证券业从业人员一般从业资格考试辅导教材（最新版）

U0821303

《金融市场基础知识》模拟试卷

证券从业资格考试辅导教材编写组　编

中国财经出版传媒集团
中国财政经济出版社

图书在版编目（CIP）数据

《金融市场基础知识》模拟试卷 / 证券从业资格考试辅导教材编写组编. --北京：中国财政经济出版社，2019.10

证券业从业人员一般从业资格考试辅导教材：最新版

ISBN 978-7-5095-9275-5

Ⅰ. ①金…　Ⅱ. ①证…　Ⅲ. ①金融市场-资格考试-习题集　Ⅳ. ①F830.9-44

中国版本图书馆 CIP 数据核字（2019）第 208302 号

责任编辑：贾延平　　　　责任校对：李　丽

封面设计：中通世奥

中国财政经济出版社出版

URL：http：//www.cfeph.cn

E-mail：cfeph@cfeph.cn

社址：北京市海淀区阜成路甲 28 号　邮政编码：100142

营销中心电话：010-88191537

北京时捷印刷有限公司印刷　各地新华书店经销

787×1092 毫米　16 开　17.75 印张　325 000 字

2019 年 10 月第 1 版　2020 年 3 月北京第 3 次印刷

定价：50.00 元

ISBN 978-7-5095-9275-5

（图书出现印装问题，本社负责调换）

本社质量投诉电话：010-88190744

打击盗版举报热线：010-88191661　QQ：2242791300

目　　录

《金融市场基础知识》模拟试卷一

一、选择题（共50题，每题1分，共50分。以下各选项中，只有一项符合题目要求，不选、错选均不得分）

1. 金融市场通过竞争性的价格决定（利率），将货币资金配置到生产效率最高的经济主体或部门，使这些部门能够获得更多的生产要素，从而提高全社会的产出，使资源的利用效率得到提高。这反映了金融市场重要性的（　　）。

A. 促进储蓄－投资转化　　B. 优化资源配置

C. 反映经济状态　　D. 宏观调控

2. 交易债务工具和优先股的市场统称为（　　）。

A. 股票市场　　B. 固定收益市场

C. 普通股市场　　D. 债务市场

3. 目前，构成短期资本流动主体的是（　　）。

A. 贸易资金的流动　　B. 套利性资金的流动

C. 保值性资金的流动　　D. 投机性资金的流动

4. 关于债券的到期期限，下列说法错误的是（　　）。

A. 债券到期期限是指债券从发行之日起至清偿本息之日止的时间

B. 债券到期期限是债券发行人承诺履行合同义务的全部时间

C. 各种债券的偿还期限都是相同的

D. 习惯上有短期债券、中期债券和长期债券之分

5. 债券种类很多，依据不同的标准会有不同的分类。其中，按（　　）分类，可以将债券分为政府债券、金融债券和公司债券。

A. 付息方式　　B. 债券形态

C. 发行主体　　D. 发行方式

6. 以下（　　）不是发行公募债券的主体。

A. 政府机构　　B. 地方公共团体

C. 符合规定条件的私营企业　　　　D. 金融机构

7. 下列关于债券和股票的说法中，有误的是（　　）。

A. 股票和债券一样，到期时都需要债务人支付本息

B. 债券通常有票面利率，意味着可获得固定的利息

C. 股票的股息红利不确定，视公司经营情况而定

D. 股票风险较大，债券风险较小

8. 下列关于流通国债的特征，说法错误的是（　　）。

A. 投资者可以自由认购

B. 投资者可以自由转让

C. 通常记名

D. 转让价格取决于对该国债的供给与需求

9. 证券公司发行短期融资券实行余额管理，待偿还短期融资券余额不超过净资本的（　　），在此范围内，证券公司自主确定每期短期融资券的发行规模。

A. 40%　　　　B. 50%

C. 60%　　　　D. 70%

10. 下列关于中期票据的说法，正确的是（　　）。

A. 中期票据的期限一般为 1 年以上、5 年以下

B. 我国中期票据的期限通常为 1 年

C. 中期票据待偿还余额不得超过企业净资产的 30%

D. 企业在中期票据存续期内变更募集资金用途应提前披露

11. 资产证券化交易比较复杂，涉及的当事人较多。关于相关当事人在证券化过程中具有的重要作用，说法错误的是（　　）。

A. 资产证券化的发起人是资产证券化的起点

B. 特殊目的机构是介于发起人和投资者之间的中介机构，是资产支持证券的真正发行人

C. 可以证券化的资产都属于优质资产，发行前不需要经过评级机构的信用评级

D. 受托人托管资产组合以及与之相关的一切权利，代表投资者行使职能

12. 下面关于地方政府债券的发行与承销，说法正确的是（　　）。

A. 地方政府债券只能由财政部代理发行

B. 地方政府债券只能自行发行

C. 地方政府债券只能由中国人民银行代理发行

D. 地方政府债券有财政部代理发行和自行发行两种方式

13. 中国银行间市场交易商协会负责受理企业债务融资工具的发行注册。交易商协会不接受注册的，企业可于（　　）后重新提交注册文件。

A. 1 个月　　B. 3 个月

C. 6 个月　　D. 12 个月

14. 标志着中国资本市场开始逐步纳入全国统一监管框架，全国性市场由此形成并初步发展的是（　　）。

A. 国务院证券管理委员会和中国证券监督管理委员会成立

B. 中国银行监督委员会成立

C. 银行业与信托业、证券业分离

D. 沪深两市的形成

15. 下列关于 SHIBOR 的说法，不正确的是（　　）。

A. 由中国人民银行于 2007 年开始试运行

B. 属于货币市场格局之一

C. 目前已成为认可度高、应用广泛的货币市场基准利率之一

D. 不具有广泛性，不能帮助金融机构提高自主定价能力

16. 截至 2017 年末，全球第一大黑色金属期货市场和第二大有色金属期货市场是（　　）。

A. 纽约期货交易所　　B. 上海期货交易所

C. 大连商品交易所　　D. 郑州商品交易所

17. 影响财政政策作用发挥的因素不包括（　　）。

A. 税收政策　　B. 信贷政策机制

C. 公共支出政策　　D. 国债发行

18. 诚信租行是一家金融租赁公司，拟今年上市，因此聘请 A 投资银行进行 IPO 材料的编写，按照行业分类，在联合国统计署按经济活动类型分类的表里，A 投资银行属于金融中介的（　　）子类。

A. 不包含保险和养老基金的金融中介活动

B. 保险和养老基金

C. 非银行金融中介机构

D. 辅助金融中介的活动

19. 根据 2001 年中国人民银行颁布的《商业银行中间业务暂行规定》，不构成商业银行表内资产、表内负债，形成银行非利息收入业务的是（　　）。

A. 表外业务　　B. 中间业务

C. 其他业务　　D. 以上三者都不是

20. 证券投资基金是指通过公开发售基金份额等筹集资金，由（　　）管理，（　　）托管，为基金份额持有人的利益，以资产组合方式进行证券投资活动的基金。

A. 基金托管人　基金投资人

B. 基金托管人　基金托管人

C. 基金托管人　基金管理人

D. 基金管理人　基金托管人

21. 按基金的投资理念划分，可将证券投资基金划分为（　　）。

A. 封闭式基金和开放式基金　　B. 公募基金和私募基金

C. 主动型基金和被动型基金　　D. 债券基金和股票基金

22. 基金评价机构从事公募基金评价业务并以公开形式发布基金评价结果的，应向（　　）申请注册。

A. 中国证监会　　B. 证券交易所

C. 中国证券投资基金业协会　　D. 中国证券业协会

23. 基金设立募集期内，投资者申请购买基金份额的行为被称为（　　）。

A. 申购　　B. 认购

C. 购买　　D. 赎回

24. 对（　　）而言，基金份额价格固定为 1 元人民币，故按照固定价格申购赎回。

A. 股票基金　　B. 混合基金

C. 货币基金　　D. 债券基金

25. 基金管理费率通常与基金规模成（　　），与风险成（　　）。

A. 正比　正比　　B. 正比　反比

C. 反比　反比　　D. 反比　正比

26. 证券市场融资活动是指（　　）之间以有价证券为媒介，实现资金融通的金融活动。

A. 公司（企业）和个人投资者

B. 资金盈余单位和赤字单位

C. 证券发行单位和证券投资单位

D. 证券公司和普通投资者

27. 通常情况下，（　　）发行的债券被视为无风险债券，其收益率被称为无风险收益率，是金融市场上最重要的价格指标。

A. 中央政府　　B. 地方政府

C. 大型企业　　　　D. 金融机构

28. 在QDII制度中，单只基金、集合管理计划持同一机构（政府、国际金融组织除外）发行的证券是指不得超过基金、集合计划净值的（　　），指数基金可以不受上述限制。

A. 5%　　　　B. 10%

C. 15%　　　　D. 20%

29. 中国证券行业自律组织不包括（　　）。

A. 证券期货交易所　　　　B. 中国证监会

C. 债券登记结算公司　　　　D. 中国证券业协会

30. 按照《律师事务所从事证券法律业务管理办法》规定，律师事务所从事证券法律业务，需要具备（　　）名以上执业律师，其中（　　）名以上曾从事过证券法律业务。

A. 20　5　　　　B. 20　3

C. 10　5　　　　D. 10　3

31. 证券公司开展融资融券业务，必须经（　　）批准。

A. 中国证券登记结算公司　　　　B. 中国证监会

C. 中国证券业协会　　　　D. 证券交易所

32. 下列机构不具备申请证券、期货投资咨询从业资格条件的是（　　）。

A. 甲公司仅提供证券投资咨询服务，有7名取得证券投资咨询从业资格的专职人员

B. 乙公司同时提供证券和期货投资咨询服务，有8名取得证券、期货投资咨询从业资格的专职人员

C. 丙公司提供期货投资咨询服务，其高级管理人员中，有1名取得期货投资咨询从业资格

D. 丁公司有100万元人民币的注册资本

33. 证券公司向证券金融公司交存保证金，采取设立（　　）的方式。

A. 保管　　　　B. 基金

C. 资产管理　　　　D. 信托

34. 以下应当召开临时会员大会的情形不包括（　　）。

A. 理事人数不足规定的最低人数　　　　B. 1/4的会员提议

C. 理事会认为必要　　　　D. 监事会认为必要

35. 设立证券登记结算公司必须经国务院证券监督管理机构批准，证券登记结算公司的设立条件不包括（　　）。

A. 自有资金不少于人民币 1 亿元

B. 具有证券登记、存管和结算服务所必需的场所和设施

C. 主要管理人员和从业人员必须具有证券从业资格

D. 国务院证券监督管理机构规定的其他条件

36. 金融衍生工具交易一般只需要支付少量的保证金或权利金就可签订远期大额合约或互换不同的金融工具。这体现了金融衍生工具基本特征中的（　　）。

A. 跨期性　　B. 杠杆性

C. 联动性　　D. 不确定性或高风险性

37. 金融衍生工具的价值与基础产品或基础变量紧密联系、规则变动。这体现了金融衍生工具基本特征中的（　　）。

A. 跨期性　　B. 杠杆性

C. 联动性　　D. 不确定性或高风险性

38. 金融衍生工具可以按照（　　）分为独立衍生工具和嵌入式衍生工具。

A. 基础工具种类　　B. 自身交易方式

C. 产品形态　　D. 交易场所

39. 股票属于以下（　　）类型的证券。

A. 物权证券　　B. 债权证券

C. 证权证券　　D. 权证证券

40. 下列关于股票的特征，说法正确的是（　　）。

A. 股票具有收益性，其收益来源包括股份公司和股票流通

B. 股票具有风险性，体现在股票在市场的可转让性

C. 股票具有流动性，所有股票都具有相同的流动性

D. 股票持有人有权参与公司的经营权和决策权

41. 下列（　　）股票的持有人能够优先于普通股股东分配公司利润和剩余财产。

A. 有限制股票　　B. 金股

C. 优先股　　D. 超级表决权股票

42. 相较于无面额股票，以下属于有面额股票所具有的特点是（　　）。

A. 无法明确表示每一股所代表的股权比例

B. 便于股票分割

C. 发行价格灵活

D. 有发行价格的最低界限

43. 优先股的“优先”体现在（　　）。

A. 企业破产时对剩余资产的要求优先于所有人

B. 比相同份额普通股附加有更多的决策权

C. 股息优先于普通股股息派发

D. 优先提名和任命公司高级管理人员

44. 按照我国《证券法》的规定，公司公开发行新股的条件中不包括（　　）。

A. 健全且运行良好的组织机构　　B. 公司财务状况良好

C. 至少持续盈利三年　　D. 最近三年财务会计文件无虚假记录

45. 做市商收取买卖证券差价的证券交易机制是（　　）。

A. 定期交易　　B. 连续交易

C. 指令驱动　　D. 报价驱动

46. 投资者将持有的证券委托给证券公司保管，并由证券公司代为处理有关证券权益事物指的是（　　）。

A. 证券托管　　B. 证券委托

C. 证券存管　　D. 证券托存

47. 下列（　　）时间点，不能进行科创板连续竞价。

A. 13:20　　B. 11:30

C. 9:20　　D. 14:50

48. 股票价格的波动是对市场供求均衡状态偏离的调整，这是股票分析方法中（　　）的看法。

A. 基本分析法　　B. 技术分析法

C. 量化分析法　　D. 定性分析法

49. 关于风险管理，人们在生活与工作中呈现出两种具有明显差异甚至对立的语言体系，以下不属于风险专业语言的是（　　）。

A. 风险积累　　B. 对冲风险

C. 风险转移　　D. 风险资本

50. 下列选项不属于金融风险的是（　　）。

A. 信用风险　　B. 违约风险

C. 操作风险　　D. 声誉风险

二、组合型选择题（共50题，每题1分，共50分。以下各选项中，只有一项符合题目要求，不选、错选均不得分）

51. 下列属于资本市场的有（　　）。

①股票市场 ②银行间同业拆借市场

③中长期国债市场 ④大额可转让存单市场

A. ①② B. ①④

C. ②③ D. ①③

52. 下列全球金融体系的参与者中属于金融公司的有（ ）。

①存款吸收机构 ②为住户服务的非营利机构

③中央银行 ④其他金融公司

A. ①②③ B. ①②④

C. ②③④ D. ①③④

53. 自2006年之后，纳斯达克的分层制度将市场分为（ ）三个板块。

①纳斯达克全球精选市场 ②纳斯达克货币市场

③纳斯达克资本市场 ④纳斯达克全球市场

A. ①②③ B. ①③④

C. ①②④ D. ②③④

54. 债券所规定的借贷双方的权利义务关系包括的含义有（ ）。

①发行人是借入资金的经济主体

②投资者是出借资金的经济主体

③发行人必须在约定的时间付息还本

④债券反映了发行者和投资者之间的债权债务关系，而且是这一关系的法律凭证

A. ①②③ B. ①②③④

C. ①②④ D. ②③④

55. 可交换债券与可转换公司债券的相同之处有（ ）。

①发行要素相似

②投资价值与上市公司价值无关

③在约定期限内都可以以约定的价格交换为标的股票

④都包括票面利率、期限、转股价格和转股比率、转股期限等

A. ①②③ B. ①②③④

C. ①③④ D. ②③④

56. 下面关于凭证式国债的说法正确的是（ ）。

①各经办单位对在发行期内已缴款但未售完及购买者提前兑取的凭证式国债，仍可在原额度内继续发售

②各经办单位对在发行期内已缴款但未售完及购买者提前兑取的凭证式国

债，不可继续发售

③凭证式国债采用“随买随卖”、利率按实际持有天数分档计付的交易方式

④承担凭证式国债发行任务的各个系统一般每月要汇总本系统内的累计发行数额

A. ①④　　B. ①③

C. ②③　　D. ①③④

57. 关于国际开发机构人民币债券的发行与承销，下面说法正确的是（　　）。

①财政部对人民币债券发行利率进行管理

②中国人民银行对人民币债券发行利率进行管理

③国家外汇管理局负责对人民币债券发行和偿还有关的外汇专用账户及相关购汇、结汇进行管理

④在中国境内申请发行人民币债券需要报国务院同意

A. ②④　　B. ①③④

C. ②③　　D. ②③④

58. 询价交易方式下，报价包括（　　）。

①公开报价　　②小额报价

③双边报价　　④对话报价

A. ①②③　　B. ①③④

C. ①④　　D. ①②③④

59. 一般情况下，债券有以下（　　）兑付方式。

①到期兑付　　②提前兑付

③债券替换　　④分期兑付

A. ①②③　　B. ①③④

C. ①②④　　D. ①②③④

60. 交易所的固定收益电子平台定位于机构投资者，为大额现券交易提供服务。该平台可以进行（　　）。

①现券交易　　②质押式回购

③质押券申报与转回　　④买断式回购

A. ①②③　　B. ①③④

C. ①②④　　D. ①②③④

61. 下面关于国债（电子式）发行额度的管理，说法正确的是（　　）。

①发行期每日日终，承销团成员将当日储蓄国债（电子式）相关业务数据

传送至国债系统，通过当期国债账务总量数据核查后，如当日实际销售量大于日初剩余基本代销额度，承销团成员将剩余全部额度清零

②当日实际销售量小于或等于日初剩余基本代销额度，承销团成员应将当日抓取机动代销额度清零

③当日实际销售量小于或等于日初剩余基本代销额度，承销团成员应将剩余全部额度清零

④当日实际销售量小于或等于日初剩余基本代销额度，承销团成员应将基本代销额度清零

A. ①②　　B. ③

C. ②　　D. ①④

62. 下列属于资产证券化参与者的是（　　）。

①发起人　　②承销商

③受托人　　④投资者

A. ①②③　　B. ①②④

C. ①③④　　D. ②③④

63. 下列属于我国企业债券和公司债券区别的是（　　）。

①发行主体不同　　②发行申报程序不同

③发行期限不同　　④发行持续时间不同

A. ①②③　　B. ①②③④

C. ①②④　　D. ②③④

64. 目前，我国的商品期货交易所包括（　　）。

①深圳期货交易所　　②上海期货交易所

③大连商品交易所　　④郑州商品交易所

A. ①②③　　B. ①②④

C. ②③④　　D. ①③④

65. 金融中介机构包括商业银行和非银行金融机构，按所从事业务的性质及其在金融活动中所起的作用，可分为（　　）。

①融资类金融中介机构　　②投资类金融中介机构

③保障类金融中介机构　　④商业性金融中介机构

A. ①②③　　B. ①②④

C. ②③④　　D. ①③④

66. 2018 年 3 月 17 日第十三届全国人民代表大会第一次会议通过《关于国务院机构改革方案的决定》，下面关于其表述正确的是（　　）。

①决定组建中国银行保险监督管理委员会
②重新规划原中国银监会、原中国保监会的职责范围
③中国人民银行的监管职责减少
④使中国银保监会微观职能更为明确
A. ①②③　B. ①②④
C. ②③④　D. ①③④

67. 一般来说，中央银行的主要职能可概括为（　　）。
①“发行的银行”　②“银行的银行”
③“监管的银行”　④“政府的银行”
A. ①②③　B. ①②④
C. ②③④　D. ①③④

68. 货币中介目标的选取必须符合的标准包括（　　）。
①可测性　②可控性
③独立性　④原子性
A. ①②　B. ②③
C. ③④　D. ①③

69. 各种经济理论对货币政策的传导机制有不同的看法，归纳起来主要有（　　）。
①利率传导机制　②信用传导机制
③投资传导机制　④流动性传导机制
A. ①②　B. ②③
C. ③④　D. ①③

70. 证券投资基金是一种集合投资方式，它与股票、债券的区别在于（　　）。
①反映的经济关系不同　②筹集资金的投向不同
③收益风险水平不同　④发行方式不同
A. ①②③　B. ②③④
C. ①②④　D. ①③④

71. 基金的自律组织主要有（　　）。
①中国证监会　②基金行业自律组织
③原中国银监会　④证券交易所
A. ①②　B. ③④
C. ②　D. ②④

72. 中国证监会依法担负基金监管职责，各地证监局按照中国证监会的授权履行有关职责。中国证监会基金监管的主要职责是（　　）。

①制定有关证券投资基金活动监督管理的规章、规则

②办理基金备案

③制定基金从业人员的资格标准和行为准则

④监督检查基金信息的披露情况

A. ①②③　　B. ①②④

C. ①③④　　D. ①②③④

73. 基金交易费是指基金在进行证券买卖交易时所发生的相关交易费用。我国基金的交易费用主要包括（　　）。

①印花税　　②佣金

③开户费　　④过户费

A. ①②③　　B. ①②④

C. ①③④　　D. ①②③④

74. 私募基金可采用的组织形式包括（　　）。

①公司型　　②合伙型

③契约型　　④独资型

A. ①②③　　B. ①②④

C. ①③④　　D. ①②③④

75. 募集机构不得通过下列（　　）媒介渠道推介私募基金。

①公开出版资料　　②户外广告

③海报　　④电视、电影等

A. ①②③　　B. ①②④

C. ①③④　　D. ①②③④

76. 金融债券作为一种特殊类型的债券，它具有以下（　　）特点。

①金融债券表示的是银行等金融机构与金融债券持有者之间的债权债务关系

②金融债券一般不记名、不挂失，不可以抵押和转让

③我国金融债券的发行对象主要是个人

④金融债券的利息不记复利，不能提前支取，延期兑付亦不计逾期利息

A. ①②③　　B. ①②④

C. ①③④　　D. ①②③④

77. 下面关于机构投资者的描述，正确的有（　　）。

①机构投资者是推动直接融资市场发展、扩大直接融资比重的主要力量

②机构投资者可以通过事前的定价机制和事后的监督机制两个方面，促进金融资源的配置和公司治理的完善

③机构投资者的需求和选择有助于提高货币政策调控金融市场的灵敏度，改善货币市场传导机制，促进利率市场化进程

④通过发展机构投资者，可以把国家、企业和个人积累的养老金投资于各种金融产品，实现社会资本的平均边际收益水平

A. ①②　　B. ①③④

C. ②③④　　D. ①②③④

78. 按照《合格境外机构投资者境内证券投资管理办法》，合格境外机构投资者在批准的交易额度内，可以投资于中国证监会批准的人民币金融工具，包括（　　）。

①证券投资基金　　②在证券交易所挂牌交易的股票

③在证券交易所挂牌交易的债券　　④在证券交易所挂牌交易的权证

⑤股指期货

A. ①③④　　B. ②③④⑤

C. ①③④⑤　　D. ①②③④⑤

79. 全国社保基金境外投资限于下列投资（　　）。

①银行存款　　②外国政府债券

③基金　　④股票

⑤银行票据

A. ①②　　B. ①②⑤

C. ①②③④　　D. ①②③④⑤

80. 按照《慈善组织保值增值投资活动管理暂行办法》规定，自 2019 年 1 月 1 日起慈善组织开展投资活动应采用下列（　　）方式。

①购买商业银行等金融机构发行发售的理财产品

②委托专业投资管理机构管理和运作的财产

③投资人身保险产品

④直接进行与慈善组织宗旨和业务范围相关的股权投资

A. ①②　　B. ②③④

C. ①②④　　D. ①②③④

81. 证券公司应当建立完备的协助开户制度，做到（　　）。

①对客户的开户资料和身份真实性等进行审查

②向客户充分揭示期货交易风险

④解释期货公司、客户、证券公司三者之间的权利义务关系

④告知期货保证金安全存管要求

A. ①②③ B. ①②④

C. ①③④ D. ①②③④

82. 按照《证券公司另类投资子公司管理规范》的规定，证券公司设立另类子公司，应当符合的要求有（　　）。

①具备中国证券监督管理委员会核准的证券自营业务资格

②最近六个月各项风险控制指标符合中国证监会及中国证券业协会的相关要求，且设立另类投资子公司后，各项风险控制指标仍持续符合规定

③最近一年未因重大违法违规行为受到刑事或行政处罚，且不存在因涉嫌重大违法违规正受到监管部门和有关机关调查的情形

④公司章程有关对外投资条款中明确规定公司可以设立另类投资子公司，并经注册地中国证监会派出机构审批

A. ①②③ B. ①②④

C. ①③④ D. ①②③④

83. 证券市场监管手段包括（　　）。

①经济手段 ②市场手段

③行政手段 ④法律手段

A. ①②③ B. ①②④

C. ②③④ D. ①③④

84. 根据投资者的心理因素，可以将证券市场投资者分为（　　）。

①投机型 ②稳健型

③冒险型 ④中庸型

A. ①②③ B. ②③④

C. ①②④ D. ①③④

85. 下面关于中国证券业协会的组织机构表述正确的是（　　）。

①中国证券业协会的最高权力机构是由全体会员组成的会员大会，理事会为其执行机构

②中国证券业协会实行会员负责制

③中国证券业协会会员由单位会员构成，包括法定会员、普通会员和特别会员，另设观察员

④法定会员是经中国证监会批准设立的证券公司

⑤特别会员包括申请加入中国证券业协会的证券交易所、证券登记结算结

构等

A. ①②③④　　B. ②③④⑤

C. ①③④⑤　　D. ①②③④⑤

86. 根据金融市场工具的期限特征，可把金融市场分为（　　）。

①货币市场　　②资本市场

③股票市场　　④经营市场

A. ①②　　B. ②③

C. ①④　　D. ③④

87. 根据我国《企业会计准则第 22 号——金融工具确认和计量》的规定，常见的衍生工具包括远期合同、期货合同、互换合同和期权合同等，具有下列特征（　　）。

①要求更高的初始净投资

②其价值随特定利率、金融工具价格、商品价格、汇率、价格指数、费率指数、信用等级、信用指数或其他类似变量的变动而变动

③不要求初始净投资，或与对市场情况变化有类似反应的其他类型合同相比，要求很少的初始净投资

④在未来某一日期结算

A. ①②③　　B. ②③④

C. ①③④　　D. ①②④

88. 金融衍生工具的基本特征包括（　　）。

①跨期性　　②杠杆性

③联动性　　④不确定性或高风险性

A. ①②③④　　B. ②③④

C. ①②③　　D. ①②④

89. 张某购入 A 公司 32% 的股份，他具有的权利包括（　　）。

①获得资产收益　　②对财产直接支配

③公司破产优先清偿　　④选择公司管理者

⑤对公司重大事项进行决策

A. ①④⑤　　B. ①②④

C. ①③④　　D. ③④⑤

90. 下列股份变动中，一般情况下，有可能导致股价下降的是（　　）。

①增发和定向增发　　②配股

③可转换债券转换为股票　　④股份回购

A. ②③④
B. ①②③
C. ①③④
D. ①②④

91. 按照我国《公司法》和相关法律及公司章程规定，普通股股东享有以下（　　）权利。

①公司重大决策参与权
②公司资产收益权
③剩余财产分配权
④处置权
⑤优先认购权

A. ①②③④⑤
B. ①②④⑤
C. ①②③⑤
D. ①③④⑤

92. 下列（　　）财产可以作为股东出资的资产。

①人民币
②美元
③土地使用权
④暂未能合理估价的古董字画
⑤一栋商用大楼

A. ①③④⑤
B. ①②④⑤
C. ①②③⑤
D. ①②③④

93. 以下（　　）股票发行监管制度中，中国证监会是唯一对股票发行做实质性判断的主体。

①审批制
②核准制
③注册制

A. ①②③
B. ①③
C. ③
D. ①

94. 发行人销售证券的方法有（　　）。

①自销
②包销
③承销
④代销
⑤出销

A. ①②③④⑤
B. ①②③④
C. ①③④
D. ①②④

95. 首次公开发行股票的方式包括（　　）。

①网下发行
②网上发行
③向战略投资者配售
④向个人投资者配售

A. ①③④
B. ①②④
C. ②③④
D. ①②③

96. 证券经纪商在收到客户委托后，应当对下列（　　）内容进行审查。

①委托人身份
②委托内容
③委托卖出的实际证券数量
④委托买入的实际证券数量
A. ①②③
B. ①②④
C. ②③④
D. ①③④

97. 集合竞价确定成交价的原则有（ ）。
①可实现最大成交量的价格
②高于该价格的买入申报与低于该价格的卖出申报全部成交的价格
③与该价格相同的买方或卖方至少有一方全部成交的价格
④可实现成交价格的最低价格
A. ①②③
B. ①②④
C. ②③④
D. ①③④

98. 一般来讲，影响股票投资价值的外部因素主要包括（ ）。
①宏观经济因素
②市场因素
③并购重组
④行业因素
A. ①②③
B. ②③④
C. ①②④
D. ①③④

99. 以下（ ）体现了风险的本质和内在特性的概念。
①不确定性
②损失
③波动性
④危险
A. ①②③
B. ②③④
C. ①③④
D. ①②③④

100. 操作风险分为（ ）所引发的四类风险。
①人员
②系统
③流程
④外部事件
A. ①②③
B. ②③④
C. ①③④
D. ①②③④

参考答案与解析

1. 参考答案：B

考点：主要考查金融市场的重要性。

2. 参考答案：B

考点：主要考查金融市场。

3. 参考答案：D

考点：主要考查投机性资金的流动。

4. 参考答案：C

考点：考查债券的票面要素中债券的到期期限。各种债券有不同的偿还期限，短则几个月，长则几十年，并非偿还期限都是相同的。

5. 参考答案：C

考点：考查债券的分类。按发行主体，债券可以分为政府债券、金融债券和公司债券。

6. 参考答案：D

考点：考查公募债券。除政府机构、地方公共团体，一般私营企业必须符合规定的条件才能发行公募债券。

7. 参考答案：A

考点：考查债券和股票的区别。股票通常是无须偿还的，一旦投资入股，股东便不能从股份有限公司抽回本金，因此，股票是一种无期证券。

8. 参考答案：C

考点：考查流通国债的特征。流通国债的特征有：投资者可以自由认购、自由转让、通常不记名、转让价格取决于对该国债的供给与需求。

9. 参考答案：C

考点：考查证券公司短期融资券。证券公司发行短期融资券实行余额管理，待偿还短期融资券余额不超过净资本的60%，在此范围内，证券公司自主确定每期短期融资券的发行规模。

10. 参考答案：D

考点：考查中期票据的相关知识。中期票据的期限一般为 1 年以上、10 年以下，我国中期票据的期限通常为 3 年或 5 年。中期票据待偿还余额不得超过企业净资产的 40%。

11. 参考答案：C

考点：考查资产证券化参与者的职能。如果发行的证券化产品属于债券，发行前必须经过评级机构进行信用评级。

12. 参考答案：D

考点：考查地方政府债券的发行方式。

13. 参考答案：C

考点：考查短期融资融券的发行注册。

14. 参考答案：A

考点：1992 年 10 月，国务院证券管理委员会和中国证券监督管理委员会成立标志着中国资本市场开始逐步纳入全国统一监管框架，全国性市场由此形成并初步发展。选项 B 标志着我国“分业经营，分业监管”的金融体系得以确立。选项 C 时间不符，选项 D 标志着股票市场正式运作的开始。

15. 参考答案：D

考点：为推进利率市场化改革，提高金融机构自主定价能力，健全货币政策传导机制，培育货币市场基准利率，中国人民银行于 2007 年开始运行上海银行间同业拆借利率，目前它已成为认可度高、应用广泛的货币市场基准利率之一。选项 D 不正确，其余符合。

16. 参考答案：B

考点：截至 2017 年末，上海期货交易所成为全球第一大黑色金属期货市场和第二大有色金属期货市场。

17. 参考答案：B

考点：信贷政策机制属于货币政策。

18. 参考答案：D

考点：投资银行属于辅助金融中介的活动，选项 C 是按照业务特征及货币创造、交换媒介和支付手段的功能划分。

19. 参考答案：B

考点：考查中间业务的概念。

20. 参考答案：D

考点：考查证券投资基金的概念。

21. 参考答案：C

考点：考查不同划分标准下证券投资基金的分类。

22. 参考答案：C

考点：考查基金评价机构的注册程序。

23. 参考答案：B

考点：考查基金认购和申购的概念。

24. 参考答案：C

考点：考查基金的申购、赎回原则。

25. 参考答案：D

考点：考查基金管理费率与基金规模和风险的关系。基金规模越大，风险程度越低，基金管理费率越低。

26. 参考答案：B

考点：考查证券市场融资活动的定义。证券市场融资活动是指资金盈余单位和赤字单位之间以有价证券为媒介，实现资金融通的金融活动。

27. 参考答案：A

考点：考查政府和政府机构发行债券特点。通常情况下，中央政府债券不存在违约风险，因此，被视为无风险债券，相应的，其收益率被称为无风险收益率，是金融市场上最重要的价格指标。

28. 参考答案：B

考点：考查合格境内机构投资者。在 QDII 制度中，单只基金、集合管理计划持同一机构（政府、国际金融组织除外）发行的证券是指不得超过基金、集合计划净值的 10%，指数基金可以不受上述限制。

29. 参考答案：B

考点：考查中国证券行业自律组织。

30. 参考答案：A

考点：按照《律师事务所从事证券法律业务管理办法》规定，鼓励具备下列条件的律师事务所从事证券法律业务：内部管理规范，风险控制制度健全，执业水平高，社会信誉良好；有 20 名以上执业律师，其中 5 名以上曾从事过证券法律业务；已经办理有效的执业责任保险；最近两年未因违法执业行为受到行政处罚。

31. 参考答案：B

考点：考查证券公司开展融资融券业务，必须经中国证监会批准。

32. 参考答案：B

考点：申请证券、期货投资咨询从业资格的机构，若分别从事证券或者期货投资咨询业务的机构，有 5 名以上取得证券、期货投资咨询从业资格的专职人员；从事证券和期货投资咨询业务的机构，有 10 名以上取得证券、期货投资咨询从业资格的专职人员；有 100 万元人民币以上的注册资本。

33. 参考答案：D

考点：证券公司向证券金融公司交存保证金，采取设立信托的方式。

34. 参考答案：B

考点：考查临时会员大会召开的情形。有下列情形之一的，应当召开临时会员大会：理事人数不足规定的最低人数；1/3 以上的会员提议；理事会或者监事会认为必要。

35. 参考答案：A

考点：考查证券登记结算公司的设立条件。自有资金不少于人民币 2 亿元。

36. 参考答案：B

考点：考查金融衍生工具的基本特征。注意不同特性的概念区分。

37. 参考答案：C

考点：考查金融衍生工具的基本特征。注意不同特性的概念区分。

38. 参考答案：C

考点：考查金融衍生工具的分类。金融衍生工具按照产品形态分为独立衍生工具和嵌入式衍生工具；按照自身交易的方法和特点可以分为金融远期合约、金融期货、金融期权、金融互换和结构化金融衍生工具；按照基础工具种类，可以分为股权类产品的衍生工具、货币衍生工具、利率衍生工具、信用衍生工具以及其他衍生工具；按照交易场所可分为交易所交易的衍生工具和场外交易市场交易的衍生工具。

39. 参考答案：C

考点：区分证权证券和权证证券的概念，证权证券是指证券是权利的一种物化的外在形式，是权利的载体，权利是已经存在的，股票是以股份存在为条件的，是证权证券。

40. 参考答案：A

考点：考查股票特征。股票具有收益性，其收益来源包括股份公司和股票流通。股票具有风险性，体现在股票投资收益的不确定性。股票具有流动性，但并非所有股票都具有相同的流动性。股票持有人有权参与公司的经营决策。

41. 参考答案：C

考点：考查优先股特点，优先股的持有人能够优先于普通股股东分配公司利润和剩余财产。

42. 参考答案：D

考点：考查有面额股票和无面额股票的特点。有面额股票的票面金额就是股票发行价格的最低界限，便于股票分割和发行或转让价格灵活是无面额股票的特点。

43. 参考答案：C

考点：优先股参与公司决策管理权利受限，对公司剩余财产权利优先于普通股，在债权人之后。

44. 参考答案：C

考点：考查发行新股的要求。

45. 参考答案：D

考点：报价驱动称为做市商市场，证券交易的买价与卖价都由做市商给出，其收入来源是买卖证券的差价。

46. 参考答案：A

考点：考查证券托管的概念。

47. 参考答案：C

考点：上海证券交易所科创板连续竞价时间为：9:30~11:30、13:00~15:00。

48. 参考答案：B

考点：考查技术分析法的内容。

49. 参考答案：A

考点：考查通俗风险语言和专业风险语言之间的区别。

50. 参考答案：B

考点：考查金融风险分类。

51. 参考答案：D

考点：本题主要考查资本市场。资本市场包括股票市场、中长期国债市场、中长期银行存款市场等。

52. 参考答案：D

考点：本题主要考查全球金融体系的主要参与者。

53. 参考答案：B

考点：本题主要考查美国纳斯达克股票市场的分层。

54. 参考答案：B

考点：考查债券的定义。

55. 参考答案：C

考点：考查可交换债券与可转换公司债券的相同之处。对投资者来说，可交换债券与持有标的上市公司的可转换公司债券相同，投资价值与上市公司价值相关，在约定期限内可以以约定的价格交换为标的股票。

56. 参考答案：D

考点：考查凭证式国债的相关概念。

57. 参考答案：D

考点：考查人民币债券的相关内容。

58. 参考答案：C

考点：考查询价交易方式下报价方式。

59. 参考答案：D

考查：考查债券的5种兑付方式，还包括转换为普通股兑付。

60. 参考答案：B

考点：考查交易所固定收益平台的交易。

61. 参考答案：A

考点：考查储蓄国债发行额度管理。参照《财政部关于印发〈2018～2020年储蓄国债发行额度管理办法〉的通知》。

62. 参考答案：A

考点：考查资产证券化参与者。资产证券化参与者有发起人、特殊目的机构、信用增级机构、信用评级机构、承销商、服务商、受托人。

63. 参考答案：B

考点：考查我国企业债券和公司债券的区别。我国企业债券和公司债券的区别主要有以下几个方面：发行主体不同；发行制度和监管机构不同；募集资金用途不同；发行申报程序不同；发行期限不同；发行持续时间不同；发行定价方式不同；担保要求不同；发行市场不同。

64. 参考答案：C

考点：目前，我国成立了上海期货交易所、大连商品交易所和郑州商品交易所三大商品期货交易所。

65. 参考答案：A

考点：金融中介机构按不同的标准，可划分为不同的种类。按业务特征及货币创造、交换媒介和支付手段的功能划分，可分为银行金融中介机构和非银行金融中介机构；按是否能够承担国家政策性金融业务，可划分为商业性金融机构和政策性金融机构；按所从事业务的性质及其在金融活动中所起的作用，可分为融资类金融中介机构、投资类金融中介机构、保障类金融中介机构和服务类金融中介机构。④商业性金融中介机构属于按是否能够承担国家政策性金融业务进行的分类。

66. 参考答案：B

考点：2018 年 3 月 17 日第十三届全国人民代表大会第一次会议通过《关于国务院机构改革方案的决定》，决定组建中国银行保险监督管理委员会，原中国银监会、原中国保监会拟定银行业、保险业重要法律法规草案和审慎监管基本制度的职责划入中国人民银行，中国银保监会作为微观审慎监管和行为监管主体，监督金融机构行为稳定、合规经营的职责更为明确。

67. 参考答案：B

考点：一般来说，中央银行的主要职能可概括为“发行的银行”“银行的银行”“政府的银行”。

68. 参考答案：A

考点：货币中介目标的选取必须符合以下标准：可测性、可控性、相关性、抗干扰性和适应性。

69. 参考答案：A

考点：各种经济理论对货币政策的传导机制有不同的看法，归纳起来主要有利率传导机制、信用传导机制、资产价格传导机制和汇率传导机制。

70. 参考答案：A

考点：考查证券投资基金与股票、债券的区别，有助于深刻理解证券投资基金的特点。

71. 参考答案：D

考点：考查我国目前的基金自律组织。

72. 参考答案：D

考点：考查中国证监会的监管职责。

73. 参考答案：B

考点：考查我国基金交易费用的主要内容。开户费属于基金运作费。

74. 参考答案：A

考点：考查私募基金的组织形式。

75. 参考答案：D

考点：考查募集机构不得采取的推介私募基金渠道，应包括：面向社会公众的宣传单、布告、手册、信函、传真；公共、门户网站链接广告、博客等；未设置特定对象确定程序的募集机构官方网站、微信朋友圈等互联网媒介等。

76. 参考答案：C

考点：考查金融债券的特点。金融债券一般不记名、不挂失，但可以抵押和转让。

77. 参考答案：D

考点：考查机构投资者的作用。

78. 参考答案：D

考点：考查合格境外机构投资者。参照《合格境外机构投资者境内证券投资管理办法》的规定。

79. 参考答案：D

考点：考查全国社保基金境外投资。

80. 参考答案：C

考点：考查社会公益基金。《慈善组织保值增值投资活动管理暂行办法》规定，自 2019 年 1 月 1 日起慈善组织开展投资活动应采用下列方式：购买商业银行等金融机构发行发售的理财产品；委托专业投资管理机构管理和运作财产；直接进行与慈善组织宗旨和业务范围相关的股权投资。

81. 参考答案：D

考点：证券公司应当建立完备的协助开户制度，对客户的开户资料和身份真实性等进行审查，向客户充分揭示期货交易风险，解释期货公司、客户、证券公司三者之间的权利义务关系，告知期货保证金安全存管要求。

82. 参考答案：D

考点：按照《证券公司另类投资子公司管理规范》的规定，证券公司设立另类投资子公司，应当符合以下要求：（1）具有健全的公司治理结构，完善有效的内部控制机制、风险管理制度和合规管理制度，防范与私募基金子公司之间出现风险传递和利益冲突；（2）具备中国证监会核准的证券自营业务资格；（3）最近六个月各项风险控制指标符合中国证监会及中国证券业协会的相关要求，且设立另类投资子公司后，各项风险控制指标仍持续符合规定；（4）最近一年未因重大违法违规行为受到刑事或行政处罚，且不存在因涉嫌重大违法违规正受到监管部门和有关机关调查的情形；（5）公司章程有关对外投资条款中明确规定公司可以设立另类投资子公司，并经注册地中国证监会派出机构审批；（6）中国证监会及中国证券业协会规定的其他条件。

83. 参考答案：D

考点：考查证券市场三种监管手段，即法律手段、经济手段和行政手段。

84. 参考答案：B

考点：考查证券市场投资者的分类。根据投资者的心理因素，可以将证券市场投资者分为稳健型、冒险型和中庸型三类。

85. 参考答案：C

考点：考查中国证券业协会的组织机构。中国证券业协会实行会长负责制。

86. 参考答案：A

考点：金融市场的分类。

87. 参考答案：B

考点：根据我国《企业会计准则第22号——金融工具确认和计量》的规定，常见的衍生工具包括远期合同、期货合同、互换合同和期权合同等，具有下列特征：(1) 其价值随特定利率、金融工具价格、商品价格、汇率、价格指数、费率指数、信用等级、信用指数或其他类似变量的变动而变动；(2) 不要求初始净投资，或与对市场情况变化有类似反应的其他类型合同相比，要求很少的初始净投资；(3) 在未来某一日期结算。

88. 参考答案：A

考点：考查金融衍生工具的基本特征。

89. 参考答案：A

考点：考查股东权利，主要包括资产收益、重大决策、选择管理者等权利，对财产直接支配是物权证券的特征，要求公司破产优先清偿是债权人的权利。

90. 参考答案：B

考点：股份回购减少供给增加需求，向市场传达积极信息，通常会导致股价上涨；可转换债券由于具有稀释效应，有可能导致股价下跌；配股和增发根据增发价格、公司运营情况等因素的情况，既可能导致股票价格下降，又可能导致股票价格上涨。

91. 参考答案：A

考点：考查普通股股东权利所包含的内容，包括重大决策参与权、资产收益权和剩余资产分配权、知情权、处置权与优先认股权。

92. 参考答案：C

考点：股东可以用货币出资，也可以用货币估价并可以依法转让的非货币资产作价出资。

93. 参考答案：D

考点：三种股票发行监管制度的异同点。

94. 参考答案：B

考点：发行人销售证券有自销和承销，承销包括包销和代销。

95. 参考答案：D

考点：考查首次公开发行股票的方式：网下发行、网上发行及向战略投资者配售等方式。

96. 参考答案：A

考点：证券经纪商在收到客户委托后，应当对委托人身份、委托内容、委托卖出的实际证券数量和委托买入的实际资金余额进行审查。

97. 参考答案：A

考点：考查集合竞价确定成交价的原则的内容。

98. 参考答案：C

考点：考查影响股票投资价值的外部因素，包括宏观经济因素、行业因素及市场因素等。

99. 参考答案：D

考点：考查风险的本质和内在特性。

100. 参考答案：D

考点：考查操作风险的分类。

《金融市场基础知识》模拟试卷二

一、选择题（共 50 题，每题 1 分，共 50 分。以下各选项中，只有一项符合题目要求，不选、错选均不得分）

1. 大多数高新技术领域的中小企业，无法提供有效的担保和抵押，在创业初期或市场扩张期往往会选择（　　）方式进行融资。

A. 股票市场融资　　B. 债券市场融资

C. 风险投资融资　　D. 民间借贷

2. 商业汇票、银行汇票等属于（　　）。

A. 商品证券　　B. 货币证券

C. 资本证券　　D. 商业证券

3. 伦敦证券交易所适合规模较小的成长型公司上市融资的板块是（　　）。

A. 主板市场　　B. 另类投资市场

C. 专业证券市场　　D. 专业基金市场

4. 债券按发行主体分类，可以分为（　　）。

A. 政府债券、金融债券和公司债券

B. 零息债券、附息债券和息票累积债券

C. 实物债券、凭证式债券和记账式债券

D. 短期债券、中期债券和长期债券

5. 一般来说，具有高度流动性的债券同时也是较安全的，因为它不仅可以迅速地转换为货币，还可以按一个较稳定的价格转换。关于债券不能收回投资的风险的说法有误的是（　　）。

A. 债务人不履行债务导致债券不能收回投资

B. 市场利率水平影响债券的转让价格

C. 不同的债务人不履行债务的风险程度是不一样的

D. 政府债券不履行债务的风险较高

6. 下列关于短期国债、中期国债和长期国债的说法不正确的是（　　）。

A. 短期国债一般是指偿还期限在 1 年以内的国债

B. 中期国债是指偿还期限在 1 年或 1 年以上、10 年以下（包括 10 年）的国债

C. 长期国债是指偿还期限在 10 年或 10 年以上的国债

D. 短期国债、中期国债和长期国债都属于有期国债

7. 证券公司长期次级债可按一定比例计入净资本，到期期限在 3 年、2 年、1 年以上的，原则上分别按（　　）、（　　）、（　　）的比例计入净资本。

A. 90%　80%　70%　　B. 100%　70%　50%

C. 100%　70%　30%　　D. 90%　70%　50%

8. 对于财政部代理发行地方政府债券的投标最高限额限定，下面说法正确的是（　　）。

A. 承销团甲类成员最高限额为当期的 35%

B. 承销团乙类成员最高限额为当期的 25%

C. 承销团甲类成员最高限额为当期的 30%

D. 承销团乙类成员最高限额为当期的 30%

9. 地方政府一般债券的期限为（　　）。

A. 1 年、2 年、3 年、5 年

B. 1 年、3 年、5 年、7 年

C. 1 年、3 年、5 年、7 年、10 年

D. 1 年、2 年、5 年、7 年、10 年

10. 企业集团财务公司发行金融债券后，资本充足率不低于（　　）。

A. 10%　　B. 5%

C. 30%　　D. 20%

11. 发行企业债券的条件要求发行方在发行企业债券前（　　）。

A. 一年盈利　　B. 连续两年盈利

C. 连续三年盈利　　D. 连续五年盈利

12. 依据《银行间债券市场非金融企业债务融资工具注册规则》，任一企业集合票据待偿还余额不得超过该企业净资产的（　　）。

A. 50%　　B. 40%

C. 30%　　D. 20%

13. 交易所市场的债券清算和结算主要采取的是中央对手方的（　　）。

A. 全额逐笔结算机制　　B. 差额逐笔结算机制

C. 净额结算机制　　D. 差额结算机制

14. 进一步明确了金融业分业经营原则的是（　　）。

A. 1993 年，全面整顿金融秩序

B. 2003 年，中国银行业监管委员会成立

C. 1998 年颁布《证券法》

D. “分业经营、分业监管”的金融体系的确立

15. 在期货市场监管方面，我国形成了中国证监会、地方证监局、（　　）、期货市场监控中心和中国期货业协会“五位一体”的期货监管协调工作机制与较为完善的期货监管法律体系。

A. 原中国银监会　　B. 期货交易所

C. 原中国保监会　　D. 中央银行

16. 以证券公司、期货公司和证券投资基金为主，以各类投资咨询中介、信托机构为辅的多元化体系指的是（　　）。

A. 保险中介体系　　B. 银行机构体系

C. 投资中介体系　　D. 银行中介机构体系

17. （　　）是商业银行业务活动的总括性反应。

A. 现金流量表　　B. 资产负债表

C. 利润表　　D. 所有者权益变动表

18. 按照市场功能的不同，资本市场可分为（　　）。

A. 股票市场和发行市场　　B. 发行市场和交易市场

C. 基金市场和交易市场　　D. 场外市场和发行市场

19. 相对于创业板市场，资本市场最重要的组成部分是（　　）。

A. 主板市场　　B. 中小板市场

C. 全国中小企业股份转让系统　　D. 券商柜台市场

20. 按照基金运作方式划分，证券投资基金可分为（　　）和（　　）。

A. 封闭式基金　开放式基金　　B. 公募基金　私募基金

C. 股权投资基金　风险投资基金　　D. 债券基金　股票基金

21. 对于开放式基金而言，基金的申购赎回需要遵循以下（　　）原则。

A. “份额申购、份额赎回”　　B. “份额申购、金额赎回”

C. “金额申购、金额赎回”　　D. “金额申购、份额赎回”

22. 私募基金运行期间，信息披露义务人应当在每季度结束之日起（　　）个工作日以内向投资者披露基金净值、主要财务指标以及投资组合情况等信息。

A. 5　　B. 7

C. 10　　D. 15

23. 单只私募证券投资基金管理规模金额达到（　　）万元以上的，应当持续在每月结束之日起（　　）个工作日以内向投资者披露基金净值信息。

A. 3 000　3　　B. 3 000　5

C. 5 000　3　　D. 5 000　5

24. 在向投资者推介私募基金之前，募集机构应当采取问卷调查等方式履行特定对象确定程序，对投资者风险识别能力和风险承担能力进行评估。投资者评估结果有效期最长不得超过（　　）。

A. 1 年　　B. 2 年

C. 3 年　　D. 4 年

25. 担任非公开募集基金的基金管理人，应当按照规定向（　　）履行登记手续，报送基本情况。

A. 中国证监会　　B. 证券投资基金业协会

C. 证券交易所　　D. 地方证监局

26. 如果预期某种信息可能对基金份额持有人权益或者基金份额的价格产生重大影响，则该信息为重大信息，相关事件为重大事件，信息披露义务人应当在重大事件发生之日起（　　）日内编制并披露临时报告书。

A. 1　　B. 2

C. 3　　D. 4

27. 下面关于中央银行表述错误的是（　　）。

A. 中央银行是代表一国政府发行法偿货币、制定和执行货币政策、实施金融监管的重要机构

B. 中央银行作为证券发行主体，主要涉及两类证券：中央银行股票；中央银行出于调控货币供给量目的而发行的特殊债券

C. 在美国，中央银行采取了股份制组织结构，通过发行股票募集资金，股东享有决定中央银行政策的权利

D. 中国人民银行从 2003 年起开始发行中央银行票据，对冲金融体系中过多的流动性

28. 在我国，政府机构类投资者参与证券投资的主要目的通常不包括（　　）。

A. 调剂资金余缺　　B. 实施宏观调控

C. 谋求高盈利　　D. 实行特定的产业政策

29. 个人投资者是证券市场最广泛的投资主体，以下（　　）不属于个人投

资者的特点。

A. 投资决策和实施的时滞较长

B. 资金规模有限

C. 专业知识相对匮乏

D. 投资行为具有随意性、分散性和短期性

30. 以下（　　）不属于证券公司信息报送与披露方面的监管要求。

A. 信息报送制度　　B. 年报审计监管

C. 季报审计监管　　D. 信息公开披露制度

31. 证券公司从事资产管理业务，以下说法错误的是（　　）。

A. 为单一投资者设立单一资产管理计划

B. 为多个投资者设立集合资产管理计划

C. 单一资产管理计划可以接受货币资金委托，或者接受其他金融资产资金委托

D. 集合资产管理计划原则上应接受投资者合法持有的股票、债券等其他金融资产资金委托

32. 下列符合《证券公司另类投资子公司管理规范》的是（　　）。

A. 甲证券公司设立 2 家另类子公司

B. 乙证券公司未做到内控有力，设立 1 家另类子公司

C. 丙证券公司采用股份代持方式与其他投资者共同出资设立 1 家另类子公司

D. 丁证券公司以自有资金全资设立 1 家另类子公司

33. 下列情形符合《律师事务所从事证券法律业务管理办法》规定，不得从事证券法律业务的是（　　）。

A. 甲律师事务所有 20 名以上执业律师，其中 5 名以上曾从事过证券法律业务

B. 乙律师事务所还没有办理有效的执业责任保险

C. 丙律师最近三年从事过证券法律业务

D. 丁教授最近三年连续从事证券法律领域的研究工作

34. 证券金融公司应当建立信息系统安全管理机制，保障公司信息系统安全、稳定运行，妥善保存履行《转融通业务监督管理试行办法》规定职责所形成的各类文件、资料，保存期限不少于（　　）。

A. 20 年　　B. 10 年

C. 5 年　　D. 3 年

35. 对理事会人员构成的表述不正确的是（　　）。

A. 会员理事会由 7 到 13 人组成

B. 非会员理事人数不少于理事会会员总数的 1/3，不超过理事会会员总数的 1/2

C. 每届任期 3 年，会员理事由会员大会选举产生

D. 非会员理事由证券交易所聘任

36.（　　）是指合约买方向卖方支付一定费用，在约定日期内（或约定日期）享有按事先确定的价格向合约卖方买卖某种金融工具的权利的契约。

A. 金融远期合约　　B. 金融期权

C. 金融期货　　D. 金融互换

37. 下列关于场外交易市场交易的衍生工具的发展趋势，错误的是（　　）。

A. 交易量逐年增大

B. 仍未超过交易所市场的交易额

C. 市场流动性得到增强

D. 发展出专业化的交易商

38.（　　）年 5 月，中国证监会颁布的《上市公司证券发行管理办法》中首次提出上市公司可以公开发行认股权和债券分离交易的可转换公司债券。

A. 2006　　B. 2007

C. 2008　　D. 2009

39. 下列关于股票的说法正确的是（　　）。

A. 股票是设权证券

B. 股票代表了股东对股份公司总资产的所有权

C. 股票是一种有价证券，其本身没有价值

D. 股票属于物权证券

40. 记名股票相较于无记名股票的特点不包括（　　）。

A. 可以一次或分次缴纳出资　　B. 相对安全

C. 股东权利归属于股票的持有人　　D. 转让相对复杂

41. 下列不属于优先股特点的是（　　）。

A. 对公司剩余财产权利优先于普通股，次于债权人

B. 不享有公司表决权

C. 股息相对固定

D. 股息优先于普通股股息派发

42. 境内上市外资股又被称为（　　）。

A. “B 股” B. “A 股”
C. “H 股” D. “S 股”

43. 下列（　　）股票发行制度直接影响有关参与各方的利益分配。

A. 发行主体 B. 发行监管制度
C. 发行方式 D. 发行定价

44. （　　）制度是指有资格的保荐人推荐符合条件的公司公开发行股票和上市，并对所有推荐的发行人的信息披露质量和所做出的承诺提供训示、督促、辅导、指导和信用担保的制度。

A. 保荐 B. 发审委
C. 保代 D. 推荐

45. 公开发行股票数量在 2 000 万股（含）且无老股转让计划的，应当通过下列（　　）方式确定发行价格。

A. 网下投资者询价 B. 向目标投资者询价
C. 向战略投资者询价 D. 直接定价

46. 如果投资者能以合理的价格快速成交，说明了证券交易机制的（　　）目标得到了实现。

A. 流动性 B. 稳定性
C. 有效性 D. 效益性

47. 公司因业务发展需要增加资本额而发行新股，会使公司的股票价格（　　）。

A. 上涨 B. 下跌
C. 不变 D. 可能上涨，可能下跌

48. 货币随时间的推移而发生的增值是货币的（　　）。

A. 现值 B. 内在价值
C. 时间价值 D. 终值

49. （　　）是因市场价格变量波动而给经济主体带来损益的风险。

A. 信用风险 B. 流动性风险
C. 市场风险 D. 操作风险

50. 风险规避主要是通过（　　）来实现的。

A. 风险与收益相匹配
B. 设立有限的风险忍耐度
C. 降低风险暴露，甚至完全退出该业务领域
D. 经济资本配置

二、组合型选择题（共50题，每题1分，共50分。以下各选项中，只有一项符合题目要求，不选、错选均不得分）

51. 中国香港的金融监管机构包括（　　）。

①香港金融管理局　②中国香港政府

③证券及期货事务监察委员会　④保险业监理处

A. ①②③　B. ①③④

C. ①②④　D. ②③④

52. 非证券金融市场包括（　　）。

①信托市场　②股权投资市场

③保险市场　④债券市场

A. ①②③　B. ①②④

C. ②③④　D. ①③④

53. 资本外逃可能在（　　）情况下发生。

①政治形势动荡　②经济形势恶化

③国际收支平衡　④实施外汇管制

A. ①②③　B. ①③④

C. ①②④　D. ②③④

54. 我国普通国债发行的总体情况大致是（　　）。

①规模越来越大　②发行方式趋于单一

③期限趋于多样化　④发行方式趋于市场化

A. ①②③　B. ①②③④

C. ①③④　D. ②③④

55. 在面向机构投资者非公开发行项目收益债券时，需要满足的要求是（　　）。

①债项评级达AAA级以上

②每次发行时认购的机构投资者不超过200人

③单笔认购不少于500万元人民币

④所募集的资金可以用来置换项目资本金或偿还与项目有关的其他债务

A. ②③　B. ①②

C. ①③　D. ③④

56. 资产证券化自20世纪70年代在美国问世以后，短短三十余年的时间里，获得了迅速发展，根本原因在于资产证券化能够为参与各方带来好处。从发起人的角度而言，资产证券化的好处包括（　　）。

①增加资产的流动性，提高资本使用效率

②提升资产负债管理能力，优化财务状况

③实现低成本融资

④增加收入来源

A. ①②③④　　B. ①②④

C. ①③④　　D. ②③④

57. 下面属于其他金融机构（不包括政策性银行）发行金融债券应向中国人民银行报送的文件是（　　）。

①金融债券发行申请报告

②发行人近三年经审计的财务报告及审计报告

③承销协议

④募集说明书

A. ①③④　　B. ①②③

C. ②③④　　D. ①②③④

58. 下面关于企业债券的说法正确的是（　　）。

①棚户区改造项目可发行并使用不超过项目总投资 60% 的企业债券资金

②棚户区改造项目可发行并使用不超过项目总投资 70% 的企业债券资金

③企业债券的利率不得高于银行相同期限居民储蓄定期存款利率的 30%

④非公开发行公司债券，募集资金用于约定的用途

A. ①④　　B. ①③

C. ②③　　D. ②④

59. 下列关于债券的说法正确的有（　　）。

①债券估值的基本原理是现金流贴现

②债券买卖报价分为净价和全价两种，结算为全价结算

③净价是指不含应计利息的债券价格

④应计利息为上一付息日（或起息日）至结算日之间累计的按百元面值计算的债券发行人应付给债券持有人的利息

A. ①②③　　B. ②③④

C. ①③④　　D. ①②③④

60. 利率期限结构理论是基于（　　）建立起来的。

①市场预期理论　　②流动性偏好理论

③市场分割理论　　④理性预期理论

A. ①②③　　B. ②③④

C. ①③④　　D. ①②③④

61. 以下关于交易所债券市场托管方式正确的有（　　）。

①根据券种的不同，实行的是不同的托管体制

②交易所市场实行中央登记、二级托管的制度

③交易所投资者在中央结算公司开立托管账户

④中国结算公司承担在交易所交易的其他债券的登记、托管职责

A. ①②③　　B. ①③④

C. ①②④　　D. ①②③④

62. 债券的开户合同应当包括（　　）事项。

①委托人真实姓名、住址、年龄、职业、身份证号

②委托人与证券公司之间的权利和义务

③确立开户合同的有效期限

④延长合同期限的条件和程序

A. ①②③　　B. ①③④

C. ①②④　　D. ①②③④

63. 一般情况下，下面（　　）属于商业银行发行金融债券应该具备的条件。

①核心充足资本率不低于10%

②最近三年连续盈利

③最近三年没有重大违法违规行为

④贷款损失准备计提充足

A. ①　　B. ②④

C. ②③④　　D. ①②③④

64. 2018年7月，小王手头有一笔闲钱，正考虑将这笔钱投资于金融市场，其进行基本面分析时，应考虑的主要宏观经济变量包括（　　）。

①国内生产总值　　②经济周期

③财政政策　　④国际资本流动

A. ①②③　　B. ①②④

C. ②③④　　D. ①③④

65. 国务院金融稳定发展委员会目前关注的四个方面包括（　　）。

①影子银行　　②负债管理行业

③互联网金融　　④金融控股公司

A. ①②③ B. ①②④

C. ②③④ D. ①③④

66. 中央银行作为“银行的银行”，其面向金融机构提供的服务包括（ ）。

①集中保管商业银行的存款准备金 ②作为商业银行的最后贷款人

③组织全国商业银行之间的清算 ④管理各银行的黄金储备

A. ①②③ B. ①②④

C. ②③④ D. ①③④

67. 作为“发行的银行”，流通中的通货是中央银行资产负债表的（ ）项目。

①资产类 ②负债类

③权益类 ④综合类

A. ①② B. ②

C. ②③ D. ①②③④

68. 下列关于货币政策的目标说法正确的是（ ）。

①货币政策作为总需求管理工具，在维护金融稳定方面具有一定局限性

②货币中介目标选取的标准不同于操作目标

③货币政策中介目标在选取利率还是选择货币供应量上存在争议

④操作目标的选择在很大程度上取决于中介目标的选择

A. ①②③ B. ①②④

C. ②③④ D. ①③④

69. 根据各种货币政策工具的基本性质以及它们在货币政策实践中的运用情况，货币政策工具可分为一般性货币政策工具、（ ）及其他货币政策工具等。

①操作性货币政策工具 ②中介性货币政策工具

③选择性货币政策工具 ④具体货币政策工具

A. ①②③ B. ②③

C. ③ D. ①②④

70. 以下关于契约型基金与公司型基金的区别，说法正确的是（ ）。

①契约型基金的资金是通过发行基金份额筹集起来的信托财产

②公司型基金的投资者购买基金公司的股票后成为该公司的股东

③契约型基金依据投资公司章程营运基金

④目前我国的基金全部都是契约型基金

A. ①②③ B. ②③④

C. ①②④　　D. ①③④

71. 以下关于公募基金的说法正确的有（　　）。

①公募基金投资金额要求高　　②公募基金面向社会公众公开发售

③公募基金的募集对象不固定　　④公募基金适合中小投资者参与

A. ①②③　　B. ②③④

C. ①②④　　D. ①③④

72. 基金行业自律组织是由（　　）成立的行业自律组织。

①基金持有人　　②基金管理人

③基金托管人　　④基金销售机构

A. ①②③　　B. ①③④

C. ②③④　　D. ①②③④

73. 基金的募集一般要经过（　　）步骤。

①申请　　②注册

③发售　　④基金合同生效

A. ①②③　　B. ①③④

C. ②③④　　D. ①②③④

74. 开放式基金非交易过户是指不采用申购、赎回等交易方式，将一定数量的基金份额按照一定规则从某一投资者基金账户转移到另一投资者基金账户的行为，主要包括（　　）。

①继承

②捐赠

③司法强制执行

④经注册登记机构认可的其他情况下的非交易过户

A. ①②③　　B. ①②④

C. ①③④　　D. ①②③④

75. 关于开放式基金的利润分配，以下说法错误的是（　　）。

①开放式基金的收益分配每年不得少于两次

②开放式基金默认采用红利再投资的分红方式

③基金分配后，基金份额净值不得低于面值

④开放式基金只能采用现金方式分红

A. ①②③　　B. ①②④

C. ①③④　　D. ①②③④

76. 证券市场投资者，是指（　　）的主体。

①以取得利息、股息或资本收益为目的

②购买并持有有价证券

③承担证券投资风险

④行使证券权利

A. ①②③　　B. ①②④

C. ①③④　　D. ①②③④

77. 我国对合格境外机构投资者汇出汇入资金的规定有（　　）。

①合格境外投资者应当在国家外汇管理局规定的时间内汇入本金

②汇入的本金应当是国家外汇管理局批准的可兑换货币

③合格境外投资者未在规定时间内汇满本金的，应当向中国证监会和国家外汇管理局做出口头解释

④已批准额度和实际汇入金额的差额，在未经国家外汇管理局批准之前不得汇入

A. ①②③　　B. ①③④

C. ②③④　　D. ①②④

78. 按照《证券期货投资者适当性管理办法》第三条的规定，适当性管理工作包括以下（　　）内容。

①向投资者销售证券期货产品或者提供证券期货服务的机构应当遵守法律、行政规范、《证券期货投资者适当性管理办法》及其他有关规定

②在销售产品或者提供服务的过程中，勤勉尽责，审慎履职，全面了解投资者情况，深入调查分析产品或者服务信息，科学有效评估，充分揭示风险

③基于投资者的不同风险承受能力以及产品或者服务的不同风险登记等因素，提出明确的适当性匹配意见

④将适当的产品或者服务销售提供给适合的投资者，并对违法违规行为承担法律责任

A. ①③④　　B. ①②③

C. ②③④　　D. ①②③④

79. 证券公司开展自营业务要求（　　）。

①治理结构健全，内部管理有效，能够有效控制业务风险

②建立完备的业务管理制度、投资决策机制、操作流程和风险监控体系

③公司有合格的高级管理人员及适当数量的从业人员、安全平稳运行的信息系统

④对公开发行募集文件的真实性、准确性和完整性进行核查，向中国证监会

出具保荐意见

A. ①②③　　B. ①②④

C. ①③④　　D. ②③④

80. 证券公司经营融资融券业务，应当以自己的名义在证券登记结算机构分别开立（　　）。

①融券专用证券账户

②客户信用交易担保证券账户

③信用交易证券交收账户

④信用交易资金交收账户

A. ①②　　B. ①②③

C. ①②④　　D. ①②③④

81. 按照《证券公司私募投资基金子公司管理规范》的规定，证券公司设立私募基金子公司，应当符合的要求有（　　）。

①具有健全的公司治理结构，完善有效的内部控制机制、风险管理制度和合规管理制度，防范与私募基金子公司之间出现风险传递和利益冲突

②最近六个月各项风险控制指标符合中国证监会及中国证券业协会的相关要求，且设立私募基金子公司后，各项风险控制指标仍持续符合规定

③最近一年未因重大违法违规行为受到刑事或行政处罚，且不存在因涉嫌重大违法违规正受到监管部门和有关机关调查的情形

④公司章程有关对外投资条款中明确规定公司可以设立私募基金子公司，并经注册地中国证监会派出机构审批

A. ①②③　　B. ①②④

C. ①③④　　D. ①②③④

82. 证券市场监管的经济手段，是指通过（　　）等经济手段，对证券市场进行干预。

①利率政策　　②信贷政策

③罚款　　④公开市场业务

A. ①②③　　B. ①②④

C. ②③④　　D. ①③④

83. 下面对证券交易的描述正确的是（　　）。

①证券交易所是我国证券自律管理机构

②证券交易所是整个证券市场的核心

③证券交易所本身可以进行证券买卖

④证券交易所为证券交易提供了一个稳定、公开、高效的系统

A. ①②③ B. ①②④

C. ②③④ D. ①②③④

84. 下面关于中国证券业协会的表述正确的有（ ）。

①中国证券业协会正式成立于 1991 年 8 月 28 日

②具有独立法人地位、由经营证券业务的证券公司自愿组成

③是非营利性社会团体法人，是证券业的自律组织

④采取会员制的组织形式，证券公司应当加入中国证券业协会

⑤中国证券业协会章程由会员大会制定，并报中国证监会备案

A. ①②③④ B. ②③④⑤

C. ①③④⑤ D. ①②③④⑤

85. 对于监事会会议表述正确的有（ ）。

①监事会会议由监事长负责召集和主持

②监事会至少每年召开一次

③监事长、1/3 以上监事可以提议召开临时监事会会议

④监事会决议应当经 2/3 以上的监事通过

⑤监事会决议应当在会议结束后 2 个工作日向中国证监会报告

A. ①③④ B. ①②⑤

C. ①③⑤ D. ①②③④⑤

86. 金融衍生工具依据其自身交易的方法和特点可以分为（ ）。

①金融远期合约 ②金融期货

③股权类产品的衍生工具 ④金融互换

A. ①②③④ B. ①②③

C. ①②④ D. ①③④

87. 金融衍生工具按照基础工具种类，可以分为（ ）。

①货币衍生工具 ②利率衍生工具

③结构化金融衍生工具 ④股权类产品的衍生工具

A. ①②③④ B. ①③④

C. ①②④ D. ①②③

88. 金融衍生工具从基础工具分类角度，可以划分为（ ）。

①股权类产品的衍生工具 ②货币衍生工具

③利率衍生工具 ④信用衍生工具

⑤嵌入式衍生工具

A. ①②③　　B. ①③④⑤

C. ①②③④　　D. ②③④

89. 按照《公司法》的要求，股票应当载明下列（　　）事项。

①公司名称

②股票种类、票面金额及代表的股份数

③公司地址

④股票的编号

⑤公司成立日期

A. ①②③④⑤　　B. ①②③④

C. ①②③⑤　　D. ①②④⑤

90. 境外上市外资股包括（　　）。

①C 股　　②N 股

③H 股　　④S 股

⑤B 股

A. ②③④　　B. ①②③

C. ②④⑤　　D. ②③⑤

91. 按照中国证监会发布的《创业板上市公司证券发行管理暂行办法》，下列创业板上市公司发行股票需满足的条件中，错误的是（　　）。

①发行后股本总额不少于 3 000 万元

②最近两年按照上市公司章程的规定实施现金分红

③最近两年及一期财务报表未被注册会计师出具否定意见或者无法表示意见的审计报告

④上市公司最近 12 个月内不存在违规对外提供担保

A. ②③　　B. ①④

C. ③　　D. ①②④

92. 首次发行采用询价方式的，应当安排不低于本次公开发行股票数量的 40% 优先向通过公开募集方式设立的（　　）基金配售。

①证券投资基金　　②商业财产保险基金

③全国社会保障基金　　④基本养老保险基金

A. ①②③④　　B. ①②④

C. ②③④　　D. ①③④

93. 集合竞价下的交易应当按（　　）顺序依次成交。

①价格优先　　②同等价格下、时间优先

③客户优先　　④机构优先

A. ①②　　B. ①②③④

C. ①②③　　D. ①②④

94. 证券交易所可根据需要对每日股价涨跌幅予以适当的限制，（　　）委托是无效的。

①高于涨幅限制价格　　②高于跌幅限制价格

③低于涨幅限制价格　　④低于跌幅限制价格

A. ①②　　B. ①④

C. ③④　　D. ②③

95. 沪深300指数所选择的公司一般满足下列（　　）条件。

①经营状况良好　　②股票价格无明显波动

③财务报告无重大问题　　④无明显市场操纵

A. ①②③④　　B. ①②④

C. ②③④　　D. ①③④

96. 在考虑影响公司股价变动的因素时，对于公司经营中的财务状况，常用来衡量其安全性的指标有（　　）。

①每股收益　　②债务担保比率

③杠杆比率　　④销售利润率

A. ①②　　B. ③④

C. ②③　　D. ①③

97. 行业分析主要分析的是（　　）。

①行业所属的不同市场类型　　②所处的不同生命周期

③行业业绩对股票价格的影响　　④区域经济对股票价格的影响

A. ①②③　　B. ②③④

C. ①②④　　D. ①③④

98. 股票分析中，量化分析方法可以应用于（　　）。

①证券估值　　②策略制定

③绩效评估　　④风险计量

A. ①②③④　　B. ②③④

C. ①②　　D. ③④

99. 下面关于风险，说法正确的是（　　）。

①风险识别是进行风险管理的基础工作和前提条件

②市场风险包括股票价格风险、债券价格风险、商品价格风险、金融衍生品

价格风险等

③某债券发行人不能如期还本付息、债券发行人破产倒闭，这对债券持有人而言，就发生了风险事件

④风险转移是指投资者通过购买某种金融产品或采取某些合法的手段将风险转嫁给愿意和有能力承接的主体

A. ③④
B. ①②③
C. ①②④
D. ①②③④

100. 风险衡量的方法有（　　）。

①敏感性分析法
②波动性分析法
③VaR 法
④压力测试

A. ①②④
B. ①③④
C. ②③④
D. ①②③④

参考答案与解析

1. 参考答案：C

考点：考查风险投资融资。

2. 参考答案：B

考点：主要考查货币证券的分类。

3. 参考答案：B

考点：主要考查另类投资市场。

4. 参考答案：A

考点：考查债券的分类。债券种类很多，依据不同的标准有不同分类。按发行主体，债券可以分为政府债券、金融债券和公司债券；按付息方式，债券可以分为零息债券、附息债券和息票累积债券；按债券形态，债券可以分为实物债券、凭证式债券和记账式债券；按期限长短，债券可以分为短期债券、中期债券和长期债券。

5. 参考答案：D

考点：考查债券的安全性。一般来说，政府债券不履行债务的风险最低。

6. 参考答案：C

考点：考查中央政府债券按偿还期限分类。长期国债是指偿还期限在 10 年以上的国债。

7. 参考答案：B

考点：考查证券公司长期次级债。证券公司长期次级债可按一定比例计入净资本，到期期限在 3 年、2 年、1 年以上的，原则上分别按 100%、70%、50% 的比例计入净资本。

8. 参考答案：C

考点：考查财政部代理发行地方政府债券的投标最高额限定。承销团甲类成员最高限额为当期的 30%，承销团乙类成员最高限额为当期的 10%。

9. 参考答案：C

考点：考查地方政府一般债券期限。

10. 参考答案：A

考点：考查企业集团财务公司发行金融债券资本充足率。

11. 参考答案：C

考点：考查发行企业债券的条件要求。

12. 参考答案：B

考点：考查集合票据相关规则。

13. 参考答案：C

考点：考查交易所市场的债券结算形式。

14. 参考答案：C

考点：1998 年颁布了《证券法》，进一步明确了金融业分业经营原则。选项 B 的时间标志着选项 D，两者在进一步明确了金融业分业经营原则之后，所以不选。

15. 参考答案：B

考点：本题属于基本记忆类考题，“五位一体”的体系还包括期货交易所。

16. 参考答案：C

考点：我国目前已拥有以证券公司、期货公司和证券投资基金为主，以各类投资咨询中介、信托机构为辅的多元化投资中介体系。

17. 参考答案：B

考点：考查考生对财务报表在商业银行中作用的理解，其中资产负债表是商业银行业务活动的总括性反应。

18. 参考答案：B

考点：资本市场按照市场功能的不同可划分为发行市场和交易市场。

19. 参考答案：A

考点：相对于创业板市场，主板市场是资本市场最重要的组成部分。中小板市场属于主板市场。券商柜台市场属于场外市场。

20. 参考答案：A

考点：考查证券投资基金的不同分类标准下的分类形式。

21. 参考答案：D

考点：考查开放式基金申购赎回的原则。

22. 参考答案：C

考点：考查私募基金运行期内，每季度基金净值的披露要求。

23. 参考答案：D

考点：考查私募基金运行时的披露要求。

24. 参考答案：C

考点：考查私募基金投资者评估结果有效期。

25. 参考答案：B

考点：考查非公开募集证券投资基金的基本规范。

26. 参考答案：B

考点：考查基金信息临时披露。

27. 参考答案：C

考点：考查中央银行相关知识。在一些国家（如美国），中央银行采取了股份制组织结构，通过发行股票募集资金，但是，中央银行的股东并不享有决定中央银行政策的权利，只能按期收取固定的红利，其股票类似于优先股。

28. 参考答案：C

考点：考查政府机构类投资者。政府机构类投资者的特点是，通常很少考虑盈利，参与证券投资的目的主要是为了调剂资金余缺、实施宏观调控、实行特定产业政策等要求。

29. 参考答案：A

考点：考查个人投资者的特点。个人投资者投资的灵活性强。个人投资者由于投资规模相对较小，进退较投资机构更为容易，在投资决策和实施的时滞上比较短。

30. 参考答案：C

考点：对证券公司信息报送与披露方面的监管要求包括：一是信息报送制度；二是信息公开披露制；三是年报审计监管。

31. 参考答案：D

考点：证券公司从事资产管理业务时，集合资产管理计划原则上应接受货币资金委托。

32. 参考答案：D

考点：证券公司未能做到突出主业、稳健经营、诚实守信、勤勉尽责、资本约束或内控有力，不得设立另类子公司。证券公司应当以自有资金全资设立另类子公司，不得采用股份代持等其他方式变相与其他投资者共同出资设立另类子公司。每家证券公司设立的另类子公司原则上不超过1家。

33. 参考答案：B

考点：按照《律师事务所从事证券法律业务管理办法》规定，鼓励具备下列条件的律师事务所可以从事证券法律业务：内部管理规范，风险控制制度健全，执业水平高，社会信誉良好；有 20 名以上执业律师，其中 5 名以上曾从事过证券法律业务；已经办理有效的执业责任保险；最近两年未因违法执业行为受到行政处罚。

34. 参考答案：A

考点：证券金融公司应当建立信息系统安全管理机制，保障公司信息系统安全、稳定运行，妥善保存履行《转融通业务监督管理试行办法》规定职责所形成的各类文件、资料，保存期限不少于 20 年。

35. 参考答案：D

考点：考查证券交易所理事会。非会员理事由中国证监会委派。

36. 参考答案：B

考点：考查金融期权的基本概念。

37. 参考答案：B

考点：考查场外交易市场交易的衍生工具的发展趋势。场外交易市场交易的衍生工具已经超过交易所市场的交易额。

38. 参考答案：A

考点：考查我国金融衍生工具的交易所市场的发展。

39. 参考答案：C

考点：考查股票定义及性质。股票是一种有价证券，其本身没有价值。股票实质上代表股东对股份公司净资产的所有权。股票是证权证券，不是设权证券。股票是综合权利证券，不属于物权证券。

40. 参考答案：C

考点：考查记名股票和无记名股票的特点。股东权利归属于股票的持有人是无记名股票的特点，记名股票中，股东权利属于记名股东。

41. 参考答案：B

考点：优先股股东享有表决权，只是表决权受限。

42. 参考答案：A

考点：境内上市外资股又被称为“B 股”。

43. 参考答案：C

考点：股票的发行方式直接影响参与各方的利益分配。

44. 参考答案：A

考点：保荐制度，指有资格的保荐人推荐符合条件的公司公开发行股票和上市，并对所推荐的发行人的信息披露质量和所做承诺提供持续训示、督促、辅导、指导和信用担保的制度。

45. 参考答案：D

考点：公开发行股票数量在 2 000 万股（含）且无老股转让计划的，应当通过直接定价的方式确定发行价格。

46. 参考答案：A

考点：考查对证券交易机制目标内涵的理解。

47. 参考答案：D

考点：考查公司增资减资对股票价格的影响。公司因业务发展需要增加资本额而发行新股，对不同公司的影响不尽相同。在没有产生相应效益前，增资可能使每股净资产下降，进而可能促使股价下跌。但对那些业绩优良、财务结构健全、具有发展潜力的公司而言，增资会增加公司经营实力，给股东带来更多回报，使得股价上涨。

48. 参考答案：C

考点：考查货币的时间价值的概念。

49. 参考答案：C

考点：考查市场风险的概念。

50. 参考答案：D

考点：考查风险规避的实现方式。

51. 参考答案：B

考点：考查中国香港金融监管机构。

52. 参考答案：A

考点：考查非证券金融市场的外延。

53. 参考答案：C

考点：考查资本外逃可能发生的情形。

54. 参考答案：C

考点：考查普通国债发行的总体情况。

55. 参考答案：A

考点：考查非公开发行项目收益债券时应满足的要求。非公开发行的项目收益债券的债项评级达 AA 级及以上。

56. 参考答案：A

考点：考查资产证券化兴起的经济动因。

57. 参考答案：D

考点：考查其他金融机构（不包括政策性银行）发行金融债券的规定。

58. 参考答案：D

考点：考查企业债券的相关要求。

59. 参考答案：D

考点：考查债券估值相关知识。

60. 参考答案：A

考点：考查利率期限结构的理论。

61. 参考答案：C

考点：考查交易所债券市场托管方式的有关规定。交易所投资者在中国结算公司开立托管账户。

62. 参考答案：D

考点：考查开户合同需要包含的事项。

63. 参考答案：C

考点：考查商业银行发行金融债券应该具备的条件：具有良好的公司治理机制；核心充足资本率不低于4%；最近三年连续盈利；贷款损失准备计提充足；风险监管指标符合监管机构的有关规定；最近三年没有重大违法违规行为；中国人民银行要求的其他条件。根据商业银行的申请，中国人民银行可以豁免前款所规定的特别条件。

64. 参考答案：B

考点：影响我国金融市场运行的主要因素包括经济因素。经济因素包括宏观经济环境、宏观经济政策和国际经济因素。宏观经济变量包括国内生产总值、经济周期、通货膨胀与利率、汇率和国际资本流动。财政政策属于宏观经济政策，所以选择不包括③的选项。

65. 参考答案：D

考点：国务院金融稳定发展委员会目前关注的四个方面包括：影子银行、资产管理行业、互联网金融、金融控股公司。②负债管理行业不属于四个方面之一。

66. 参考答案：A

考点：中央银行作为“银行的银行”，其面向金融机构提供的服务包括：集中保管商业银行的存款准备金；作为商业银行的最后贷款人；组织全国商业银行之间的清算。④管理各银行的黄金储备是对“政府的银行”的嫁接，不正确。

67. 参考答案：B

考点：作为“发行的银行”，流通中的通货是中央银行资产负债表的负债的一个主要项目；作为“银行的银行”，中央银行与商业银行等金融机构间的业务关系主要体现在负债方；作为“政府的银行”，中央银行与政府的关系主要体现在列于负债方的接受政府等机构的存款和列于资产方的通过持有政府债券融资给政府和国家储备外汇、黄金等。

68. 参考答案：D

考点：货币中介目标和操作目标的选取必须符合以下标准：可测性、可控性、相关性、抗干扰性和适应性，且操作目标的选择在很大程度上取决于中介目标的选择。②不符合题意。

69. 参考答案：C

考点：根据各种货币政策工具的基本性质以及它们在货币政策实践中的运用情况，货币政策工具可分为一般性货币政策工具、选择性货币政策工具及其他货币政策工具。此外，近年来我国还推出了创新型货币政策工具。

70. 参考答案：C

考点：考查契约型基金与公司型基金的区别。

71. 参考答案：B

考点：考查公募基金的特点。公募基金的投资金额要求较低，考虑了广大中小投资者的投资需求。

72. 参考答案：C

考点：考查基金行业自律组织由哪些机构牵头成立。

73. 参考答案：D

考点：考查基金募集的步骤。

74. 参考答案：D

考点：考查开放式基金的非交易过户有哪些情形。

75. 参考答案：B

考点：考查关于开放式基金的利润分配方式。开放式基金有现金分红和红利再投资两种分红方式，默认采用现金分红。开放式基金的收益分配次数在基金合同和招募说明书中约定。

76. 参考答案：D

考点：考查证券市场投资者的概念和特点。证券市场投资者是指以取得利息、股息或资本收益为目的，购买并持有有价证券，承担证券投资风险并行使证券权利的主体。

77. 参考答案：D

考点：考查合格境外机构投资者。合格境外投资者未在规定时间内汇满本金的，应当向中国证监会和国家外汇管理局做出书面解释。

78. 参考答案：D

考点：考查《证券期货投资者适当性管理办法》的相关内容。参看第三条的规定。

79. 参考答案：A

考点：考查证券公司开展自营业务的要求。证券公司开展自营业务，要求治理结构健全，内部管理有效，能够有效控制业务风险；公司有合格的高级管理人员及适当数量的从业人员、安全平稳运行的信息系统；建立完备的业务管理制度、投资决策机制、操作流程和风险监控体系。④是保荐机构的义务，故本题选 A。

80. 参考答案：D

考点：证券公司经营融资融券业务，应当以自己的名义在证券登记结算机构分别开立融券专用证券账户、客户信用交易担保证券账户、信用交易证券交收账户和信用交易资金交收账户。

81. 参考答案：D

考点：按照《证券公司私募投资基金子公司管理规范》的规定，证券公司设立私募基金子公司，应当符合以下要求：（1）具有健全的公司治理结构，完善有效的内部控制机制、风险管理制度和合规管理制度，防范与私募基金子公司之间出现风险传递和利益冲突；（2）最近六个月各项风险控制指标符合中国证监会及中国证券业协会的相关要求，且设立私募基金子公司后，各项风险控制指标仍持续符合规定；（3）最近一年未因重大违法违规行为受到刑事或行政处罚，且不存在因涉嫌重大违法违规正受到监管部门和有关机关调查的情形；（4）公司章程有关对外投资条款中明确规定公司可以设立私募基金子公司，并经注册地中国证监会派出机构审批；（5）中国证监会及中国证券业协会规定的其他条件。

82. 参考答案：B

考点：经济手段是通过运用利率政策、公开市场业务、信贷政策、税收政策等经济手段，对证券市场进行干预。这种手段相对比较灵活，但调节过程可能较慢，存在时滞。

83. 参考答案：B

考点：考查证券交易所定义。按照《证券法》第一百零三条规定，“证券交易所是为证券集中交易提供场所和设施，组织和监督证券交易，实行自律管理的法人。”证券交易所本身不进行买卖证券。

84. 参考答案：C

考点：考查中国证券业协会介绍。按照《证券法》和《社会团体登记管理条例》的有关规定，中国证券业协会是具有独立法人地位、由经营证券业务的金融机构自愿组成的行业性自律组织，是非营利性的社会团体法人。

85. 参考答案：C

考点：考查监事会会议概念。监事会至少每6个月召开一次会议；监事会决议应当经半数以上监事通过。

86. 参考答案：C

考点：考查金融衍生工具的分类。金融衍生工具按照自身交易的方法和特点可以分为金融远期合约、金融期货、金融期权、金融互换和结构化金融衍生工具。股权类产品的衍生工具属于金融衍生工具，是按照基础工具分类下的一种。

87. 参考答案：C

考点：考查金融衍生工具的分类。金融衍生工具按照基础工具分类，可以分为股权类产品的衍生工具、货币衍生工具、利率衍生工具、信用衍生工具以及其他衍生工具。结构化金融衍生工具属于金融衍生工具按照金融衍生工具自身交易的方式及特点分类下的一种。

88. 参考答案：C

考点：考查金融衍生工具按照基础工具的相关分类。嵌入式衍生工具是按照产品形态对金融工具进行的分类。

89. 参考答案：D

考点：考查股票应当载明的主要事项：公司名称；公司成立日期；股票种类、票面金额及代表的股份数；股票的编号。

90. 参考答案：A

考点：境外上市外资股主要由H股、N股、S股等构成。

91. 参考答案：C

考点：创业板上市公司发行股票需满足最近三年及一期财务报表未被注册会计师出具否定意见或者无法表示意见的审计报告。

92. 参考答案：D

考点：首次发行采用询价方式的，应当安排不低于本次公开发行股票数量的40%优先向通过公开募集方式设立的证券投资基金、全国社会保障基金、基本养老保险基金配售。

93. 参考答案：A

考点：集合竞价下的交易应当遵循价格优先，同等价格、时间优先的顺序。

94. 参考答案：B

考点：高于涨幅限制价格和低于跌幅限制价格的委托无效。

95. 参考答案：A

考点：上述四项皆为沪深300指数选择样本股票所考虑的条件。

96. 参考答案：C

考点：考查公司财务状况安全性的衡量指标，包括资产负债率、产权比率、债务担保比率、长期债务比率、短期债务比率等目标。每股收益反映盈利性。

97. 参考答案：A

考点：考查行业分析的内容。

98. 参考答案：A

考点：考查量化分析方法的应用，如证券估值、组合构造与优化、策略制定、绩效评估和风险计量与风险投资等相关问题。

99. 参考答案：D

考点：考查风险的相关综合性内容。

100. 参考答案：D

考点：考查风险衡量方法。

《金融市场基础知识》模拟试卷三

一、选择题（共 50 题，每题 1 分，共 50 分。以下各选项中，只有一项符合题目要求，不选、错选均不得分）

1. 政府通过对金融市场直接或间接的干预，影响金融市场变量，调控社会信贷可得性，进而影响公众的储蓄、消费、投资行为，调整本国与外国的经济往来，影响商业周期，最终实现对产出、就业、物价以及国际收支的有效控制，并对社会财富分配、社会公平和社会福利施加影响。这反映了金融市场重要性的（　　）。

A. 促进储蓄－投资转化　　B. 优化资源配置

C. 反映经济状态　　D. 宏观调控

2. 已发行金融资产的流通市场是（　　）。

A. 股票市场　　B. 债券市场

C. 一级市场　　D. 二级市场

3. 期限为 1 年或 1 年以下的资金的跨国流动是（　　）。

A. 国际直接投资　　B. 国际间接投资

C. 国际长期资金流动　　D. 国际短期资金流动

4. 以下关于债券的基本性质中，说法有误的是（　　）。

A. 债券本身有一定的面值，持有债券可按期取得利息

B. 债券本身有一定的面值，代表了一定的真实资本

C. 债券代表债券投资者的权利，这种权利不是直接支配财产权，而是一种债权

D. 转让债券意味着将债券代表的权利一并转移

5. 下列关于债券的特征，说法正确的是（　　）。

A. 债务人必须按期向债权人支付利息和偿还本金

B. 永续债的存在说明偿还性不是债券的一般特性

C. 债券的收益随发行者经营收益的变动而变动

D. 具有高度流动性的债券反而不安全

6. 金融债券的发行主体可以是（　　）。

A. 公司　　B. 政府

C. 个人　　D. 银行

7. 关于记账式国债的特点，说法错误的是（　　）。

A. 可以记名、挂失

B. 以无券形式发行可以防止证券的遗失、被窃与伪造，安全性好

C. 不可上市转让，流通性差

D. 期限有长有短，更适合短期国债的发行

8. 下列关于财务公司发行金融债券的说法，有误的是（　　）。

A. 财务公司发行金融债券应当由财务公司的母公司提供相应担保

B. 财务公司发行金融债券应当由其他有担保能力的成员单位提供相应担保

C. 财务公司发行金融债券可经原中国银监会批准免予担保

D. 财务公司发行金融债券需要以非公开发行的方式

9. 下列关于附认股权证的公司债券的说法，有误的是（　　）。

A. 按附认股权和债券本身能否分开来划分，可分为两种类型

B. 可分离型附认股权证的公司债券可独立转让

C. 非分离型附认股权证的公司债券，认股权也能成为独立买卖的对象

D. 它是一种附有认购该公司股票权利的债券

10. 下列关于公司债券和企业债券募集资金用途的说法，正确的是（　　）。

A. 公司债券的募集资金用途不能由发行人自行决定

B. 公司债券的募集资金用途必须与项目挂钩

C. 企业债券的募集资金用途与政府部门审批的项目直接相连

D. 企业债券的募集资金用途没有限制

11. 下列关于欧洲债券的说法中有误的是（　　）。

A. 指在本国境外市场发行的、不以发行市场所在国货币为面值的国际债券

B. 由于这种发行方式最早出现在欧洲，故被称为欧洲债券

C. 欧洲债券不可以在欧洲以外的国家发行

D. 大多数欧洲债券是以美元为面值发行

12. 下列关于对“资产支持证券”的说法中有误的是（　　）。

A. 通过资产证券化，将流动性较低的资产转化为具有较高流动性的可交易证券

B. 可以改变发起人的资产结构

C. 可以改善资产质量

D. 不能加快发起人资金周转

13. 保险公司次级债务的偿还只能在确保偿还次级债务本息后偿付能力充足率不低于（　　）的前提下才能偿付本息。

A. 50%　　B. 100%

C. 150%　　D. 200%

14. 权益类衍生品主要包括股票期货、股指期货和（　　）。

A. 外汇远期　　B. 货币掉期

C. 认股权证　　D. 期权组合

15. 国际经济环境因素作为影响我国金融市场运行的主要因素，不包括（　　）。

A. 经济全球化

B. 世界货币制度影响

C. 放松监管和加强监管两种经济哲学的交替

D. 汇率和国际资本流动

16. （　　）是商业银行组织资金来源的业务活动，是商业银行资产业务和其他业务营运的起点和基础。

A. 负债业务　　B. 资产业务

C. 表外业务　　D. 中间业务

17. 有宏观经济“晴雨表”之称的是（　　）。

A. 主板市场　　B. 中小板市场

C. 全国中小企业股份转让系统　　D. 券商柜台市场

18. 为具有高成长性的中小企业和高科技企业融资服务的资本市场称为（　　）。

A. 主板市场　　B. 中小板市场

C. 全国中小企业股份转让系统　　D. 创业板市场

19. 提出金融加速器理论的是（　　）。

A. 凯恩斯　　B. 约翰·格利

C. 伯南克　　D. 爱德华·肖

20. 根据基金投资对象的不同，可以将投资基金分为（　　）与（　　）。

A. 股票投资基金　债券投资基金　　B. 证券投资基金　另类投资基金

C. 股权投资基金　风险投资基金　　D. 证券投资基金　风险投资基金

21. 在我国，根据中国证监会对基金类别的分类标准，（　　）以上的基金资产投资于股票的，为股票基金。

A. 50%　　B. 60%

C. 70%　　D. 80%

22. 基金管理人是基金的募集者和管理者，在整个基金的运作中起着核心的作用。在我国，基金管理人只能由依法设立的（　　）承担。

A. 基金投资公司　　B. 基金监管机构

C. 基金销售机构　　D. 基金管理公司

23. 小张拟认购开放式基金，在开立基金账户和资金账户后于 20×8 年 6 月 11 日提交了认购申请表，那么，自（　　）日起小张可到办理认购的网点查询认购申请的受理情况。

A. 20×8 年 6 月 13 日　　B. 20×8 年 6 月 14 日

C. 20×8 年 6 月 15 日　　D. 20×8 年 6 月 16 日

24. 在基金运作过程中涉及的费用可以分为两大类：一类是在（　　）过程中发生的费用；另一类是在（　　）过程中发生的费用。

A. 基金申购　基金赎回　　B. 基金管理　基金托管

C. 基金销售　基金管理　　D. 基金交易　基金运作

25. 以资本资产定价模型为基础的评价基金业绩的绝对指标是（　　）。

A. 詹森指数　　B. 夏普指数

C. 特雷诺指数　　D. 标准普尔指数

26. 小何想要建立一家企业充分发挥自身才能，但是由于资金不足，想要通过发行股票的方式筹集资金，那么小何可以选择建立的企业的组织形式为（　　）。

A. 个人独资企业　　B. 合伙企业

C. 有限责任公司　　D. 股份有限公司

27. 人民币合格境外机构投资者（RQFII）和 QFII 的主要区别不包括（　　）。

A. 募集的投资资金是人民币而不是外汇

B. RQFII 机构限定为境内基金管理公司

C. 投资范围由交易所市场的人民币金融市场拓展到银行间债券市场

D. 尽可能地简化和便利对 RQFII 的投资额度及跨境资金的收支管理

28. 不同的投资者对风险的态度各不相同，个人投资者的风险特征不包括以下（　　）方面。

A. 风险偏好　　B. 风险收益性
C. 风险认知度　　D. 实际风险承受能力

29. 证券公司设立集合资产管理计划的投资人数不得超过（　　）人。
A. 50　　B. 100
C. 200　　D. 500

30. 证券公司申请融资融券业务资格，其客户资产安全、完整，客户交易结算资金实行（　　）。
A. 统一存管　　B. 集中管理
C. 第三方存管　　D. 有效控制

31. 按照《证券公司私募投资基金子公司管理规范》的规定，证券公司设立私募基金子公司，公司章程有关对外投资条款中明确规定公司可以设立私募基金子公司，并经（　　）审批。
A. 国务院证券监督管理委员会　　B. 中国证监会
C. 注册地中国证监会派出机构　　D. 证券交易所

32. 按照《证券公司另类投资子公司管理规范》的规定，另类子公司甲的做法正确的是（　　）。
A. 甲根据税收、政策、监管等需求下设管理机构乙
B. 甲对其所投资企业的债务承担连带责任
C. 甲不得对外提供担保和贷款
D. 甲对外融资

33. 下列关于证券、期货投资咨询人员申请从业资格的条件的说法，错误的是（　　）。
A. 申请从事证券、期货投资咨询从业资格的人员，在取得证券、期货投资咨询业务资格后即可从事证券、期货投资咨询业务
B. 申请从事证券、期货投资咨询从业资格的人员应未受过刑事处罚或者与证券、期货业务有关的严重行政处罚
C. 申请从事证券、期货投资咨询从业资格的人员需具有从事证券、期货业务 2 年以上的经历
D. 申请从事证券、期货投资咨询业务的人员需通过中国证监会统一组织的证券、期货从业人员资格考试

34. 若甲证券金融公司从事转融通业务的年税后利润为 68 万元，则当年甲证券金融公司应提取的准备金为（　　）。
A. 10.2 万元　　B. 6.8 万元

C. 20.4 万元　　D. 3.4 万元

35. 下面有关证券交易所总经理的表述错误的是（　　）。

A. 证券交易所的总经理每届任期 3 年

B. 总经理由中国证监会任免

C. 副总经理按照中国证监会相关规定任免或聘任

D. 提议召开临时监事会

36. 报价系统是经中国证监会批准设立的为机构投资者提供私募产品报价、发行、转让及相关服务的专业化电子平台，下列选项不符合其定位的是（　　）。

A. 定位于私募市场　　B. 定位于机构间市场

C. 定位于互联互通市场　　D. 定位于大众市场

37. 多数情况下，（　　）并不进行实物交收，而是在合约到期前进行反向交易平仓了结，而且，交易双方并不知道也不需要知道交易对手的情况。

A. 现货合约　　B. 远期合约

C. 金融远期合约　　D. 期货合约

38. 债券远期交易数额最小的债券面额为（　　）元，交易单位的债券面额为（　　）元。

A. 10 万　1 万　　B. 10 万　2 万

C. 20 万　1 万　　D. 20 万　2 万

39. 下列关于股票的说法错误的是（　　）。

A. 股票属于资本证券，但又不是一种现实的资本

B. 股票代表了股东对股份公司净资产的所有权

C. 股票是一种有价证券，其本身没有价值

D. 股东权利的转让在股票占有的转移之后进行

40. 关于国家股，下列说法错误的是（　　）。

A. 国家股不能转让

B. 是国有股权的组成部分

C. 国有股股利收入纳入国有资产经营预算

D. 国有资产折价入股需按规定进行评估确认

41. 按照中国证监会发布的《创业板上市公司证券发行管理暂行办法》，下列创业板上市公司发行股票不需要满足的条件的是（　　）。

A. 最近两年按照上市公司章程的规定实施现金分红

B. 最近三年及一期财务报表未被注册会计师出具否定意见或者无法表示意见的审计报告

C. 最近一期末资产负债率高于50%，但上市公司非公开发行股票的除外

D. 上市公司最近12个月内不存在违规对外提供担保或者资金被上市公司控股股东、实际控制人及其控制的其他企业以借款、代偿债务、代垫款项或者其他方式占用的情形

42. 关于下列首次公开发行股票的行为中，正确的情形是（　　）。

A. 网上发行应当早于网下发行

B. 网上投资者在申购时需缴付申购资金

C. 网下投资者在申购时需缴付申购资金

D. 投资者不得同时参与网上或者网下发行

43. 首次公开发行股票采用直接定价方式的是（　　）。

A. 全部向网下投资者发行

B. 全部向网上投资者发行

C. 按发行人和主承销商确定的比例向网上或网下投资者发行

D. 需进行网下询价

44. 投资者向证券公司交纳一定的保证金，融入一定数量的证券并卖出的交易行为指的是（　　）。

A. 融资交易　　B. 借贷交易

C. 融券交易　　D. 证券交易

45. 将中国资本市场中形成“传统龙头企业＋新兴成长行业领军企业”组合的股指是（　　）。

A. 上证综指　　B. 深证100指数

C. 深证成分指数　　D. 行业分类指数

46. 投资者委托中国香港经纪商，经由香港联合交易所在上海设立的证券交易服务公司，向上海证券交易所进行申报（买卖盘传递），买卖沪港通规定范围内的上海证券交易所上市的股票，该描述指的是（　　）。

A. 沪股通　　B. 港股通

C. 深股通　　D. 中证通

47. 公司清算时，每一股所代表的实际价值是股票的（　　）。

A. 票面价值　　B. 账面价值

C. 清算价值　　D. 内在价值

48. 失业率、银行未收回贷款规模等属于经济指标分类中的（　　）。

A. 先行性指标　　B. 同步性指标

C. 滞后性指标　　D. 技术性指标

49.（　　）是指采用相关措施来降低风险的损失频率或影响程度。

A. 风险偏好　　B. 风险限额

C. 风险缓释　　D. 风险拨备

50. 信用风险的构成要素分析以（　　）为中心。

A. 预期损失　　B. 非预期损失

C. 违约　　D. 损失

二、组合型选择题（共 50 题，每题 1 分，共 50 分。以下各选项中，只有一项符合题目要求，不选、错选均不得分）

51. 下列属于场外交易市场的有（　　）。

①拆借市场　　②期货交易所

③黄金市场　　④证券交易所

A. ①②　　B. ②④

C. ②③　　D. ①③

52. 国际直接投资主要进行的形式有（　　）。

①采取独资企业的方式在国外建立一个新企业

②收购国外企业的股权达到拥有实际控制权的比例

③利润再投资

④利用国际上金融资产的价格波动高抛低吸

A. ①②③　　B. ①②④

C. ①②③④　　D. ①③④

53. 以下分类不属于伦敦债券市场的是（　　）。

①金边债券市场　　②英国中央政府债券

③国际债券市场　　④公司债券市场

A. ①②③　　B. ①③④

C. ②③④　　D. ①②③④

54. 下列关于债券按付息方式分类中，说法正确的是（　　）。

①零息债券是指存续期间没有利息支付，到期时一次性获得本息

②附息债券又可分为固定利率债券和浮动利率债券两大类

③可以根据合约条款推迟支付定期利率的附息债券被称为缓息债券

④息票累积债券也规定了票面利率

A. ①②③　　B. ①②③④

C. ①②④　　D. ②③④

55. 债券与股票的区别有（　　）。

①权利不同　②目的不同

③主体不同　④期限不同

A. ①②③　B. ②③④

C. ①③④　D. ①②③④

56. 下列关于国债按资金用途分类，说法正确的有（　　）。

①赤字国债是指用于弥补政府预算赤字的国债

②建设国债是指发债筹措的资金用于建设项目的国债

③战争国债专指用于弥补战争费用的国债

④特种国债是指政府为了实施某种特殊政策而发行的国债

A. ①②③④　B. ①②③

C. ①②④　D. ②③④

57. 根据《全国银行间债券市场金融债券发行管理办法》，商业银行发行金融债券应具备的条件有（　　）。

①最近五年连续盈利

②具有良好的公司治理机制

③最近三年没有重大违法、违规行为

④核心资本充足率不低于3%

A. ①③　B. ①②

C. ①④　D. ②③

58. 下面属于地方债分销对象的是（　　）。

①在中央国债登记结算有限责任公司开立债券账户的投资者

②在中国证券登记结算有限责任公司开立股票账户的投资者

③在中国证券登记结算有限责任公司开立基金账户的投资者

④国债承销团成员

A. ①②④　B. ①③④

C. ②③④　D. ①②③

59. 关于公司债券，下面说法正确的是（　　）。

①公司债券公开发行分为面向公众投资者的公开发行和面向合格投资者的公开发行

②非公开发行公司债券，每次发行不得超过200人

③非公开发行公司债券，募集资金用于核准的用途

④非公开发行公司债券，募集资金用于约定的用途

A. ①④　　B. ①③

C. ②③　　D. ①②④

60. 远期交易和期货交易的区别主要体现在（　　）。

①交易场所不同　　②合约的规范性不同

③交易风险不同　　④履约责任不同

A. ①②③　　B. ①③④

C. ①②④　　D. ①②③④

61. 证券交易所的债券交易价格按竞价的方式进行，竞价方式包括（　　）。

①口头报唱　　②书面竞价

③板牌竞价　　④计算机终端申报竞价

A. ①②③　　B. ①③④

C. ①②④　　D. ①②③④

62. 资产证券化可以提升资产负债管理能力，优化财务状况。其对发起人的资产负债管理的提升作用体现在它可以解决资产和负债的不匹配性。这种“不匹配性”主要表现在（　　）。

①流动性和期限的不匹配　　②利率的不匹配

③品种类型的不匹配　　④风险权重的不匹配

A. ③④　　B. ①②

C. ①③　　D. ②③

63. 国际债券是一种跨国发行的债券，涉及两个或两个以上的国家。同国内债券相比，具有一定的特殊性，这种特殊性表现在（　　）。

①资金来源广，发行规模大

②存在汇率风险

③有国家主权保障

④以自由兑换货币作为计量货币

A. ①②③　　B. ①②③④

C. ①③④　　D. ②③④

64. 1949 年至 1978 年，为适应高度集中统一的计划经济体制，我国建立起“大一统”模式的金融体系，此时，建立新中国金融体系的首要任务包括（　　）。

①成立非银行金融机构

②建立统一的人民币制度

③成立新中国的金融机构体系

④建立以中央银行为中心的多金融主体分工协作的金融体系

A. ①③　　B. ①②

C. ②③　　D. ③④

65. 党的十八大以来，我国金融体系不断完善，改革开放的进一步深化提高了金融体系的整体水平，表现在（　　）。

①基本金融制度逐步健全

②“四梁八柱”开始搭建

③人民币国际化和金融业双向开放促进了金融体系不断完善

④金融机构和市场结构优化

A. ①②　　B. ②③

C. ②③④　　D. ①③④

66. 私募基金信息披露义务人应当向投资者披露的信息包括（　　）。

①基金合同　　②基金招募说明书

③基金的投资情况　　④基金的资产负债情况

A. ①②③　　B. ①②④

C. ①③④　　D. ①②③④

67. 下列关于证券公司的表述，说法不准确的是（　　）。

①证券公司是证券市场的主要参与者

②证券公司作为中介机构，在证券市场运行中发挥着重要作用

③证券公司是证券市场投融资服务的买方

④证券公司本身不是证券市场重要的机构投资者

A. ①②　　B. ②③

C. ②④　　D. ③④

68. 下列关于中国证券监督管理委员会的职责，说法正确的是（　　）。

①研究和拟定证券期货市场的方针政策、发展规划

②监管证券投资活动

③监管上市国债和企业间债券的交易活动

④监管境外企业直接或间接到境内发行股票、上市

A. ①②③　　B. ①②④

C. ②③④　　D. ①③④

69. 证券公司长期次级债可按一定比例计入净资本，到期期限在3年、2年、1年以上的，原则上分别按（　　）的比例计入净资本。

①90%　80%　70%　　②100%　70%　50%

③100% 70% 30%
④90% 70% 50%
A. ①②
B. ②
C. ③④
D. ①③

70. 另类投资基金主要以未上市公司股权、不动产、黄金、大宗商品、衍生品等金融与非金融资产为投资对象。常见的另类投资基金包括（　　）。

①对冲基金
②股权投资基金
③创业投资基金
④不动产投资基金
A. ①②③
B. ②③④
C. ①②④
D. ①②③④

71. 基金的主要当事人有（　　）。

①基金服务机构
②基金投资者
③基金管理人
④基金托管人
A. ①②③
B. ①③④
C. ①②④
D. ②③④

72. 在基金募集期内购买基金份额的行为通常被称为基金的认购。开放式基金的认购一般分为（　　）步骤。

①开户
②缴款
③认购
④确认
A. ①②③
B. ①②④
C. ①③④
D. ①②③④

73. 系统的基金业绩评估需要从以下（　　）方面入手。

①计算绝对收益
②计算风险调整后收益
③计算相对收益
④进行业绩归因
A. ①③④
B. ①②③④
C. ①②④
D. ①②③

74. 基金监管目标是指基金监管要达到的目的和效果，是基金监管活动的出发点和价值归宿。我国基金监管的目标包括（　　）。

①保护投资人及相关当事人合法权益
②保证市场的公平、效率和透明
③降低系统风险
④规范基金活动
A. ①②③
B. ①②④
C. ①③④
D. ①②③④

75. 以下关于基金定期报告的说法，错误的有（　　）。

①基金季度报告中投资组合报告需要披露前10名债券明细、前5名股票明细

②基金半年度报告要求进行审计

③基金管理人应在会计年度的前6个月结束后30日内编制完成基金半年度报告

④基金年度报告在会计年度结束后的3个月内经过审计后予以公告

A. ①②③　　B. ①②④

C. ①③④　　D. ①②③④

76. 为有效进行宏观调控，当市场过热时，中央银行应该采取（　　）公开市场操作。

①买进政府债券或金融债券　　②卖出政府债券或金融债券

③增加货币供应量　　④减少货币供应量

A. ①③　　B. ①④

C. ②③　　D. ②④

77. 社会保险基金由用人单位和个人缴费构成，用于各项社会保险待遇的当期发放，具体包括（　　）。

①基本养老保险基金　　②基本医疗保险基金

③工伤保险基金　　④失业保险基金

⑤生育保险基金

A. ①②　　B. ①②④

C. ①②③④　　D. ①②③④⑤

78. 证券公司的主要业务包括（　　）。

①证券承销与保荐业务　　②证券自营业务

③证券资产管理业务　　④证券监管业务

A. ①②③　　B. ①③④

C. ②③④　　D. ①②③④

79. 按照《关于调整证券资格会计师事务所申请条件的通知》的规定，（　　）和（　　）对注册会计师、会计师事务所执行证券、期货相关业务实行许可证管理。

①中国银保监会　　②中国证监会

③财政部　　④中国总会计师协会

A. ①②　　B. ①③

C. ①④　　D. ②③

80. 我国证券登记结算制度包括（　　）内容。

①证券实名制　　②货银对付的交收制度

③分级结算制度和结算参与人制度　　④全额结算制度

⑤结算证券和资金的专用制度

A. ①③④⑤　　B. ①②③④

C. ①②③⑤　　D. ②③④⑤

81. 证券交易所实行（　　）原则，并对证券交易进行严格管理。

①公平　　②公开

③有序　　④公正

⑤透明

A. ①②③　　B. ①②④

C. ①③⑤　　D. ②③⑤

82. 证券投资者保护基金的来源有（　　）。

①国内外机构、组织及个人的捐赠

②依法向有关责任方追偿所得和证券公司破产清算的受偿收入

③上海、深圳证券交易所在风险基金分别达到规定的上限后，交易经手费的20%纳入基金

④发行股票、可转债等证券时，申购冻结资金的利息收入

A. ①②③　　B. ①③④

C. ②③④　　D. ①②③④

83. 按照《证券法》的规定，证券登记结算公司应该履行以下（　　）职能。

①证券账户、结算账户的设立和管理

②证券的存管与过户

③证券持有人名册登记及权益登记

④受发行人委托派发证券权益

⑤证券交易所上市证券交易的清算、交收及相关管理

A. ①②③④　　B. ①③④⑤

C. ②③④⑤　　D. ①②③④⑤

84. 中国证券业协会的宗旨有（　　）。

①遵守国家宪法、法律、法规和经济方针政策，遵守社会道德规范，坚持中国共产党的领导，在国家对证券业实行集中统一监督管理的前提下，进行证券业

自律管理

②发挥政府与证券行业间的桥梁和纽带作用

③为会员服务，维护会员的合法权益

④维护证券业的正当竞争秩序，促进证券市场的公开、公平、公正，推动证券市场的健康稳定发展

A. ①②③　　B. ①②④

C. ②③　　D. ①②③④

85. 证券交易所在证券市场上可以进行（　　）活动。

①审核、安排证券上市交易　　②决定证券暂停上市

③决定证券恢复上市　　④决定证券终止上市和重新上市

A. ①②③　　B. ①②④

C. ②③④　　D. ①②③④

86. 根据交易合约的签订与实际交割之间的关系，可以将市场交易的组织形态分为（　　）。

①现货交易　　②远期交易

③期权交易　　④期货交易

A. ①②③　　B. ①③④

C. ①②④　　D. ①②③④

87. 根据基础资产划分，常见的金融远期合约包括（　　）。

①股权类资产的远期合约　　②债权类资产的远期合约

③远期利率协议　　④远期汇率协议

A. ①②　　B. ②③④

C. ③④　　D. ①②③④

88. 参与美国存托凭证发行与交易的中介机构包括（　　）。

①美国证券交易委员会　　②存券银行

③托管银行　　④中央存托公司

A. ①③④　　B. ①②③

C. ②③④　　D. ①②③④

89. 保荐制度的主要内容包括（　　）。

①明确保荐期限

②分清保荐责任

③建立保荐机构和保荐代表人的注册登记管理制度

④保荐人全权负责

⑤引进持续信用监管和“冷淡对待”

A. ①②③④⑤　　B. ①②③⑤

C. ①②④⑤　　D. ①②③④

90. 发行人和主承销商应当在发行公告中披露（　　）。

①战略投资者的选择标准　　②持有期限

③向战略投资者配售的股票金额　　④向战略投资者配售的股票总量

A. ①②③　　B. ①②④

C. ②③④　　D. ①③④

91. 中证规模指数包括（　　）。

①中证 100 指数　　②中证 300 指数

③中证 500 指数　　④中证 800 指数

A. ①②③　　B. ①②④

C. ②③④　　D. ①③④

92. 在证券分析中，对（　　）因素的分析被称为基本面分析。

①宏观经济和证券市场运行状况　　②行业前景

③政治及其他不可抗力　　④公司经营状况

A. ①②③　　B. ②③④

C. ①③④　　D. ①②④

93. 在考虑影响公司股价变动的因素时，对于公司经营中的财务状况，常用来衡量其盈利性的指标有（　　）。

①每股收益　　②净资产收益率

③杠杆比率　　④流动比率

A. ①②　　B. ③④

C. ②④　　D. ①③

94. 在考虑影响公司股价变动的因素时，进行行业分析通常会考虑（　　）。

①产业竞争结构　　②劳资关系

③市场利率　　④行业可持续性

A. ①②③　　B. ②③④

C. ①②④　　D. ①③④

95. 政治因素对股票价格的影响很大，往往很难预料，主要有（　　）。

①战争

②政权更迭

③财政政策

④国际社会政治、经济的变化

A. ①②③　B. ②③④

C. ①③④　D. ①②④

96. 股票投资的主要分析方法包括（　　）。

①基本分析法　②定性分析法

③技术分析法　④量化分析法

A. ①②③　B. ②③④

C. ①③④　D. ①②④

97. 股票市场行为的表现形式包括（　　）。

①市场价格　②成交量

③价和量的变化　④完成变化所经历的时间

A. ①　B. ②③

C. ②④　D. ①②③④

98. 运用红利贴现模型进行估值，需要确定的指标有（　　）。

①各期现金红利　②各期自由现金流

③股权要求收益率　④持有期末卖出股权的预期价格

A. ①②③　B. ②③④

C. ①②④　D. ①③④

99. 以下属于风险应对的是（　　）。

①风险偏好管理　②风险定价与拨备

③风险限额　④风险缓释

A. ①②③④　B. ①③④

C. ②③④　D. ①②③

100. 下列属于压力测试原则的是（　　）。

①全面性原则　②实践性原则

③审慎性原则　④前瞻性原则

A. ①②③④　B. ①③④

C. ②③④　D. ①②④

参考答案与解析

1. 参考答案：D

考点：考查金融市场的重要性。

2. 参考答案：D

考点：考查二级市场。

3. 参考答案：D

考点：考查国际短期资金流动的概念。

4. 参考答案：B

考点：考查债券的基本性质。债券的面值代表了一定的财产价值，但也只是一种虚拟资本，而非真实资本。因为债券的本质是证明债权债务关系的证书，在债权债务关系建立时所投入的资金已被债务人占用，债券是实际运用的真实资本的证书。

5. 参考答案：A

考点：考查债券的特征。债券的特征有：偿还性、流动性、安全性、收益性。偿还性是指债券有规定的偿还期限，债务人必须按期向债权人支付利息和偿还本金。永续债券只是债券中极少的部分，不能因此否定债券具有偿还性的一般特征。债券的安全性是指债券持有人的收益相对稳定，不随发行者经营收益的变动而变动，并可按期收回本金。一般来说，具有高度流动性的债券同时也是较安全的，因为它不仅可以迅速地转换为货币，而且可以按一个较稳定的价格转换。

6. 参考答案：D

考点：考查债券按发行主体分类。根据发行主体的不同，债券可以分为政府债券、金融债券和公司债券。其中，金融债券的发行主体是银行或非银行金融机构。

7. 参考答案：C

考点：考查记账式国债的特点。记账式国债的特点有：可以记名、挂失；以无券形式发行，可以防止证券的遗失、被窃与伪造，安全性好；可上市转让，流通性好；期限有长有短，但更适合短期国债的发行；通过证券交易所电脑网络发行，可以降低证券的发行成本；上市后价格随行就市，具有一定的风险。

8. 参考答案：D

考点：考查财务公司发行金融债券。财务公司发行金融债券可在银行间债券市场公开发行或定向发行，可采取一次足额发行或限额内分期发行的方式。

9. 参考答案：C

考点：考查附认股权证的公司债券的相关知识。非分离型附认股权证的公司债券，不能把认股权从债券上分离，不能成为独立买卖的对象。

10. 参考答案：C

考点：考查公司债券和企业债券募集资金用途的区别。公司债券的募集资金用途由发行人自行决定，不强制与项目挂钩，包括可以用于偿还银行贷款、改善财务结构等股东大会核准的用途，除金融企业外，募集资金不得转借他人。企业债券募集资金用途主要限制在固定资产投资和技术革新改造方面，并与政府部门审批的项目直接相连。

11. 参考答案：C

考点：考查欧洲债券的相关知识。欧洲债券可以在欧洲以外的国家发行，同时其发行面值也可以以欧元之外的其他货币来表示。

12. 参考答案：D

考点：考查资产支持证券的概念。通过资产证券化，将流动性较低的资产转化为具有较高流动性的可交易证券，提高了基础资产的流动性，便于投资者进行投资；还可以改变发起人的资产结构，改善资产质量，加快发起人资金周转。

13. 参考答案：B

考点：考查保险公司次级债务的偿还。

14. 参考答案：C

考点：权益类衍生品主要包括股票期货、股指期货和认股权证。选项 A、B、D 均为货币类衍生品。

15. 参考答案：D

考点：国际经济环境因素包括经济全球化、世界货币制度影响、放松监管和加强监管两种经济哲学的交替。汇率和国际资本流动属于宏观经济运行对金融市场的影响。

16. 参考答案：A

考点：负债业务是商业银行组织资金来源的业务活动，是商业银行资产业务和其他业务营运的起点和基础。

17. 参考答案：A

考点：主板市场是资本市场中最重要的组成部分，很大程度上能够反映经济发展状况，有宏观经济“晴雨表”之称。

18. 参考答案：D

考点：创业板市场又称为二板市场，是为具有高成长性的中小企业和高科技企业融资服务的资本市场。

19. 参考答案：C

考点：20 世纪 90 年代，伯南克和格特勒提出了金融加速器理论，揭示了经济周期和金融周期两者间的反馈循环的微观机制。凯恩斯提出了不确定性是货币经济的主要特征，约翰·格利和爱德华·肖在 20 世纪 50 年代提出了金融中介在储蓄－投资转化机制中的重要作用。

20. 参考答案：B

考点：考查证券投资基金的分类。

21. 参考答案：D

考点：考查我国股票基金的分类标准。

22. 参考答案：D

考点：考查我国基金管理人的要求。

23. 参考答案：A

考点：考查自提交认购申请表起何时可以查询认购受理情况，T+2 日。

24. 参考答案：C

考点：考查基金运作涉及的两大类费用。

25. 参考答案：A

考点：考查基金业绩评价指标的概念。

26. 参考答案：D

考点：考查证券的发行主体概念。只有股份有限公司才能发行股票。

27. 参考答案：B

考点：考查人民币合格境外机构投资者范围。RQFII 机构限定为境内基金管理公司和证券公司的中国香港子公司。

28. 参考答案：B

考点：考查个人投资者风险特征。个人投资者的风险特征由以下三方面构成：风险偏好、风险认知度、实际风险承受能力。

29. 参考答案：C

考点：集合资产管理计划的投资人数不得少于 2 人，不得超过 200 人。

30. 参考答案：C

考点：证券公司申请融资融券业务资格，其客户资产安全、完整，客户交易结算资金实行第三方存管，客户资料完整真实。

31. 参考答案：C

考点：按照《证券公司私募投资基金子公司管理规范》的规定，证券公司设立私募基金子公司，公司章程有关对外投资条款中明确规定公司可以设立私募基金子公司，并经注册地中国证监会派出机构审批。

32. 参考答案：C

考点：另类子公司不得融资，不得对外提供担保和贷款，不得成为对所投资企业的债务承担连带责任的出资人。另类子公司不得向投资者募集资金开展基金业务，且不得下设任何机构。

33. 参考答案：A

考点：申请从事证券、期货投资咨询从业资格的人员，在取得证券、期货投资咨询业务资格并加入一家有从业资格的证券、期货投资咨询机构后，方可从事证券、期货投资咨询业务。

34. 参考答案：B

考点：证券金融公司应当每年按照税后利润的10%提取风险准备金。中国证监会可以根据防范证券金融公司风险的需要调整提取比例。本题甲证券金融公司从事转融通业务的年税后利润为68万元，$68\times10\%=6.8$万元，故本题选B。

35. 参考答案：D

考点：考查证券交易所总经理职能。提议召开临时监事会是监事长的职能。

36. 参考答案：D

考点：报价系统是经中国证监会批准设立的为机构投资者提供私募产品报价、发行、转让及相关服务的专业化电子平台。本题考查报价系统的四大定位：定位于私募市场；定位于机构间市场；定位于互联互通市场；定位于互联网市场。

37. 参考答案：D

考点：考查期货交易与现货交易、远期交易的区别。

38. 参考答案：A

考点：考查债券远期交易数额最小的债券面额。

39. 参考答案：D

考点：考查股票定义及性质。股票是一种有价证券，其本身没有价值。股票实质上代表股东对股份公司净资产的所有权。股东权利的转让应与股票占有的转移同时进行。

40. 参考答案：A

考点：国家股可以转让，但是需要按照国家的有关规定。

41. 参考答案：C

考点：创业板上市公司发行股票需满足最近一期末资产负债率高于45%，上市公司非公开发行的股票除外。

42. 参考答案：D

考点：首次公开发行股票的网上发行应当和网下发行同时进行，网上和网下投资者在申购时无须缴付申购资金，投资者不得同时参与网上或者网下发行。

43. 参考答案：B

考点：首次公开发行股票采用直接定价方式的，全部向网上投资者发行。

44. 参考答案：C

考点：考查融券交易的概念。

45. 参考答案：B

考点：考查深证100股的特点。

46. 参考答案：A

考点：考查沪股通的定义。

47. 参考答案：C

考点：考查股票清算价值的概念。

48. 参考答案：C

考点：考查滞后性指标。滞后性指标有失业率、库存量、银行未收回贷款规模等。

49. 参考答案：C

考点：考查风险缓释的概念。

50. 参考答案：C

考点：考查信用风险的概念。

51. 参考答案：D

考点：考查场外交易市场。银行信贷市场、拆借市场、外汇市场、黄金市场等市场传统上比较松散，通常没有固定的交易场所，也不一定有统一的交易时间。

52. 参考答案：A

考点：考查国际直接投资的形式。

53. 参考答案：D

考点：考查伦敦债券市场分类。

54. 参考答案：D

考点：考查债券按付息方式的分类。根据债券发行条款中是否规定在约定期限向债券持有人支付利息，债券可分为零息债券、附息债券和息票累积债券。其中，零息债券以低于面值的价格发行和交易，债券持有人实际上是以买卖（到期赎回）价差的方式取得债券利息。息票累积债券是指存续期间没有利息支付，到期时一次性获得本息。

55. 参考答案：D

考点：考查债券与股票的区别。债券与股票的区别有：权利不同、目的不同、主体不同、期限不同、收益不同、风险不同。

56. 参考答案：A

考点：考查中央政府国债按资金用途的分类。按资金用途，可分为赤字国债、建设国债、战争国债和特种国债。

57. 参考答案：D

考点：考查我国商业银行金融债券的发行条件。根据《全国银行间债券市场金融债券发行管理办法》，商业银行发行金融债券应具备的条件有：具有良好的公司治理机制；核心资本充足率不低于4%；最近三年连续盈利；贷款损失准备计提充足；风险监管指标符合监管机构的有关规定；最近三年没有重大违法、违规行为；中国人民银行要求的其他条件。

58. 参考答案：D

考点：考查地方债分销对象。国债承销团成员不得分销地方债。

59. 参考答案：D

考点：考查非公开发行公司债券的发行相关内容。

60. 参考答案：D

考点：考查远期交易与期货交易的区别，还包括保证金制度的不同。

61. 参考答案：B

考点：考查债券竞价的三种方式。

62. 参考答案：B

考点：考查资产证券化兴起的经济动因。

63. 参考答案：B

考点：考查国际债券的特征。

64. 参考答案：C

考点：1949年至1978年，为适应高度集中统一的计划经济体制，我国建立起“大一统”模式的金融体系，建立新中国金融体制的两个首要任务是：建立统一的人民币制度和成立新中国的金融机构体系。选项①属于 1979 年至 1983 年建立多元混合型金融体系的内容，选项④属于 1984 年至 1993 年的金融体系特征。

65. 参考答案：D

考点：改革开放的进一步深化提高了金融体系的整体水平。一是基本金融制度逐步完善，股市、债券、衍生品和各类金融市场基础设施等“四梁八柱”搭建完成，市场容量位列世界前茅。二是人民币国际化和金融业双向开放促进了金融体系不断完善，此外，改革开放还促进了金融机构和市场的结构优化。②“四梁八柱”开始搭建表述不对。

66. 参考答案：D

考点：考查关于私募基金信息披露的文件内容。

67. 参考答案：D

考点：证券公司是证券市场的主要中介机构，在证券市场运行中发挥着重要作用。一方面，证券公司是证券市场投融资服务的提供者，为证券发行人和投资者提供专业化的中介服务；另一方面，证券公司本身也是证券市场重要的机构投资者。

68. 参考答案：A

考点：中国证券监督管理委员会的职责包括：研究和拟定证券期货市场的方针政策、发展规划；监管证券投资活动；监管上市国债和企业间债券的交易活动；监管境内企业直接或间接到境外发行股票、上市，监管境内机构到境外设立证券机构，监管境外机构到境内设立证券机构、从事证券业务等。④表述不准确。

69. 参考答案：B

考点：考查证券公司长期次级证券。证券公司长期次级债可按一定比例计入净资本，到期期限在 3 年、2 年、1 年以上的，原则上分别按 100%、70%、50%的比例计入净资本。

70. 参考答案：D

考点：考查另类投资基金包含的内容。

71. 参考答案：D

考点：考查证券投资基金运作中的主要当事人范围。

72. 参考答案：C

考点：考查开放式基金认购步骤。

73. 参考答案：B

考点：考查系统的基金业绩评估。

74. 参考答案：D

考点：考查我国基金监管的目标。

75. 参考答案：A

考点：考查基金定期报告的内容。基金季度报告中投资组合报告需要披露前10名股票明细、前5名债券明细。基金半年度报告不要求进行审计。基金管理人应在会计年度的前6个月结束后之日起2个月编制完成基金半年度报告。

76. 参考答案：D

考点：考查中央银行的公开市场操作。

77. 参考答案：D

考点：考查社会保险基金的构成。

78. 参考答案：A

考点：考查证券公司的主要业务。证券公司的主要业务包括证券经纪业务、证券投资咨询业务、证券交易、证券投资活动有关的财务顾问业务、证券承销与保荐业务、证券自营业务、证券资产管理业务、融资融券业务、证券公司中间介绍（IB）业务及直接投资业务。可见，本题④证券监管业务不属于证券公司的主要业务，故选A。

79. 参考答案：D

考点：财政部和中国证监会对注册会计师、会计师事务所执行证券、期货相关业务实行许可证管理。

80. 参考答案：C

考点：考查证券登记结算制度。目前我国对证券交易所达成的多数证券交易均采取多边净额结算方式。

81. 参考答案：B

考点：考查证券交易所的特征。证券交易所实行“公开、公平、公正”原则，并对证券交易进行严格管理。

82. 参考答案：D

考点：考查证券投资者保护基金的来源。

83. 参考答案：D

考点：考查证券登记结算公司的具体职能。

84. 参考答案：D

考点：考查中国证券业协会的宗旨。

85. 参考答案：D

考点：考查证券交易所的职能。按照《证券交易所管理办法》第七条规定，证券交易所可以审核、安排证券上市交易，决定证券暂停上市，决定证券暂停上市、终止上市和重新上市。

86. 参考答案：C

考点：考查市场交易的组织形态。根据交易合约的签订与实际交割之间的关系，可以将市场交易的组织形态分为现货交易、远期交易及期货交易。

87. 参考答案：D

考点：考查金融远期合约相关知识。

88. 参考答案：C

考点：考查美国存托凭证的有关业务机构。

89. 参考答案：B

考点：考查保荐制度的主要内容。

90. 参考答案：B

考点：考查发行人和主承销商应当在发行公告中披露的内容。

91. 参考答案：D

考点：中证规模指数包括中证 100 指数、中证 200 指数、中证 500 指数、中证 700 指数、中证 800 指数和中证流通指数。

92. 参考答案：D

考点：考查影响股价变动的基本因素。宏观经济和证券市场运行状况、行业前景以及公司经营状况是影响投资者对将来股价预期，从而影响当前买卖决策并最终导致当前股价变化的最主要原因。

93. 参考答案：A

考点：考查公司财务状况盈利性的衡量指标，最常用的指标是每股收益和净资产收益率。

94. 参考答案：C

考点：考查影响股价变动的行业分析因素。常见的有行业或产业竞争结构、行业可持续性、抗外部冲击的能力、监管及税收待遇——政府关系、劳资关系、财务与融资问题、行业估值水平等。

95. 参考答案：D

考点：考查政治因素对股价变化的影响。

96. 参考答案：C

考点：考查股票投资的主要分析方法。

97. 参考答案：D

考点：考查股票市场行为的表现形式。

98. 参考答案：D

考点：考查利用红利贴现模型对股票进行估值的计算公式。

99. 参考答案：A

考点：考查风险应对的措施。

100. 参考答案：A

考点：考查压力测试的原则。

《金融市场基础知识》模拟试卷四

一、选择题（共50题，每题1分，共50分。以下各选项中，只有一项符合题目要求，不选、错选均不得分）

1. 金融市场通过金融资产交易实现货币资金在供给者和需求者之间的转移，促进有形资本形成，这是金融市场的（　　）功能。

A. 资金融通　　B. 价格发现

C. 风险管理　　D. 提供流动性

2. 一般企业间的商品赊销、预付定金、预付货款等属于融资方式中的（　　）。

A. 股票市场融资　　B. 债券市场融资

C. 风险投资融资　　D. 商业信用融资

3. 股票、债券等属于（　　）。

A. 商品证券　　B. 货币证券

C. 资本证券　　D. 商业证券

4. 债券作为证明债权债务关系的凭证，一般以有一定格式的票面形式来表现。通常，债券票面上的四个基本要素包括（　　）。

A. 债券的实际利率　　B. 债券的发行日期

C. 债券的票面利率　　D. 债券发行者地址

5. 下列关于政府债券、金融债券和公司债券说法有误的是（　　）。

A. 政府债券有不同的期限，从几个月到几十年不等

B. 金融债券的期限以短期较为多见

C. 公司债券的风险性相对于政府债券和金融债券要大一些

D. 在我国，公司债券和企业债券是两类不同的债券

6. 下列关于债券与股票的说法，错误的是（　　）。

A. 债券持有者只可按期获取利息及到期收回本金，无权参与公司的经营

决策

B. 股票所有者是发行股票公司的股东，一般拥有表决权，可行使对公司的经营决策权和监督权

C. 能发行股票的经济主体不只有股份有限公司

D. 发行债券获取的资金属于公司的负债

7. 下列关于金融债券的说法，有误的是（　　）。

A. 金融债券能够较有效地解决银行等金融机构的资金来源不足和期限不匹配的矛盾

B. 金融债券的资信通常高于其他非金融机构债券

C. 金融债券违约风险相对较小，具有较高的安全性

D. 金融债券的利率通常高于一般的企业债券

8.（　　）是指商业银行发行的、本金和利息的清偿顺序列于商业银行其他负债之后、先于商业银行股权资本的债券。

A. 商业银行资本补充债券　　B. 商业银行次级债券

C. 商业银行金融债券　　D. 商业银行一般债券

9. 下列关于可转换公司债券的说法，有误的是（　　）。

A. 可转换公司债券转换后相当于增发了股票

B. 可转换公司债券一般不用经股东大会或董事会的决议就可发行

C. 可转换公司债券具有双重选择权

D. 可转换公司债券在发行条款中应规定转换期限和转换价格

10. 公司债券可申请一次核准、分期发行。首期发行数量应当不少于发行总量的（　　），剩余各期发行的数量由公司自行确定，每期发行完毕后5个工作日内报中国证监会备案。

A. 30%　　B. 40%

C. 50%　　D. 60%

11. 下列关于各个参与主体在资产证券化中的主要职能说法，有误的是（　　）。

A. 发起人选择拟证券化资产，并进行打包，然后转移给SPV，从SPV处获得评价

B. 信用增级机构对SPV发行的证券提供额外信用支持

C. 信用评级机构对SPV发行的证券进行信用评级

D. 服务机构为证券的发行进行促销，以帮助证券成功发行

12. 下面关于记账式国债的说法，正确的是（　　）。

A. 记账式国债是一种无纸化国债，只能通过银行间债券市场向具备全国银行间债券市场国债承购包销团资格的商业银行发行

B. 记账式国债是一种无纸化国债，只能向具备交易所国债承购包销团资格的证券公司、保险公司发行

C. 记账式国债是一种无纸化国债，只能通过银行间债券市场向具备全国银行间债券市场国债承购包销团资格的商业银行、证券公司、保险公司、信托投资公司等机构发行

D. 记账式国债可以通过银行间债券市场向具备全国银行间债券市场国债承购包销团资格的商业银行、证券公司、保险公司、信托投资公司等机构，以及通过证券交易所的交易系统向具备交易所国债承购包销团资格的证券公司、保险公司和信托投资公司及其他发行者发行

13. 地方政府债券的托管（　　）。

A. 只在国家规定的证券登记结算机构办理登记托管

B. 只在中央国债登记结算有限责任公司办理登记托管

C. 在国家规定的证券登记结算机构办理总登记托管，在中央国债登记结算有限责任公司办理分登记托管

D. 在中央国债登记结算有限责任公司办理总登记托管，在国家规定的证券登记结算机构办理分登记托管

14. 以法律形式确定的商业银行缴存中央银行的存款占吸收存款的比例，同时又是中央银行控制货币供应量的最重要手段的是（　　）。

A. 存款准备金　　B. 法定存款准备金率

C. 超额存款准备金　　D. 准备金

15. 货币乘数指（　　）。

A. 基础货币和货币供给之间的倍数　　B. 贷款数和货币供给之间的倍数

C. 存款数和货币供给之间的倍数　　D. 准备金数与货币供给之间的倍数

16. 完整的货币乘数公式与理论上的货币乘数公式之间的差别不在于（　　）。

A. 公众手中是否保留部分存款

B. 提取现金与活期存款总额的比率是否为零

C. 是否考虑超额准备金影响

D. 是否考虑法定存款准备金影响

17. 使中央银行处于被动地位的一般性货币政策是（　　）。

A. 证券市场信用控制　　B. 存款准备金制度

C. 再贴现政策　　D. 公开市场业务

18. 约翰·格利和爱德华·肖在20世纪50年代提出了（　　），揭示了金融与实体经济之间相互关联、彼此渗透的关系。

A. 储蓄-投资转化机制　　B. 利率-投资互动机制

C. 储蓄-利率互动机制　　D. 收入-投资转化机制

19. 以下对实体经济与金融之间的相互关系的表述，不完全合理的是（　　）。

A. 实体经济发展水平和质量从根本上决定着金融发展水平和质量，实体经济发展不好，风险最后会集中反映在金融体系中

B. 金融的健康发展可以促进经济增长

C. 金融产品的创新和复杂化，使得实体经济和金融的界限日益分明

D. 金融监管可以避免金融与实体经济发展的过分脱节

20. （　　）是指基金份额总额不固定，基金份额可以在基金合同约定的时间和场所申购及赎回的基金。

A. 公司型基金　　B. 债券基金

C. 封闭式基金　　D. 开放式基金

21. （　　）的投资目标是力求避免基金份额持有人投资本金出现亏损的公开募集证券投资基金。

A. 分级基金　　B. 上市开放式基金

C. 避险策略基金　　D. 系列基金

22. 根据《证券投资基金法》的规定，国务院证券监督管理机构应当自公开募集基金的募集注册申请之日起（　　）内依照法律、行政法规及国务院证券监督管理机构的规定进行审查，做出注册或者不予注册的决定。

A. 3个月　　B. 6个月

C. 9个月　　D. 1年

23. 基金资产总值是指基金全部资产的价值总和。现已知A公司的基金资产总值为450万元，基金负债为300万元，基金的全部份额为300份。则A公司的基金资产份额净值为（　　）。

A. 1.5万元　　B. 1万元

C. 0.5万元　　D. 无法计算

24. 我国的开放式基金于每个交易日估值，并于（　　）公告份额净值。

A. 每周五　　B. 当日

C. 不晚于下一个交易日　　D. 两日后

25. 以下（　　）不是契约型基金与公司型基金的区别。

A. 期限不同　　B. 资金的性质不同

C. 投资者的地位不同　　D. 基金的营运依据不同

26. 下列对证券市场融资描述错误的是（　　）。

A. 证券市场融资是一种直接融资

B. 投资者与发行人的股权或债权关系凝结在最初的投资者和发行人之间

C. 单个融资主体很难凭借自身力量完成证券发行、交易、清算等事宜

D. 证券市场融资是由众多资金交易者通过对有价证券的公开自由竞价买卖来实现的

27. 根据《公司法》，上市公司是指其股票在证券交易所上市交易的（　　）。

A. 个人独资企业　　B. 合伙企业

C. 有限责任公司　　D. 股份有限公司

28. 2019 年 9 月 10 日，国家外汇管理局对人民币合格境外机构投资者（RQFII）和合格境外机构投资者（QFII）的投资额度调整内容不包括（　　）。

A. 取消合格境外机构投资者额度限制时，RQFII 试点国家和地区限制也一并取消

B. 取消对合格境外机构投资者（QFII）的投资额度限制

C. 明确对单家合格境外机构投资者的投资额度进行备案和审批

D. 取消对人民币合格境外机构投资者（RQFII）的投资额度限制

29. 合格境内投资者应在每个会计年度结束后（　　）个月内，向国家外汇管理局报送上一年度境外投资情况报告（包括投资额度使用情况、投资收益情况等）。

A. 2　　B. 3

C. 4　　D. 6

30. 关于证券公司资产管理计划，下列说法正确的是（　　）。

A. 资产管理计划应当以公开方式向合格投资者募集

B. 证券期货经营机构、销售机构可以通过传播媒体方式向不特定对象宣传资产管理计划

C. 证券期货经营机构不得设立多个资产管理计划，同时投资于同一非标准化资产

D. 同一非标准化资产指单一主体的非标准化资产，不包含关联方的非标准化资产

31. 证券公司在向客户融资、融券前，应办理客户征信，了解客户身份、财产与收入状况、证券投资经验和风险偏好，并以（　　）方式予以记载、保存。

A. 书面　　B. 电子

C. 书面和录音　　D. 书面和电子

32. 下列符合《证券公司私募投资基金子公司管理规范》的是（　　）。

A. 甲证券公司设立 2 家私募基金子公司

B. 乙证券公司未做到内控有力，设立 1 家私募基金子公司

C. 丙证券公司采用股份代持方式与其他投资者共同出资设立 1 家私募基金子公司

D. 丁证券公司以自有资金全资设立 1 家私募基金子公司

33. 证券公司甲，预设立一家另类子公司乙，下列甲、乙的做法错误的是（　　）。

A. 甲以自有资金全资设立乙

B. 乙向投资者募集资金开展基金业务

C. 乙不得对所投资企业的债务承担连带责任

D. 乙不得对外提供担保和贷款

34. 按照《关于调整证券资格会计师事务所申请条件的通知》的规定，会计师事务所申请证券资格的，需依法成立（　　）年以上。

A. 10　　B. 8

C. 5　　D. 3

35. 上海、深圳证券交易所在风险基金分别达到规定的上限后，应该将交易经手费的（　　）纳入证券投资者保护基金。

A. 10%　　B. 15%

C. 20%　　D. 25%

36. 债券远期交易共有 8 个期限品种，期限最短为（　　），最长为（　　）。

A. 1 天　365 天　　B. 1 天　180 天

C. 2 天　365 天　　D. 2 天　180 天

37. 金融期货交易制度中的“逐日盯市制度”又被称为（　　）。

A. 每日价格波动限制及断路器规则　　B. 保证金制度

C. 无负债的每日结算制度　　D. 集中交易制度

38.（　　）是指交易所将当日以涨跌停板价格申报的未成交平仓报单，以当日涨跌停板价格与该合约净持仓盈利客户按照持仓比例自动撮合成交。

A. 强行平仓制度
B. 强制减仓制度
C. 限仓制度
D. 集中交易制度

39. 相较于优先股，债券不具有以下（　　）特点。

A. 到期还本付息
B. 剩余财产优先权
C. 税后利润优先支付利息
D. 更容易判断本质

40. 首次公开发行股票的简称为（　　）。

A. PPP
B. OTP
C. IPO
D. CIO

41. 按照中国证监会发布的《上市公司证券发行管理办法》，主板（中小企业板）上市公司公开发行股票需满足的条件不包括（　　）。

A. 最近12个月内不存在违规对外提供担保的行为

B. 最近三个会计年度连续盈利

C. 最近三年以现金方式累计分配的利润不少于最近三年实现的年均可分配利润的20%

D. 上市公司最近三年及一期财务报表未被注册会计师出具保留意见、否定意见或无法表示意见的审计报告

42. 上市公司募集资金使用中不符合规定的是（　　）。

A. 前次募集资金使用情况需要进行披露

B. 金融类企业可以用募集的资金购买可供出售金融资产

C. 互联网企业可以将募集的资金借给供应商

D. 募集的资金用途应当符合国家产业政策的规定

43. 以下（　　）交易机制的特点为：投资者买卖证券的对手是其他投资者。

A. 定期交易
B. 连续交易
C. 指令驱动
D. 报价驱动

44. 融券交易也是一种（　　）。

A. 卖空交易
B. 买入交易
C. 置换交易
D. 融资交易

45. 下列证券交易所中，能将其托管制度概括为“自动托管、随买随卖、哪买哪卖、转托不限”的是（　　）。

A. 上海证券交易所
B. 深圳证券交易所
C. 纽约证券交易所
D. 香港证券交易所

46. 沪深300指数为（　　）。

A. 大盘指数　　B. 大中盘指数
C. 中盘指数　　D. 中小盘指数

47. 反映一家公司的股票价值对其净资产的倍数的指标是（　　）。
A. 市净率倍数　　B. 市盈率倍数
C. 市销率倍数　　D. 企业价值/息税前利润倍数

48. 公司在保持正常运营的情况下，可以向所有出资人（股东和债权人）进行自由分配的现金流是（　　）。
A. 企业自由现金流　　B. 股权自由现金流
C. 股票红利　　D. 利息

49. 在风险管理中，风险识别的主要内容包括（　　）。
A. 感知风险和分析风险　　B. 预测风险和消除风险
C. 感知风险和消除风险　　D. 预测风险和分析风险

50. 证券公司应根据公司业务规模、性质、复杂程度、风险水平及组织结构，充分考虑压力测试结果，制定有效的（　　），确保公司可以应对紧急情况下的流动性需求。
A. 风险偏好　　B. 风险限额
C. 风险缓释　　D. 风险应急计划

二、组合型选择题（共50题，每题1分，共50分。以下各选项中，只有一项符合题目要求，不选、错选均不得分）

51. 伦敦证券交易所按照层次的不同，可以分为（　　）。
①主板市场　　②另类投资市场
③专业证券市场　　④金边债券市场
A. ①②③　　B. ①③④
C. ①②④　　D. ②③④

52. 下列全球金融体系参与者中属于其他金融公司的是（　　）。
①保险公司
②为住户服务的非营利机构
③养老基金
④证券交易商
A. ①②③　　B. ①②④
C. ②③④　　D. ①③④

53. 在中国香港，银行业、证券业和保险业的行业自律机构分别是（　　）。

①香港银行公会　②中国香港政府
③香港交易所　④香港保险业联会
A. ①②③　B. ①③④
C. ①②④　D. ②③④

54. 储蓄国债（电子式）与记账式国债都以电子记账方式记录债权，二者不同之处在于（　　）。
①发行对象不同　②发行利率确定机制不同
③流通或变现方式不同　④到期兑付方式不同
A. ①②③　B. ①②③④
C. ①②④　D. ②③④

55. 关于公司债券的分类，下列说法正确的有（　　）。
①按担保抵押情况，分为信用公司债券、不动产抵押公司债券、保证公司债券
②按付息方式不同，分为普通公司债券和收益公司债券
③按内含选择权的不同，分为可转换公司债券、附认股权证的公司债券、可交换公司债券
④按是否记名，分为记名公司债券和不记名公司债券
A. ①②③　B. ①②③④
C. ①③④　D. ②③④

56. 债贷组合是按照（　　）模式，由银行为企业制订系统性融资规划，根据项目建设融资需求，将企业债券和贷款统一纳入银行综合授信管理体系，对企业债务融资实施全程管理。
①融资统一规划　②信贷统一授信
③动态长效监控　④全程风险管理
A. ①②③　B. ①②③④
C. ①③④　D. ②③④

57. 下面关于地方政府一般债券说法，正确的是（　　）。
①承销团成员应当是在中国境内依法成立的金融机构，具有债券承销业务资格
②承销团成员应在资本充足率、偿付能力或者净资本状况等指标方面达到监管标准
③承销商可以书面委托其分支机构代理签署并履行债券承销协议
④可以在一般债券承销商中择优选择主承销商

A. ①　　B. ①③④
C. ②③④　　D. ①②③④

58. 下面（　　）属于政策性银行发行金融债券应向中国人民银行报送的文件。

①金融债券发行申请报告
②发行人近三年经审计的财务报告及审计报告
③承销协议
④金融债券发行办法

A. ①③④　　B. ①②③
C. ②③④　　D. ①②③④

59. 下面关于公司债券的说法正确的是（　　）。

①非公开发行公司债券必须进行信用评级
②对公司债券发行没有强制性担保要求
③非公开发行公司债券是否进行信用评级由发行人确定
④非公开发行公司债券，募集资金用于约定的用途

A. ①④　　B. ①③④
C. ②③④　　D. ②④

60. 债券利息的支付方式有（　　）。

①息票方式　　②折扣利息
③本息分离方式　　④本息合一方式

A. ①②③　　B. ①③④
C. ①②④　　D. ①②③④

61. 以下债券不需要进行债券评级的有（　　）。

①国库券　　②国家银行发行的金融债券
③地方政府债券　　④企业债券

A. ①②　　B. ①③
C. ①②③　　D. ②③

62. 询价交易方式是指交易双方自行协商确定交易价格以及其他交易要素的交易方式，包括（　　）。

①报价　　②格式化询价
③协商　　④确认成交

A. ①②③　　B. ①③④
C. ①②④　　D. ①②③④

63. 企业债券的发行主体可以是（　　）。

①上市公司

②股份有限公司

③有限责任公司

④尚未改制为现代公司制度的企业法人

A. ①②③　　B. ①②③④

C. ①③④　　D. ②③④

64. 科技发展对金融市场运行有重大意义，下面关于影响我国金融市场运行的技术因素的说法，正确的是（　　）。

①信息技术为金融创新提供了活力

②金融机构透明性和监管方式的增强有赖于信息技术在信息披露方面的运用

③信息技术是金融市场发展的最根本原因

④信息技术的广泛应用促使全球统一金融市场的形成，国际金融市场和国内金融市场界限日益清晰

A. ①②　　B. ②③

C. ③④　　D. ①④

65. 借款负债的渠道主要包括（　　）。

①向中央银行借款　　②同业借款

③存款负债　　④回购协议

A. ①②③　　B. ①②④

C. ②③④　　D. ①③④

66. 宏观审慎监管与货币政策的关系是（　　）。

①二者联系紧密，目标中均包含稳定宏观经济

②二者的监管途径中均包含资产负债表

③宏观审慎监管难以有效维护金融稳定，需要货币政策的补充

④宏观审慎监管的使用，可以有效帮助货币政策集中注意力于投入和产出上

A. ①②　　B. ②③

C. ③④　　D. ①④

67. 下面关于全国中小企业股份转让系统说法，正确的是（　　）。

①主要为创新型、创业型、成长型中小微企业发展服务

②设立创新层和基础层两个层次

③属于场外交易市场

④可以采用无纸化的公开转让形式

A. ①②③　　B. ①②④
C. ②③④　　D. ①③④

68. 创业板市场的功能包括（　　）。
①承担风险资本的退出窗口作用　　②优化资源配置
③促进产业升级　　④投机活动
A. ①②③　　B. ①②④
C. ②③④　　D. ①③④

69. 中小企业板块的总体设计原则可以概括为“两个不变”和“四个独立”，其中，“四个独立”包括（　　）。
①运行独立　　②检查独立
③代码独立　　④指数独立
A. ①②③　　B. ①②④
C. ②③④　　D. ①③④

70. 以下关于私募基金的说法，正确的有（　　）。
①私募基金向特定合格投资者发售
②私募基金只能采取非公开方式发行
③私募基金的投资金额较小，风险较小
④私募基金的投资范围广
A. ①②③　　B. ②③④
C. ①②④　　D. ①②③④

71. ETF最大的特点是实物申购、赎回机制，还有“最小申购、赎回份额”的规定，通常，最小申购、赎回单位在（　　）万份、（　　）万份或（　　）万份。
①10　　②30
③50　　④100
A. ①②③　　B. ①③④
C. ①②④　　D. ②③④

72. 申请募集基金，拟募集的基金应当具备下列（　　）条件。
①有明确、合法的投资方向
②有明确的基金运作方式
③基金合同、招募说明书等法律文件草案符合法律、行政法规和中国证监会的规定
④基金名称表明基金的类别和投资特征

A. ①②③
B. ①③④
C. ②③④
D. ①②③④

73. 基金募集申请需要提交的主要文件包括（　　）。

①申请募集基金的申请报告
②基金合同草案
③招募说明书
④法律意见书

A. ①②③
B. ①②④
C. ②③④
D. ①②③④

74. 投资者在办理开放式基金赎回时，一般需要缴纳赎回费，（　　）除外。

①股票基金
②债券基金
③货币基金
④中国证监会规定的其他品种

A. ①②
B. ②④
C. ①③
D. ③④

75. 以下关于券商柜台市场说法，正确的是（　　）。

①证券公司可以采取协议、报价等方式发行、销售与转让私募产品
②证券公司可以采用集中竞价方式发行、销售与转让私募产品
③投资者可以自己独立开立产品账户
④证券公司开展托管业务应有相应的风险应对措施

A. ①②
B. ②④
C. ③④
D. ①④

76. 按照《证券法》的规定，证券公司可以从事的业务有（　　）。

①证券自营业务
②证券资产管理业务
③以自己的名义进行证券投资
④代其客户进行证券投资

A. ①②③
B. ②③④
C. ①②④
D. ①②③④

77. 根据个人投资者对待投资中风险和收益的态度，可以将投资者分为以下（　　）类型。

①风险敏感型
②风险偏好型
③风险中立型
④风险规避型

A. ①②③
B. ①③④
C. ②③④
D. ①②④

78. 证券经纪业务包括（　　）。

①通过证券交易所代理买卖证券业务
②委托证券业协会代理买卖证券业务

③证券从业人员代理买卖证券业务

④柜台代理买卖证券业务

A. ①②　　B. ①③

C. ②③　　D. ①④

79. 我国《证券法》规定，投资咨询机构及其从业人员从事证券服务业务不得有下列（　　）行为。

①代理委托人从事证券投资

②与委托人约定分享证券投资收益或者分担证券投资损失

③买卖本咨询机构提供服务的上市公司股票

④利用传播媒介或者通过其他方式提供、传播虚假或者误导投资者的信息

A. ①②③　　B. ①②④

C. ②③④　　D. ①②③④

80. 为加强对证券服务机构的管理，我国《证券法》授予证券监督管理机构对证券服务机构的（　　）。

①监管权　　②管理权

③现场检查权　　④审查权

A. ①③　　B. ①④

C. ②③　　D. ②④

81. 证券交易所监事会的职能有（　　）。

①提议召开临时会员大会

②提议召开临时理事会

③向会员大会提出提案

④检查证券交易所风险基金的使用和管理

⑤当理事、高级管理人员的行为损害证券交易所利益时，要求理事、高级管理人员予以纠正

A. ①③④　　B. ②③④

C. ②③④⑤　　D. ①②③④⑤

82. 证券投资者保护基金公司设立的意义有（　　）。

①在证券公司出现关闭、破产等重大风险时，可以依据国家政策保护投资者权益

②有助于稳定市场，防止证券公司个案风险的传递和扩散

③是对现有的国家行政监管部门、中国证券业协会和证券交易所等行业自律组织、市场中介机构等组成的全方位、多层次监管体系的一个重要补充

④为我国建立国际成熟市场通行的证券投资者保护机制搭建了平台，为我国资本市场制度建设向国际化靠拢提供了契机

A. ①②③　　B. ①③④

C. ②③④　　D. ①②③④

83. 我国证券市场监管体系包括（　　）。

①国务院证券监督管理机构　　②证券投资者保护基金

③证券登记结算公司　　④行业协会

A. ①②③　　B. ①②④

C. ①③④　　D. ②③④

84. 与金融现货交易相比，金融期货的特征具体表现在（　　）。

①交易对象不同　　②交易目的不同

③交易价格的含义不同　　④交易方式不同

A. ①②③④　　B. ②③④

C. ①②③　　D. ①③④

85. 作为一种标准化的远期交易，金融期货交易与普通远期交易之间存在的区别包括（　　）。

①交易场所和交易组织形式不同

②交易的监管程度不同

③金融期货交易是标准化交易，远期交易的内容可协商确定

④保证金制度和每日结算制度导致违约风险不同

A. ①②④　　B. ①②③④

C. ①④　　D. ①③

86. 关于利率期货下列说法正确的有（　　）。

①利率期货主要是为了规避利率风险而产生的。固定利率有价证券的价格受到现行利率和预期利率的影响，价格变化与利率变化一般是反向关系

②以国债期货为主的债券期货是各主要交易所最重要的利率期货品种

③在国债期货暂停交易 18 年之后，中国金融期货交易所于 2013 年 9 月 6 日首次上市交易了 5 年期国债期货合约

④常见的参考利率包括国债利率、伦敦银行间同业拆放利率、香港银行间同业拆放利率、联邦基金利率等

A. ①②③④　　B. ①②③

C. ①③④　　D. ②③④

87. 信息披露的主体包括（　　）。

①证券发行人 ②证券监管者
③证券旁观者 ④证券交易者
A. ①③④ B. ①③④
C. ①②④ D. ②③④

88. 按照《合格境外机构投资者境内证券投资管理办法》，合格境外机构投资者在批准的交易额度内，可以投资于中国证监会批准的人民币金融工具，包括（　　）。
①证券投资基金 ②在证券交易所挂牌交易的股票
③在证券交易所挂牌交易的债券 ④在证券交易所挂牌交易的权证
⑤股指期货
A. ①③④ B. ②③④⑤
C. ①③④⑤ D. ①②③④⑤

89. 下列属于股票性质的有（　　）。
①有价证券 ②物权证券
③设权证券 ④资本证券
⑤非要式证券
A. ①④ B. ②③
C. ①③⑤ D. ②④⑤

90. 我国公司获得利润的分配顺序为（　　）。
①提取法定盈余公积 ②提取任意盈余公积
③缴纳企业所得税 ④弥补亏损
⑤分配现金股利
A. ①②③④⑤ B. ③④①②⑤
C. ④①②③⑤ D. ③①②⑤④

91. 相对于普通股，优先股具有下列（　　）特点。
①决策管理权受限 ②买卖利差大
③利润和剩余财产分配有优先权 ④绝对不可退股
⑤收益相对固定
A. ①②③④⑤ B. ①③④⑤
C. ①②③⑤ D. ①③⑤

92. 在我国，按照投资主体的不同，可以把股票划分为（　　）。
①国家股 ②公司股
③法人股 ④外资股

⑤有限售条件股份

A. ①②③④⑤
B. ①②③④
C. ①③④⑤
D. ①③④

93. 保荐人的保荐责任期包括（　　）。

①发行上市全过程
②对发行的股票承担终身责任
③发行上市后一段时间

A. ①②③
B. ①
C. ①③
D. ②

94. 股票退市制度存在的意义包括（　　）。

①引导理性投资
②保护投资者权益
③巩固上市公司地位
④降低市场经营成本

A. ①②③
B. ①②④
C. ②③④
D. ①③④

95. 从理论上分析，公司经营状况和股票价格的关系是（　　）。

①公司经营状况好，股价上升
②公司经营状况好，股价下降
③公司经营状况差，股价上升
④公司经营状况差，股价下降

A. ①③
B. ②④
C. ①④
D. ②③

96. 影响股价变化的其他因素包括（　　）。

①心理因素
②人为操纵因素
③政策及制度因素
④宏观经济因素

A. ①②③
B. ②③④
C. ①③④
D. ①②④

97. 运用股权自由现金流模型进行估值，需要确定的指标有（　　）。

①各期现金红利
②各期自由现金流
③股权要求收益率
④股权自由现金流的终值

A. ①②③
B. ②③④
C. ①②④
D. ①③④

98. 剔除资本结构影响的估值方法有（　　）。

①市盈率倍数法
②企业价值/息税前利润倍数法
③企业价值/息税折旧摊销前利润倍数法

A. ①
B. ②
C. ②③
D. ①③

99. 下列属于信用风险构成要素的是（　　）。

①违约概率
②违约损失率
③违约风险暴露
④预期损失和非预期损失

A. ①②③
B. ①③④
C. ②③④
D. ①②③④

100. 买卖价差法常用的价差指标包括（　　）。

①买卖价差
②有效价差
③实现的价差
④合理价差

A. ①②③
B. ①③④
C. ②③④
D. ①②③④

参考答案与解析

1. 参考答案：A

考点：考查金融市场的功能之一：资金融通功能。

2. 参考答案：D

考点：考查商业信用融资的外延。一般企业间的商品赊销、预付定金、预付货款等属于融资方式中的商业信用融资。

3. 参考答案：C

考点：考查资本证券的分类。

4. 参考答案：C

考点：考查债券的票面要素。债券票面上的四个基本要素包括：债券的票面价值、债券的到期期限、债券的票面利率、债券发行者名称。

5. 参考答案：B

考点：考查债券按发行主体分类。根据发行主体的不同，债券可以分为政府债券、金融债券和公司债券。金融债券的期限以中期较为多见。

6. 参考答案：C

考点：考查债券与股票的区别。公司企业等一般都可以发行债券，但能发行股票的经济主体只有股份有限公司。

7. 参考答案：D

考点：考查金融债券的基本知识。金融债券的利率通常低于一般的企业债券，但高于风险更小的国债和银行储蓄存款利率。

8. 参考答案：B

考点：考查商业银行次级债券的定义。商业银行次级债券是指商业银行发行的、本金和利息的清偿顺序列于商业银行其他负债之后、先于商业银行股权资本的债券。

9. 参考答案：B

考点：考查可转换公司债券的相关知识。可转换公司债券一般要经股东大会或董事会的决议通过才能发行。

10. 参考答案：C

考点：考查公司债券的发行持续时间。

11. 参考答案：D

考点：考查资产证券化各个参与主体的主要职能。承销商为证券的发行进行促销，以帮助证券成功发行。服务机构对资产项目及其所产生的现金流进行监理和保管。

12. 参考答案：D

考点：考查记账式国债的招标发行要求。

13. 参考答案：D

考点：考查地方政府债券托管的相关要求。

14. 参考答案：B

考点：法定存款准备金率是以法律形式确定的商业银行缴存中央银行的存款占吸收存款的比例，它是中央银行控制货币供应量的最重要手段。超额存款准备金是商业银行准备金中超过法定的部分。

15. 参考答案：A

考点：考查货币乘数的公式。货币乘数指基础货币和货币供给之间的倍数。

16. 参考答案：D

考点：理论上的货币乘数简单表示为法定存款准备金的倒数，但是在存款货币创造过程中存在一系列漏出因素，选项 A、选项 B、选项 C 均为需要考虑的漏出因素，经过漏出因素的调整，才是完整的货币乘数。

17. 参考答案：C

考点：利用再贴现政策时，中央银行处于被动地位，即再贴现政策的效果取决于商业银行或其他金融机构对该措施的反应。

18. 参考答案：A

考点：约翰·格利和爱德华·肖在 20 世纪 50 年代提出了金融中介在储蓄－投资转化机制中的重要作用，揭示了金融与实体经济之间相互关联、彼此渗透的关系。

19. 参考答案：C

考点：实体经济和金融之间相辅相成、相互渗透，实体经济是根，金融是滋养实体经济的水分。实体经济发展水平和质量从根本上决定着金融发展水平和质量，实体经济发展不好，风险最后会集中反映在金融体系中，金融的健康发展可以促进经济增长；反之则不利于经济增长，金融产品的创新和复杂化，使得实体经济和金融的界限日益模糊，所以选项 A、选项 B 正确，选项 C 不正确，为保证经济的平稳运行和可持续发展，需要处理好金融发展和金融监管的关系，金融监管可以避免金融与实体经济发展的过分脱节。

20. 参考答案：D

考点：考查开放式基金的概念。

21. 参考答案：C

考点：考查特殊类型基金的不同概念。

22. 参考答案：B

考点：考查基金注册的有关规定。

23. 参考答案：C

考点：考查基金份额净值的计算。基金份额净值 = 基金资产净值/基金总份额。

24. 参考答案：C

考点：考查开放式基金的估值频率。

25. 参考答案：A

考点：考查按照基金的组织形式划分的契约型基金和公司型基金的区别。

26. 参考答案：B

考点：考查证券市场融资活动的特征。证券市场融资是一种强市场性的融资活动。投资者与发行人的股权和债权关系并不是凝结在最初的投资者和发行人之间的，而是可以随时转移的，投资者通过在市场上出售股票或债券，就可以将原来持有的股权或债权转让给他人。

27. 参考答案：D

考点：考查证券的发行主体。只有股份有限公司才能发行股票。

28. 参考答案：C

考点：考查人民币合格境外机构投资者相关规定。投资额度调整内容之一：明确不再对单家合格境外机构投资者的投资额度进行备案和审批。

29. 参考答案：C

考点：考查合格境内机构投资者相关规定。在 QDII 制度中，合格境内投资者应在每个会计年度结束后 4 个月内，向国家外汇管理局报送上一年度境外投资情况报告（包括投资额度使用情况、投资收益情况等）。

30. 参考答案：C

考点：考查资产管理计划概念。资产管理计划应当以非公开方式向合格投资者募集，证券期货经营机构、销售机构不得公开或变相公开募集资产管理计划，不得通过报刊、电台、电视、互联网等传播媒体或者讲座、报告会、传单、布告、自媒体等方式向不特定对象宣传具体资产管理计划。证券期货经营机构不得设立多个资产管理计划，同时投资于同一非标准化资产，以变相突破投资者人数限制或者其他监管要求。单一主体及其关联方的非标准化资产视为同一非标准化资产。任何单位和个人不得以拆分份额或者转让份额收（受）益权等方式，变相突破。

合格投资者标准或人数限制

31. 参考答案：D

考点：证券公司在向客户融资、融券前，应办理客户征信，了解客户身份、财产与收入状况、证券投资经验和风险偏好，并以书面和电子方式予以记载、保存。

32. 参考答案：D

考点：证券公司未能做到突出主业、稳健经营、诚实守信、勤勉尽责、资本约束或内控有力，不得设立私募基金子公司。证券公司应当以自有资金全资设立私募基金子公司，不得采用股份代持等其他方式变相与其他投资者共同出资设立私募基金子公司。每家证券公司设立的私募基金子公司原则上不超过 1 家。

33. 参考答案：B

考点：另类子公司不得向投资者募集资金开展基金业务，且不得下设任何机构。

34. 参考答案：C

考点：按照《关于调整证券资格会计师事务所申请条件的通知》的规定，会计师事务所申请证券资格的，需依法成立 5 年以上。

35. 参考答案：C

考点：考查证券投资者保护基金的来源。

36. 参考答案：C

考点：考查债券远期交易的期限。

37. 参考答案：C

考点：考查金融期货的主要交易制度。结算所实行的无负债的每日结算制度，就是以每种期货合约在交易日收盘前规定时间内的平均成交价作为当日结算价，与每笔交易成交时的价格作对照，计算每个结算所会员账户的浮动盈亏，进行随市清算。

38. 参考答案：B

考点：考查金融期货的主要交易制度。注意不同概念的区分。

39. 参考答案：C

考点：债券的利息来源于税前。

40. 参考答案：C

考点：考查首次公开发行简称的写法。

41. 参考答案：C

考点：最近三年以现金方式累计分配的利润不少于最近三年实现的年均可分配利润的30%。

42. 参考答案：C

考点：除金融类企业外，本次募集资金使用不得将持有交易性金融资产和可供出售金融资产借予他人，或进行委托理财等财务性投资，不得直接或间接投资于以买卖有价证券为主要业务的公司。

43. 参考答案：C

考点：考查指令驱动的特点：证券交易价格由买方和卖方的力量直接决定；投资者买卖证券的对手是其他投资者。

44. 参考答案：A

考点：融券交易是一种卖空交易。

45. 参考答案：B

考点：考查对深交所托管制度的了解。

46. 参考答案：B

考点：沪深300指数为大中盘指数。

47. 参考答案：A

考点：考查市净率的含义。

48. 参考答案：A

考点：考查对企业自由现金流的理解。

49. 参考答案：A

考点：考查风险识别的分类。

50. 参考答案：D

考点：考查风险应急计划的概念。

51. 参考答案：A

考点：考查伦敦证券交易所的市场划分。

52. 参考答案：D

考点：考查全球金融体系的主要参与者。

53. 参考答案：B

考点：考查中国香港金融监管机构内容。

54. 参考答案：A

考点：考查储蓄国债（电子式）与记账式国债的不同之处。二者不同之处在于：发行对象不同；发行利率确定机制不同；流通或变现方式不同；记账式国债二级市场交易价格是由市场决定的，到期前市场价格（净价）有可能高于或低于发行面值，而储蓄国债（电子式）在发行时就对提前兑取条件进行了规定。

55. 参考答案：B

考点：考查公司债券的分类。按不同的标准，公司债券可以划分为很多种类。

56. 参考答案：B

考点：考查债贷组合的定义。

57. 参考答案：D

考点：考查地方政府一般债券的相关内容。

58. 参考答案：D

考点：考查政策性银行发行金融债券的条件。

59. 参考答案：C

考点：考查公司债券的相关内容。

60. 参考答案：C

考点：考查债券利息的支付方式。

61. 参考答案：A

考点：考查债券评级的内涵。

62. 参考答案：C

考点：考查询价交易方式的步骤。

63. 参考答案：D

考点：考查公司债券的发行主体。公司债券的发行主体不包括上市公司。

64. 参考答案：A

考点：技术因素对我国金融市场运行的影响包括以下三个方面：第一，信息技术有力地刺激了金融创新；第二，信息技术使披露更加及时，增强了金融机构的透明性，改变了金融监管的方式；第三，信息技术的广泛应用促使全球统一金融市场的形成，国际金融市场和国内金融市场界限日益模糊。技术只是辅助性因素并不是决定因素。所以③④说法不正确，予以排除。

65. 参考答案：B

考点：借款负债的渠道主要包括向中央银行借款、同业借款、回购协议以及国外市场借款等。商业银行负债业务包括自有资金、存款负债、借款负债。

66. 参考答案：A

考点：宏观审慎监管与货币政策联系紧密，目标中均包含稳定宏观经济；宏观审慎监管是控制过度资产负债表收缩导致的社会成本的监管努力，而资产负债表的传导渠道正是货币政策传导的重要渠道，①②正确。二者在功能和目标上也存在区别，表现在：货币政策难以有效维护金融稳定，需要宏观审慎监管的补充，宏观审慎监管的使用可以有效帮助货币政策集中注意力于价格和产出上。因此，③④表述不正确。

67. 参考答案：B

考点：2015 年 7 月，中国证监会发布的《场外证券业务备案管理办法》中明确指出，全国中小企业股份转让系统不属于场外交易市场。③错误。

68. 参考答案：A

考点：创业板市场的功能主要体现在两个方面：一是在风险投资机制中的作用，即承担风险资本的退出窗口作用；二是作为资本市场所固有的功能，包括优化资源配置、促进产业升级等作用。

69. 参考答案：D

考点：中小企业板块的总体设计原则可以概括为“两个不变”和“四个独立”，其中，“四个独立”指运行独立、监察独立、代码独立和指数独立。②检查独立表述错误，应改为“监察独立”。

70. 参考答案：C

考点：考查私募基金的特点，私募基金的投资金额高，风险较大。

71. 参考答案：D

考点：考查 ETF 的最小申购、赎回份额的界定。

72. 参考答案：D

考点：考查基金的募集所需要具备的条件。

73. 参考答案：B

考点：考查基金募集申请所需要的文件，注意招募说明书草案即可。

74. 参考答案：D

考点：考查开放式基金赎回费用的缴纳。

75. 参考答案：D

考点：证券公司可以采取协议、报价等方式发行、销售与转让私募产品，除法律法规另有规定外，证券公司不可以采用集中竞价方式发行、销售与转让私募产品，②错误；投资者在柜台市场交易私募产品，证券公司应当为其开立产品账户，③表述错误；证券公司开展托管业务应有相应的风险应对措施。

76. 参考答案：D

考点：考查证券公司的法定业务。参看《证券法》的规定。

77. 参考答案：C

考点：考查个人投资者风险类型。

78. 参考答案：D

考点：考查证券经纪业务的分类，证券经纪业务分为柜台代理买卖证券业务和通过证券交易所代理买卖证券业务。

79. 参考答案：D

考点：我国《证券法》规定，投资咨询机构及其从业人员从事证券服务业务不得有下列行为：（1）代理委托人从事证券投资；（2）与委托人约定分享证券投资收益或者分担证券投资损失；（3）买卖本咨询机构提供服务的上市公司股票；（4）利用传播媒介或者通过其他方式提供、传播虚假或者误导投资者的信息。

80. 参考答案：A

考点：为加强对证券服务机构的管理，我国《证券法》授予证券监督管理机构对证券服务机构的监督权和现场检查权。

81. 参考答案：D

考点：考查证券交易所监事会职能。

82. 参考答案：D

考点：考查证券投资者保护基金公司设立的意义。

83. 参考答案：B

考点：考查我国证券市场的监管体系。我国证券市场经过20多年的发展，逐步形成了以国务院证券监督管理机构、国务院证券监督管理机构的派出机构、证券交易所、行业协会和证券投资者保护基金为一体的监管体系和自律监管体系。

84. 参考答案：A

考点：考查与金融现货交易相比，金融期货的特征，除上述几项外还包括结算方式不同。

85. 参考答案：B

考点：考查金融期货交易与普通远期交易之间存在的区别。

86. 参考答案：A

考点：按基础工具划分，金融期货主要有三种类型：外汇期货、利率期货、股权类期货。本题主要考查利率期货相关知识。

87. 参考答案：C

考点：信息披露的主体不仅包括证券发行人、证券交易者，还包括证券监管者。

88. 参考答案：D

考点：考查合格境外机构投资者的投资范围。参照《合格境外机构投资者境内证券投资管理办法》的规定。

89. 参考答案：A

考点：考查股票的性质：有价证券、要式证券、证权证券、资本证券、综合权利证券。

90. 参考答案：B

考点：企业利润应当先缴纳所得税，再进行分配，分配顺序为：弥补亏损、提取法定盈余公积、提取任意盈余公积、分配股利。

91. 参考答案：D

考点：相对于普通股，优先股二级市场股价波动较小，利差也较小；如有约定，优先股股东可如约将股票回售给公司。

92. 参考答案：D

考点：按照投资主体的不同，可以把股票划分为国家股、法人股、社会公众股、外资股等不同类型。

93. 参考答案：C

考点：保荐人的保荐责任期包括发行上市全过程和发行上市后一段时间。

94. 参考答案：B

考点：考查股票退市制度的意义。

95. 参考答案：C

考点：考查公司经营状况和股票价格的关系。从理论上分析，公司经营状况与股票价格正相关。

96. 参考答案：A

考点：考查影响股价变动的其他因素；战争，政治事件，重大政策的出台，发展规划的制订，重要法规的颁布，国家、地区之间政治经济的变化和不可预料及不可抵抗的自然灾害或不幸事件。

97. 参考答案：B

考点：考查利用股权自由现金流模型对股票进行估值的计算公式。

98. 参考答案：C

考点：考查股票的相对估值法中各方法的优缺点。

99. 参考答案：D

考点：考查信用风险构成要素。

100. 参考答案：A

考点：考查买卖价差法。

《金融市场基础知识》模拟试卷五

一、选择题（共50题，每题1分，共50分。以下各选项中，只有一项符合题目要求，不选、错选均不得分）

1. 直接融资的特点不包括以下（　　）。

A. 直接性　　B. 分散性

C. 融资信誉有较大的差异性　　D. 可逆性

2. 将金融市场划分为证券市场和非证券市场的标准是（　　）。

A. 交易工具　　B. 发行流通性质

C. 交割方式　　D. 金融资产的种类

3. 金融期货、可转换证券等属于（　　）。

A. 商品证券　　B. 货币证券

C. 资本证券　　D. 商业证券

4. 习惯上，将企业债券划分为（　　）和（　　）两种。

A. 城投债企业债券　集合类企业债券

B. 城投债企业债券　项目收益债券

C. 可续期债券　项目收益债券

D. 可续期债券　集合类企业债券

5. 属于无担保证券范畴，不以公司任何资产作担保而发行的债券被称为（　　）。

A. 收益公司债券　　B. 可转换公司债券

C. 不动产抵押公司债券　　D. 信用公司债券

6. 下列关于证券公司次级债说法有误的是（　　）。

A. 证券公司次级债的清偿顺序在普通债之后

B. 次级债务和次级证券为证券公司同一清偿顺序的债务

C. 证券公司次级债券只能以非公开方式发行

D. 证券公司次级债分为短期次级债、中期次级债和长期次级债

7. 商业银行公开发行次级债券应具备的条件不包括下列（　　）。

A. 实行贷款五级分类

B. 最近三年没有重大违法、违规行为

C. 核心资本充足率不低于4%

D. 贷款损失准备计提充足

8. 关于储蓄国债（电子式）的说法错误的是（　　）。

A. 针对个人投资者，同时也向机构投资者发行

B. 采用实名制，不可流通转让

C. 收益安全稳定，由财政部负责还本付息，免缴利息税

D. 付息方式较为多样

9. 有关私募债券的发行对象，说法有误的是（　　）。

A. 私募公司债的发行对象为合格投资者

B. 私募债券可以采取公开制度向合格投资者发行债券

C. 私募公司债每次发行对象不得超过200人

D. 私募债券募集对象为有限数量的专业投资机构

10. 地方政府专项债券的规模（　　）。

A. 可自行决定

B. 不得超过财政部确定的本地区专项债券规模

C. 不得超过国务院确定的本地区专项债券规模

D. 不得超过国务院确定的本地区债券规模

11. 企业集团财务公司发行金融债券前一年，注册资本金不低于（　　）。

A. 1亿元　　B. 2亿元

C. 3亿元　　D. 5亿元

12. 有限责任公司和其他类型企业公开发行企业债券必须满足净资产额不低于（　　）。

A. 1 000万元　　B. 3 000万元

C. 6 000万元　　D. 8 000万元

13. 现券交易也可以被称为债券的（　　），是指证券买卖双方在成交后就办理交收手续，买入者付出资金并得到证券，卖出者交付证券并得到资金。

A. 回购交易　　B. 远期交易

C. 即期交易　　D. 市场交易

14. 关于消费者信用控制的主要内容，下列说法错误的是（　　）。

A. 主要针对各种耐用消费品的销售融资

B. 规定了分期付款的最长期限

C. 规定了分期付款第一次付款的最低金额

D. 以不动产最为明显

15. 下列关于我国金融市场监管体制的演变，表述正确的是（　　）。

A. 第一阶段的特征为中国人民银行集中统一监管

B. 第二阶段最大的特征是“一行三会”体制成型

C. 第三阶段分业监管起步

D. 第四阶段开始于2008年的国际金融危机

16. 以下关于我国金融业主要行业的基本情况，不正确的是（　　）。

A. 大型商业银行在资产规模、资金来源和网点布局上占有主导地位

B. 证券业传统业务面临激烈的同质化竞争

C. 在分业监管体系下，相较于银行业和证券业，信托业务的融资活动灵活性不具有优势

D. 股份制银行资产规模增长较快

17. 私募基金不能进行公开的发售和宣传推广，投资金额要求高，投资者的资格和人数常常受到严格的限制，以下关于私募基金合格投资者的说法正确的是（　　）。

A. 合格投资者需要具备相应的风险识别和风险承担能力，投资于单只私募基金的金额不能低于50万元

B. 净资产不低于1 000万元的单位

C. 金融资产不低于200万元的个人

D. 最近两年年均收入不低于50万元的个人

18. 在我国境内，以非公开方式向投资者募集资金设立的投资基金指（　　）。

A. 区域性股权市场　　B. 券商柜台市场

C. 机构间私募产品报价与服务系统　　D. 私募基金市场

19. 机构间私募产品报价与服务系统的管理机构是（　　）。

A. 原中国银监会　　B. 中央银行

C. 中国证券业协会　　D. 原中国保监会

20. 封闭式基金有固定的存续期，通常在5年以上，一般为10年或15年，经（　　）通过并经监管机构同意可适当延长期限。

A. 中国证监会　　B. 持有人大会

C. 证券交易所　　D. 基金行业自律组织

21. 证券投资基金在我国的发展可分为四个阶段，1998 ~ 2003 年属于（　　）。

A. 早期探索阶段　　B. 规范发展阶段

C. 创新发展阶段　　D. 稳步发展阶段

22. 基金管理人应当自募集期限届满之日起 10 日内聘请法定验资机构验资，向中国证监会提交验资报告。基金备案自（　　）之日起，基金合同生效。

A. 中国证监会书面确认　　B. 基金募集期限届满

C. 聘请法定验资机构　　D. 提交验资报告

23. 基金的募集期限自基金份额发售日开始计算，募集期限不得超过（　　）。

A. 1 个月　　B. 2 个月

C. 3 个月　　D. 5 个月

24. 根据《证券投资基金法》的规定，我国基金资产估值的责任人是（　　）。

A. 基金持有人　　B. 基金管理人

C. 基金托管人　　D. 基金投资者

25. 在证券投资基金运作的三大部分中，处于核心作用的是（　　），其他活动都围绕和服务于这一核心活动。

A. 基金的市场营销　　B. 基金的会计核算

C. 基金的投资管理　　D. 基金的后台管理

26. 下列关于企业（公司）融资表述错误的是（　　）。

A. 企业（公司）直接融资活动主要有股票融资和债券融资两种形式

B. 发行股票是企业（公司）补充流动资金的重要手段

C. 上市公司是指其股票在证券交易所上市交易的股份有限公司

D. 首次公开发行，是指拟上市公司首次面向不特定的社会公众投资者公开发行股票募集资金并上市的行为

27. 合格境内机构投资者，是指经一国金融管理当局审批通过、获准直接投资境外股票或者债券市场的国内机构投资者，在一定规定下通过（　　）形式募集一定额度的人民币资金。

A. 基金　　B. 股票

C. 债券　　D. 证券

28.《证券期货投资者适当性管理办法》在代销机构的适当性管理方面进行了统一的要求，代销机构必须符合三方面要求才能够代销相关产品，不包括（　　）。

A. 需要具备代销产品的资格

B. 需要具备落实适当性义务要求的能力

C. 需要具备一定数量的净资产

D. 应当严格执行管理人对委托产品的适当性管理标准和要求

29. 关于证券经纪业务的表述正确的是（　　）。

A. 不可以通过证券交易所代理买卖证券业务

B. 经纪委托关系的建立表现为开户和委托两个环节

C. 经纪关系的建立形成实质上的委托关系

D. 我国证券公司从事的证券经纪业务以证券公司的柜台代理买卖证券业务为主

30. 证券公司甲欲设立一家私募基金子公司乙，一家另类子公司丙。乙公司根据税收、政策、监管等需求欲设立基金管理机构丁，下列甲、乙、丙、丁的做法正确的是（　　）。

A. 甲未经注册地中国证监会派出机构审批设立了乙公司

B. 乙持有丙 45% 的股权，但不拥有管理控制权

C. 丙根据监管需求欲设立特殊目的机构戊

D. 丁不得成为对所投资企业的债务承担连带责任的出资人

31. 按照《关于调整证券资格会计师事务所申请条件的通知》的规定，会计师事务所申请证券资格的，会计师事务所注册会计师不少于 200 人，其中最近 5 年持有注册会计师证书且连续执业的不少于（　　）人，且每一注册会计师的年龄均不超过（　　）周岁。

A. 120　65　　B. 120　60

C. 100　65　　D. 100　60

32. 证券市场参与者进行发行和交易决策的重要依据是（　　）。

A. 完善的证券市场体系　　B. 证券市场良好的秩序

C. 准确和全面的信息　　D. 证券市场监管机构的合理监管

33. 按照《证券法》，国务院证券监督管理机构依法履行职责，无权采取下列（　　）措施。

A. 查询当事人和与被调查事件有关的单位和个人的资金账户、证券账户和银行账户；对有证据证明已经或者可能转移或者隐匿违法资金、证券等涉案财产

或者隐匿、伪造、毁损重要证据的，无须经国务院证券监督管理机构主要负责人批准，可以冻结或者查封

B. 有权进入涉嫌违法行为发生场所调查取证

C. 查阅、复制当事人和与被调查事件有关的单位和个人的证券交易记录、登记过户记录、财务会计资料及其他相关文件和资料；对可能被转移、隐匿或者毁损的文件和资料，可以予以封存

D. 查阅、复制与被调查事件有关的财产权登记、通信记录等资料

34. 在 QDII 制度中，基金、集合计划不得购买证券用于控制和影响发行该证券的机构或管理层，同一境内机构投资管理的全部基金、集合计划不得持有同一机构（　　）以上具有投票权的证券发行总量，指数基金可以不受上述限制。

A. 5%　　B. 10%

C. 15%　　D. 20%

35. 关于证券账户、结算账户的设立与管理，表述错误的是（　　）。

A. 投资者可以直接在证券登记结算公司开立结算账户

B. 投资者在从事证券交易之前，必须向证券登记结算公司提交有关开户资料，开立证券账户后，才可以从事证券交易

C. 投资者通过证券账户持有证券，证券账户用于记录投资者持有证券余额及其变动情况

D. 通常由证券公司等开户代理机构代理证券登记结算公司为投资者开立证券账户

36. 中国金融期货交易所首个股票指数期货合约为（　　）。

A. 沪深 300 股指期货合约　　B. 中证 500 股指期货合约

C. 上证 50 股指期货合约　　D. 10 年期国债期货合约

37. 按照《中国金融期货交易所交易规则》及相关细则，股指期货合约的每日最大波动限制为（　　）。

A. 上一交易日最高价的 ±10%　　B. 上一交易日结算价格的 ±10%

C. 上一交易日最高价的 ±2%　　D. 上一交易日结算价格的 ±2%

38. 按照《中国金融期货交易所交易规则》及相关细则，对于沪深 300 股指期货合约，进行投机交易的客户某一合约单边持仓限额为（　　）手。

A. 600　　B. 1 200

C. 2 000　　D. 5 000

39. 经济学中有"不要把鸡蛋放在一个篮子里"的说法，李某对自己的收入进行理财，购入了国债、基金、保险和证券，并将一部分资金存入银行，李某上

述行为体现的是股票的（　　）特征。

A. 流动性　　B. 参与性

C. 风险性　　D. 永久性

40. 相较于优先股，可转换债券不具有下列（　　）特点。

A. 可赎回期限固定　　B. 可转换为普通股股票

C. 收益相对固定　　D. 转股后收益税后分配

41. 相对于优先股，永续债独有的特点不包括（　　）。

A. 清偿顺序优先　　B. 利息税前扣除

C. 无管理决策权　　D. 无固定赎回期限

42. 在（　　）制度下，发审委需要对发行申请人进行实质审查，既要行使行政权力，又要做出商业判断。

A. 保荐　　B. 审批

C. 推荐　　D. 发审委

43. 首次公开发行股票采用询价方式定价的说法，错误的是（　　）。

A. 网下投资者的报价应当包含每股价格和该价格对应的拟申购股数

B. 网下投资者应当给出三个不同报价供主承销商参考

C. 网下机构和个人投资者可以自主决定是否报价

D. 网下投资者不得协商报价

44. 以下（　　）交易机制的特点是能够在交易过程中反映更多的市场价格信息。

A. 定期交易　　B. 连续交易

C. 指令驱动　　D. 报价驱动

45. 参与上海证券交易所证券买卖的投资者必须事先指定一家会员作为其买卖证券的受托人，通过该会员参与上海证券交易所市场证券的买卖，这种制度被称为（　　）。

A. 会员制　　B. 托管制

C. 全面指定交易制　　D. 存管制

46. 根据行业周期理论，任何行业都会经历（　　）、（　　）、（　　）、（　　）四个阶段。

A. 幼稚期　成熟期　成长期　衰退期

B. 衰退期　成长期　成熟期　幼稚期

C. 幼稚期　成长期　成熟期　衰退期

D. 成长期　幼稚期　成熟期　衰退期

47. A 公司的每股市价为 8 元，每股净资产为 4 元，则 A 公司的市净率倍数为（　　）。

A. 0.5　　B. 1

C. 2　　D. 4

48. 从理论上讲，净资产和股价之间的关系是（　　）。

A. 净资产增加，股价下降

B. 净资产增加，股价上升

C. 净资产增加，股价可能上升，也可能下降

D. 净资产增加，股价不变

49. 按照风险因素划分，金融风险不包括（　　）。

A. 经济风险　　B. 市场风险

C. 信用风险　　D. 流动性风险

50. （　　）是指在交易中需要迅速而且大规模地买进或者卖出证券，不能按照预定价位成交而多支付的成本。

A. 买卖价差法　　B. 有效价差

C. 冲击成本　　D. 资产流动性风险

二、组合型选择题（共 50 题，每题 1 分，共 50 分。以下各选项中，只有一项符合题目要求，不选、错选均不得分）

51. 国际短期资金流动的类型包括（　　）。

①国际直接投资　　②国际间接投资

③贸易资金流动　　④保值性资金流动

A. ①②　　B. ①④

C. ①③　　D. ③④

52. 从 LIBOR 的取样和计算方式来看，它具有的特点是（　　）。

①主观性　　②客观性

③反映交易意愿的利率　　④实际发生的利率

A. ①②　　B. ①③

C. ②④　　D. ②③

53. 伦敦证券交易所主板上市按照板块不同，可以划分为（　　）。

①高级上市　　②标准上市

③普通上市　　④高成长板块上市

A. ①②③　　B. ①③④

C. ①②④　　D. ②③④

54. 附认股权证的公司债券的购买者可以按预先规定的条件在公司发行股票时享有优先购买权。“预先规定的条件”主要是指（　　）。

①股票的购买价格　　②认购比例

③认购期间　　④认购金额

A. ①②③　　B. ①②③④

C. ①③④　　D. ②③④

55. 与现券交易相比，远期交易的特点主要表现在以下（　　）方面。

①远期交易买卖双方必须签订远期合同

②远期交易的买卖双方进行商品交收或交割的时间至达成交易的时间，通常有较长的时间间隔

③远期交易往往要通过正式谈判，双方达成一致意见签订合同才算成立

④远期交易存在价格风险，价格会随着时间的推移而变动

A. ①②③　　B. ①③④

C. ①②④　　D. ①②③④

56. 在证券交易所内，债券成交就是要使买卖双方在价格和数量上达成一致。这一程序必须遵循特殊的原则，又被称为竞价原则。这种竞价原则的主要内容是（　　）。

①价格优先　　②时间优先

③客户委托优先　　④合同优先

A. ①②③　　B. ①③④

C. ①②④　　D. ①②③④

57. 评级小组撰写的信用评级报告和工作底稿须经过（　　）的审核。

①评级小组负责人初审　　②部门负责人再审

③评级总监三审　　④评级组内终审

A. ①②③　　B. ①③④

C. ①②④　　D. ①②③④

58. 因为债券筹资的筹资数额巨大，所以对发行主体的资信评级是必不可少的一个环节。评级的主要内容包括（　　）。

①企业素质　　②经营能力

③获利能力　　④偿债能力

A. ①②③　　B. ①③④

C. ①②④　　D. ①②③④

59. 目前，可进行跨市场转托管的债券是（　　）。

①附息国债　②公司债

③企业债　④地方债

A. ①②③　B. ①③④

C. ①②④　D. ①②③④

60. 下列关于资产证券化兴起的经济动因的说法，不正确的有（　　）。

①资产证券化最基本的功能是融资

②资产证券化可以解决资产和负债的不匹配

③资产证券化交易中的证券一般都是单一品种

④资产证券化产品的风险权重比基础资产本身的风险权重高

A. ①②③④　B. ①②④

C. ①③④　D. ②③④

61. 我国非金融企业债务融资工具的种类有（　　）。

①短期融资券　②中期票据

③非公开定向债务融资工具　④中小非金融企业集合票据

A. ①②③　B. ①②③④

C. ①②④　D. ②③④

62. 证券公司目前可以发行的债券品种包括（　　）。

①证券公司普通债券　②证券公司短期融资券

③证券公司次级债券　④证券公司次级债务

A. ①②③　B. ①②③④

C. ①③④　D. ②③④

63. 政府债券的特征包括（　　）。

①安全性高　②流通性强

③收益稳定　④免税待遇

A. ①②③④　B. ①②③

C. ①②④　D. ②③④

64. 国际经验表明，增强经济金融结构弹性的重要举措之一是保持一个平衡，这个平衡是（　　）。

①直接融资　②间接融资

③银行贷款　④民间融资

A. ①②　B. ②④

C. ③④　D. ①④

65. 外汇市场发展与汇率市场化改革、资本开放进程、人民币国际化齐头并进，相辅相成，以下关于外汇市场表述正确的是（　　）。

①人民币外汇市场包括在岸市场和离岸市场

②银行间外汇市场交易方式分为竞价和询价两种，其中竞价交易占主导地位

③我国银行间外汇市场完整形成了具备价格发现、风险管理和配置资源功能的场所

④我国的外汇市场交易工具包括即期、远期和掉期等类型

A. ①②　　　　B. ②③

C. ①④　　　　D. ③④

66. 收入政策目标包括（　　）。

①收入总量目标　　　　②收入功能目标

③收入效率目标　　　　④收入结构目标

A. ①②　　　　B. ②③

C. ③④　　　　D. ①④

67. 经济高质量发展阶段如何增强金融服务实体经济的能力（　　）。

①守住不发生非系统性金融风险的底线，宏观和微观管控结合

②健全多层次资本市场体系，补齐各类金融市场的短板

③深化金融监管体制改革

④管控好金融的高杠杆率和流动性风险

A. ①②③　　　　B. ①②④

C. ②③④　　　　D. ①③④

68. 按照中央银行对货币政策的影响力、影响速度及施加影响的方式，货币政策目标可划分为（　　）。

①最终目标　　　　②底层目标

③中介目标　　　　④操作目标

A. ①②③　　　　B. ①②④

C. ②③④　　　　D. ①③④

69. 以下关于券商柜台市场说法，正确的是（　　）。

①证券公司可以采取协议、报价等方式发行、销售与转让私募产品

②证券公司可以采用集中竞价方式发行、销售与转让私募产品

③投资者可以自己独立开立产品账户

④证券公司开展托管业务应有相应的风险应对措施

A. ①②　　　　B. ②④

C. ③④　　D. ①④

70. 关于个人投资者投资基金的税收问题，以下说法正确的有（　　）。

①个人投资者买卖基金份额免征增值税

②个人投资者买卖基金份额暂免征收印花税

③个人投资者申购和赎回基金份额取得的差价收入，暂不征收个人所得税

④个人投资者从基金分配中获得的收入，暂不征收个人所得税

A. ①②③　　B. ①②④

C. ①③④　　D. ①②③④

71. 首次募集信息披露主要包括基金份额发售前至基金合同生效期间进行的信息披露。在基金份额发售前，基金管理人需要编制并披露（　　）。

①基金合同　　②基金招募说明书

③基金净值公告　　④基金份额发售公告

A. ①②③　　B. ①②④

C. ①③④　　D. ①②③④

72. 基金运作信息披露文件包括（　　）。

①基金份额上市交易公告书　　②基金份额发售公告

③基金净值公告　　④基金定期报告

A. ①②③　　B. ①②④

C. ①③④　　D. ①②③④

73. 关于机构投资者买卖基金产生的税收，下列说法正确的有（　　）。

①机构投资者购入基金、信托、理财产品等各类资产管理产品持有至到期，属于金融商品转让，计征增值税

②机构投资者买卖基金份额暂免征收印花税

③机构投资者在境内买卖基金份额获得差价收入，应并入企业的应纳税所得额，征收企业所得税

④机构投资者从基金分配中获得的收入，暂不征收所得税

A. ①②③　　B. ①②④

C. ①③④　　D. ②③④

74. 为了防止信息误导给投资者造成损失，保护公众投资者的合法权益，维护证券市场的正常秩序，法律法规对借公开信息披露基金信息为名编制、传播虚假基金信息，恶意进行信息误导，诋毁同行或竞争对手等行为做出了禁止性规定。具体包括下列（　　）情形。

①禁止进行虚假记载、误导性陈述或者重大遗漏

②禁止对基金的证券投资业绩进行预测

③禁止违规承诺收益或承担损失

④禁止诋毁其他基金管理人、托管人或者基金销售机构

A. ①②③　　B. ①②④

C. ①③④　　D. ①②③④

75. 以下关于开放式基金的说法，错误的有（　　）。

①开放式基金有发行规模的限制

②开放式基金的买卖价格受市场供求关系的影响

③开放式基金的投资者可以提出申购或赎回申请

④开放式基金的业绩表现不会影响投资者的投资策略

A. ①②③　　B. ②③④

C. ①②④　　D. ①③④

76. 证券市场融资活动的特点主要有（　　）。

①证券市场是一种直接融资

②证券市场融资是一种强市场的融资活动

③证券市场融资是在由各种证券中介机构组成的证券中介服务体系的支持下完成的

④证券公司可以作为证券市场融资活动的权利义务主体

A. ①②③　　B. ②③④

C. ①②④　　D. ①③④

77. 2004 年，国务院在《国务院关于推进资本市场改革开放和稳定发展的若干意见》中指出，“要培养一批诚信、守法、专业的机构投资者，使（　　）为主的机构投资者成为资本市场的主导力量”。

①基金管理公司　　②保险公司

③QFII　　④信托基金公司

A. ①②　　B. ①③

C. ②③　　D. ②④

78. 按照《商业银行法》的规定，除国家另有规定外，商业银行等银行业金融机构在中国境内不得从事的业务有（　　）。

①从事信托投资业务　　②从事证券经营业务

③向非自用不动产投资　　④向非银行金融机构和企业投资

⑤利用自有资金买卖债券

A. ①②③④　　B. ②③④⑤

C. ①②③⑤　　D. ①②③④⑤

79. 基金类投资者包括（　　）。

①证券投资基金　　②社保基金

③企业年金　　④社会公益基金

A. ①③④　　B. ①②③

C. ②③④　　D. ①②③④

80. 按照《金融产品和服务零售领域的客户适当性》给出的定义，投资者适当性需要考虑中间人（金融中介机构）所提供的金融产品或服务与客户（　　）方面的契合度。

①财务状况　　②风险承受水平

③投资目标　　④财务需求

⑤知识和经验

A. ①②③　　B. ①③④⑤

C. ②③④⑤　　D. ①②③④⑤

81. 在与客户签订资产管理合同前，证券公司应当（　　）。

①按照规定程序了解客户的情况

②审慎评估客户的诚信状况、客户对产品的认知水平和风险承受能力

③向客户进行充分的风险揭示

④将风险揭示书交客户签字确认

A. ①②③　　B. ①②④

C. ①③④　　D. ①②③④

82. 我国证券市场的监管目标是（　　）。

①保护投资者利益，保障合法的证券交易活动，监督证券中介机构

②根据国家宏观经济管理的需要，运用灵活多样的方式，调控证券市场与证券交易规模，引导投资方向，使之与经济发展相适应

③防止人为操纵、欺诈等不法行为，维持证券市场的正常秩序

④运用和发挥证券市场机制的积极作用，限制其消极作用

A. ①②③　　B. ①②③④

C. ①②④　　D. ②③④

83. 下列关于证券公司开展融资融券业务的说法，正确的是（　　）。

①证券公司开展融资融券业务，必须经中国证监会批准

②证券公司向客户融资、融券，应当向客户收取一定比例的保证金，保证金可以证券充抵

③证券公司应当逐月计算客户交存的担保物价值与其所欠债务的比例

④证券公司经营融资融券业务，应当以自己的名义在商业银行分别开立融券专用证券账户、客户信用交易担保证券账户、信用交易证券交收账户和信用交易资金交收账户

A. ①②　　B. ①②③

C. ①②④　　D. ①②③④

84. 下列关于设立私募基金子公司的说法，正确的是（　　）。

①每家证券公司设立的私募基金子公司原则上不超过1家

②私募基金子公司及其下设基金管理机构将自有资金投资于本机构设立的私募基金的，对单只基金的投资金额不得超过该只基金总额的20%

③私募基金子公司及其下设特殊目的机构可对外提供担保和贷款

④私募基金子公司及其下设特殊目的机构不得成为对所投资企业的债务承担连带责任的出资人

A. ①②③　　B. ①②④

C. ①③④　　D. ②③④

85. 下列（　　）属于申请证券评级业务许可的资信评级机构应当具备的条件。

①具有证券从业资格的评级从业人员不少于20人，其中包括具有3年以上资信评级业务经验的评级从业人员不少于10人，具有中国注册会计师资格的评级从业人员不少于3人

②具有健全且运行良好的内部控制机制和管理制度

③最近五年未受到刑事处罚，最近三年未因违法经营受到行政处罚，不存在因涉嫌违法经营、犯罪正在被调查的情形

④最近三年在税务、工商、金融等行政管理机关以及自律组织、商业银行等机构无不良诚信记录

A. ①②③　　B. ①②④

C. ②③④　　D. ①②③④

86. 关于利率期货，下列说法正确的有（　　）。

①利率期货主要是为了规避利率风险而产生的。固定利率有价证券的价格受到现行利率和预期利率的影响，价格变化与利率变化一般为反向关系

②以国债期货为主的债券期货是各主要交易所最重要的利率期货品种

③在国债期货暂停交易18年之后，中国金融期货交易所于2013年9月6日首次上市交易了5年期国债期货合约

④常见的参考利率包括国债利率、伦敦银行间同业拆放利率、香港银行间同业拆放利率、联邦基金利率等

A. ①②③④　　B. ①②③

C. ①③④　　D. ②③④

87. 关于股权类期货，下列说法正确的有（　　）。

①股票价格指数期货是以股票价格指数为基础变量的期货交易，是为适应人们控制股市风险，尤其是系统性风险的需要而产生的

②事实上，股票期货均实行现金交割，买卖双方只需要按规定的合约乘数乘以价差，盈亏以现金方式进行交割

③所有上市交易的股票均有期货交易

④股票组合的期货是金融期货中最新的一类，是以标准化的股票组合为基础资产的金融期货

A. ①②③④　　B. ①②④

C. ①③④　　D. ②③④

88. 金融期货的基本功能包括（　　）。

①套期保值功能　　②价格发现功能

③投机功能　　④套利功能

A. ①②③④　　B. ②③④

C. ①②③　　D. ①②④

89. 国家股从资金来源上主要有（　　）。

①财政部门的预算拨款补助

②现有国企改组股份公司时所拥有的净资产

③代表国家投资的政府部门进行的投资

④代表国家投资的投资公司进行的投资

A. ①②③　　B. ①③④

C. ②③④　　D. ①②④

90. 有限售条件股份包括（　　）。

①国家持股　　②外资持股

③国有法人持股　　④其他内资持股

A. ②④　　B. ①③④

C. ①②③　　D. ①②③④

91. 按照中国证监会发布的《上市公司证券发行管理办法》，要求主板（中小企业板）上市的上市公司组织机构健全、运行良好，符合下列规定的是

（　　）。

①公司内部控制制度健全

②现任董事、监事和高级管理人员具备任职资格

③最近 12 个月内未受到中国证监会的行政处罚

④最近 12 个月内未受到证券交易所的公开谴责

⑤最近 12 个月内不存在违规对外提供担保的行为

A. ①②　　B. ①②③④

C. ①②③⑤　　D. ①②④⑤

92. 证券账户的子账户包括（　　）。

①人民币普通股票账户　　②人民币特种股票账户

③全国中小企业股份转让系统账户　　④封闭式基金账户

⑤开放式基金账户

A. ①②③④⑤　　B. ①②③④

C. ①②③⑤　　D. ①②④⑤

93. 股票价格指数的编制方法主要包括（　　）。

①算数平均法　　②几何平均法

③加权平均法

A. ①②③　　B. ①②

C. ②③　　D. ①③

94. 在分析影响股票价格的公司经营状况因素时，可以从以下（　　）方面进行分析。

①公司治理水平与管理层质量　　②产业竞争结构

③财务状况　　④货币政策

A. ①③　　B. ②④

C. ①④　　D. ②③

95. 股票投资分析的基本分析法，其假设是（　　）。

①股票的价值决定价格　　②股票的价格决定价值

③股票的价格围绕价值波动　　④股票的价值围绕价格波动

A. ①③　　B. ②④

C. ①④　　D. ②③

96. 采用几何平均法编制股票价格指数的有（　　）。

①伦敦金融时报指数　　②沪深 300 指数

③美国价值线指数　　④道琼斯指数

A. ①②③
B. ①②
C. ②③
D. ①③

97. 可能影响上市公司未来收益，引起股票内在价值变化的因素包括（　　）。

①经济形势的变化
②宏观经济政策的调整
③账面价值的变化
④供求关系的变化

A. ①②③
B. ②③④
C. ①③④
D. ①②④

98. 一个国家或地区的经济对于股票价格的影响是（　　）。

①经济运行态势良好时，股票价格上升
②经济运行态势较差时，股票价格上升
③经济运行态势良好时，股票价格下降
④经济运行态势较差时，股票价格下降

A. ①②
B. ②③
C. ①④
D. ③④

99. 风险管理的流程主要包括（　　）。

①风险的识别
②风险的衡量
③风险的应对
④风险的监测、预警与报告

A. ①②④
B. ①③④
C. ②③④
D. ①②③④

100. 5Cs 系统是指（　　）。

①品德和资本
②还款能力
③抵押
④经营环境

A. ①②③
B. ①③④
C. ②③④
D. ①②③④

参考答案与解析

1. 参考答案：D

考点：考查直接融资与间接融资特点的区分。直接融资的特点包括直接性、分散性、融资的信誉有较大的差异性、部分融资方式具有不可逆性、融资者有相对较强的自主性。间接融资的特点包括资金获得的间接性、融资的相对集中性、融资信誉的差异性相对较小、全部具有可逆性（即可返还性）、融资的主动权主要掌握在金融机构手中。

2. 参考答案：D

考点：考查金融市场的分类，不同的划分标准，划分结果不同。

3. 参考答案：C

考点：考查资本证券的分类。

4. 参考答案：A

考点：考查企业债券的分类。业界习惯将企业债券划分为城投债企业债券和集合类企业债券。

5. 参考答案：D

考点：考查信用公司债券的概念。

6. 参考答案：D

考点：考查证券公司次级债概念。证券公司次级债分为短期次级债和长期次级债。

7. 参考答案：C

考点：考查商业银行次级债券的公开发行和私募发行。公开发行次级债券核心资本充足率不低于5%，私募方式发行次级债券核心资本充足率不低于4%。

8. 参考答案：A

考点：考查储蓄国债（电子式）概念。储蓄国债（电子式）是2006年推出的国债新品种，具有以下特点：针对个人投资者，不向机构投资者发行；采用实名制，不可流通转让；收益安全稳定，由财政部负责还本付息，免缴利息税；鼓励持有到期，手续简化；付息方式较为多样。

9. 参考答案：B

考点：考查私募债券的发行特点。私募债券的发行不采用公开制度。

10. 参考答案：C

地点：考查地方政府专项债券的规模限制。

11. 参考答案：C

考点：考查企业集团财务公司发行金融债券应该具备的条件。

12. 参考答案：C

考点：考查有限责任公司发行企业债券的条件。

13. 参考答案：C

考点：考查债券交易的概念，即期交易即现券交易。

14. 参考答案：D

考点：消费者信用控制指中央银行对不动产以外的各种耐用消费品的销售融资予以控制。D 选项错误。

15. 参考答案：A

考点：我国金融市场监管体制的演变经历了四个阶段：第一阶段为 1992 年以前的中国人民银行集中统一监管；第二阶段为 1992 年到 1997 年，这一阶段分业监管起步；第三阶段为 1998 年到 2008 年，该阶段“一行三会”体制成型，分业监管体制不断专业化、精细化；第四阶段为 2009 年到 2016 年，金融监管体制开始了金融监管的协调性和有效性；第五阶段为 2017 年以来，金融监管体制进入“一委一行两会”的新阶段。

16. 参考答案：C

考点：在分业监管体系下，相较于银行业和证券业，信托业务的融资活动更具灵活性优势。

17. 参考答案：B

考点：私募基金合格投资者需要具备相应的风险识别和风险承担能力，投资于单只私募基金的金额不能低于 100 万元且符合下列标准的单位或个人：净资产不低于 1 000 万元的单位；金融资产不低 300 万元的个人或者最近三年年均收入不低于 50 万元的个人。

18. 参考答案：D

考点：题干是私募基金市场的概念，考生应基本理解各类市场的概念。

19. 参考答案：C

考点：基本记忆类题。中国证券业协会是机构间私募产品报价与服务系统的管理机构。

20. 参考答案：B

考点：封闭式基金存续期延长需经过持有人大会通过。

21. 参考答案：B

考点：考查证券投资基金在我国的发展历程。

22. 参考答案：A

考点：考查基金合同生效时日概念。

23. 参考答案：C

考点：考查基金募集的期限限制。

24. 参考答案：B

考点：考查基金资产估值的责任人，基金托管人对基金管理人的估值负有复核义务责任。

25. 参考答案：C

考点：基金投资管理是按照既定的投资策略，实现基金的投资目标的过程，体现了管理人的价值。

26. 参考答案：B

考点：发行股票和长期债券是企业（公司）筹措长期资本的主要途径，发行短期债券是补充流动资金的重要手段。

27. 参考答案：A

考点：考查合格境内机构投资者概念。合格境内机构投资者，是指经一国金融管理当局审批通过、获准直接投资境外股票或者债券市场的国内机构投资者，在一定规定下通过基金形式募集一定额度的人民币资金。

28. 参考答案：C

考点：考查了《证券期货投资者适当性管理办法》对代销机构适当性管理的要求。

29. 参考答案：B

考点：证券经纪业务分为柜台代理买卖证券业务和通过证券交易所代理买卖证券业务。我国证券公司从事的证券经纪业务以通过证券交易所代理买卖证券业务为主。在证券经纪业务中，经纪委托关系的建立表现为开户和委托两个环节。经纪关系的建立只是确立了投资者和证券公司直接的代理关系，还没有形成实质上的委托关系。

30. 参考答案：D

考点：本题是一道对私募基金子公司与另类子公司的综合考题。按照《证券公司私募投资基金子公司管理规范》的规定，公司章程有关对外投资条款中明确规定公司可以设立私募基金子公司，并经注册地中国证监会派出机构审批，故选项 A 错误。私募基金子公司根据税收、政策、监管、合作方需求等需要下设立基金管理机构等特殊目的机构的，应当持有该机构 35% 以上的股权或出资，且拥有管理控制权，故选项 B 错误。另类子公司不得向投资者募集资金开展基金业务，且不得下设任何机构，故选项 C 错误。

31. 参考答案：A

考点：按照《关于调整证券资格会计师事务所申请条件的通知》的规定，会计师事务所申请证券资格的，会计师事务所注册会计师不少于 200 人，其中最近 5 年持有注册会计师证书且连续执业的不少于 120 人，且每一注册会计师的年龄均不超过 65 周岁。

32. 参考答案：C

考点：准确和全面的信息是证券市场参与者进行发行和交易决策的重要依据。

33. 参考答案：A

考点：国务院证券监督管理机构根据《证券法》依法履行职责，有权采取下列措施：（1）对证券发行人、上市公司、证券公司、证券投资基金管理公司、证券服务机构、证券交易所、证券登记结算机构进行现场检查。（2）进入涉嫌违法行为发生场所调查取证。（3）询问当事人和与被调查事件有关的单位和个人，要求其对与被调查事件有关的事项做出说明。（4）查阅、复制与被调查事件有关的财产权登记、通信记录等资料。（5）查阅、复制当事人和与被调查事件有关的单位和个人的证券交易记录、登记过户记录、财务会计资料及其他相关文件和资料；对可能被转移、隐匿或者毁损的文件和资料，可以予以封存。（6）查询当事人和与被调查事件有关的单位和个人的资金账户、证券账户和银行账户；对有证据证明已经或者可能转移或者隐匿违法资金、证券等涉案财产或者隐匿、伪造、毁损重要证据的，经国务院证券监督管理机构主要负责人批准，可以冻结或者查封。（7）在调查操纵证券市场，内幕交易等重大证券违法行为时，经国务院证券监督管理机构主要负责人批准，可以限制被调查事件当事人的证券买卖，但限制的期限不得超过 15 个交易日；案情复杂的，可以延长 15 个交易日。可见，A 选项的错误在于，未经国务院证券监督管理机构主要负责人批准，国务院证券监督管理机构无权冻结或者查封。

34. 参考答案：B

考点：考查合格境内机构投资者概念。在 QDII 制度中，基金、集合计划不得购买证券用于控制和影响发行该证券的机构或管理层，同一境内机构投资管理的全部基金、集合计划不得持有同一机构 10% 以上具有投票权的证券发行总量，指数基金可以不受上述限制。

35. 参考答案：A

考点：考查证券账户、结算账户的设立与管理。证券公司可以直接为投资者开立资金结算账户。证券登记结算公司仅为证券公司开立结算账户。

36. 参考答案：A

考点：考查中国金融期货交易所的相关知识。

37. 参考答案：B

考点：考查中国金融期货交易所交易规则相关知识。股指期货合约的每日最大波动限制为上一交易日结算价的 ±10%。5 年期国债期货合约的每日最大波动限制为上一交易日结算价的 ±2%。10 年期国债期货合约的每日最大波动限制为上一交易日结算价的 ±2%。

38. 参考答案：D

考点：考查中国金融期货交易所交易规则相关知识。

39. 参考答案：C

考点：考查对股票风险性的理解。

40. 参考答案：C

考点：收益相对固定是优先股的特点。

41. 参考答案：D

考点：无固定赎回期限为优先股的特点。

42. 参考答案：D

考点：考查发审委制度的内容。

43. 参考答案：B

考点：网下投资者只能有一个报价。

44. 参考答案：B

考点：考查连续交易的特点：市场为投资者提供了交易的即时性，交易过程中可以反映更多的市场价格信息。

45. 参考答案：C

考点：全面指定交易是指参与上海证券交易所证券买卖的投资者必须事先指定一家会员作为其买卖证券的受托人，通过该会员参与上海证券交易所市场证券的买卖。

46. 参考答案：C

考点：考查行业生命周期特点。

47. 参考答案：C

考点：考查市净率倍数的计算公式。市净率倍数 = 每股市价/每股净资产。

48. 参考答案：B

考点：考查净资产影响股票投资价值的方向。

49. 参考答案：A

考点：考查风险的分类。按照风险因素划分，可将金融风险分为市场风险、信用风险、操作风险、流动性风险等类型。

50. 参考答案：C

考点：考查冲击成本的定义。

51. 参考答案：D

考点：考查国际短期资金流动的类型。

52. 参考答案：B

考点：考查伦敦银行间同业拆借利率的特点。

53. 参考答案：C

考点：考查伦敦证券交易所的主板市场类型。

54. 参考答案：A

考点：考查附认股权证的公司债券的相关知识。预先规定的条件主要是指股票的购买价格、认购比例和认购期间。

55. 参考答案：A

考点：考查远期交易与现券交易的区别。注意远期交易的货款早已谈妥，不会随时间的推移而改变。

56. 参考答案：A

考点：考查债券成交原则。

57. 参考答案：A

考点：考查债券信用评级的三级审核。

58. 参考答案：D

考点：考查债券评级的主要内容，除了以上参考答案，还包括履约情况和发展前景。

59. 参考答案：B

考点：考查可跨市场交易的债券，目前只有国债（包括附息国债和地方债）和企业债可以。

60. 参考答案：C

考点：考查资产证券化兴起的经济动因。资产证券化最基本的功能是提高资产的流动性；资产证券化交易中的证券一般不是单一品种，而是通过对现金流的分割和组合，设计出具有不同档级的证券；一般而言，资产证券化产品的风险权重比基础资产本身的风险权重低得多。

61. 参考答案：B

考点：考查我国非金融企业债务融资工具的种类。

62. 参考答案：B

考点：考查证券公司债券品种。

63. 参考答案：A

考点：考查政府债券的特征。政府债券的特征有：安全性高、流通性强、收益稳定、免税待遇。

64. 参考答案：A

考点：国际经验表明，直接融资和间接融资平衡发展是增强经济金融结构弹性的重要举措。

65. 参考答案：C

考点：银行间外汇市场交易方式分为竞价和询价两种，其中询价交易占主导地位，②的说法有问题；我国银行间外汇市场初步形成了具备价格发现、风险管理和配置资源功能的场所，③表述不正确。

66. 参考答案：D

考点：收入政策目标包括收入总量目标和收入结构目标。

67. 参考答案：C

考点：经济高质量发展阶段如何增强金融服务实体经济的能力，可从如下几个方面进行：守住不发生系统性金融风险的底线，管控好宏观层面的金融的高杠杆率和流动性风险、微观层面的金融机构信用风险以及跨市场、跨业态、跨区域的影子银行和违法犯罪风险。因此①表述不正确。还要健全多层次资本市场体系，补齐各类金融市场的短板；深化金融监管体制改革，加强监管协同，补齐监管空白。

68. 参考答案：D

考点：按照中央银行对货币政策的影响力、影响速度及施加影响的方式，货币政策目标可划分为最终目标、中介目标和操作目标。

69. 参考答案：D

考点：证券公司可以采取协议、报价等方式发行、销售与转让私募产品，除法律法规另有规定外，证券公司不可以采用集中竞价方式发行、销售与转让私募产品，②错误；投资者在柜台市场交易私募产品，证券公司应当为其开立产品账户，③表述错误；证券公司开展托管业务应有相应的风险应对措施。

70. 参考答案：D

考点：考查关于个人投资者及投资基金税收问题。

71. 参考答案：B

考点：考查首次募集信息披露包括的内容。除上述①②④选项外，还包括基金托管协议。

72. 参考答案：C

考点：考查基金运作信息披露文件。基金份额发售公告是基金募集信息披露的内容。基金定期报告包括基金年度报告、半年度报告和季度报告。

73. 参考答案：D

考点：考查机构投资者买卖基金的税收问题。机构投资者购入基金、信托、理财产品等各类资产管理产品持有至到期，不属于金融商品转让。

74. 参考答案：D

考点：考查基金信息披露的禁止性规定，除以上参考答案外，还有禁止登载任何自然人、法人或者其他组织的祝贺性、恭维性、推荐性文字。

75. 参考答案：C

考点：考查关于开放式基金的特点。开放式基金没有发行规模的限制，买卖价格不受市场供求的影响，业绩表现会影响投资者的策略，若表现良好，将会吸引新的投资，规模随之扩大。

76. 参考答案：A

考点：证券市场融资活动的特点主要有：证券市场是一种直接融资，资金赤字单位和资金盈余单位直接接触，形成直接的权利和义务关系，没有另外的权利义务主体；证券市场融资是一种强市场性的融资活动；证券市场融资是在由各种证券中介机构组成的证券中介服务体系的支持下完成的。

77. 参考答案：A

考点：考查我国证券市场投资者结构及演化。

78. 参考答案：A

考点：考查银行业金融机构特点。按照《商业银行法》的规定，银行业金融机构可用资金买卖政府债券和金融债券，除国家另有规定外，在中国境内不得从事信托投资和证券经营业务，不得向非自用不动产投资或者向非银行金融机构和企业投资。

79. 参考答案：D

考点：考查基金类投资者范围。基金类投资者包括证券投资基金、社保基金、企业年金和社会公益基金。

80. 参考答案：D

考点：考查投资者适当性定义。按照《金融产品和服务零售领域的客户适当性》给出的定义，投资者适当性是指“中间人（金融中介机构）所提供的金融产品或服务与客户财务状况、投资目标、风险承受水平、财务需求、知识和经验之间的契合度”。

81. 参考答案：D

考点：在与客户签订资产管理合同前，证券公司应当按照规定程序了解客户的情况，审慎评估客户的诚信状况、客户对产品的认知水平和风险承受能力，向客户进行充分的风险揭示，并将风险揭示书交客户签字确认。

82. 参考答案：B

考点：我国证券市场的监管目标是：（1）运用和发挥证券市场机制的积极作用，限制其消极作用。（2）保护投资者利益，保障合法的证券交易活动，监督证券中介机构。（3）防止人为操纵、欺诈等不法行为，维持证券市场的正常秩序。（4）根据国家宏观经济管理的需要，运用灵活多样的方式，调控证券市场与证券交易规模，引导投资方向，使之与经济发展相适应。

83. 参考答案：A

考点：证券公司开展融资融券业务，证券公司应当逐日计算客户交存的担保物价值与其所欠债务的比例，故③错误。证券公司经营融资融券业务，应当以自己的名义在商业银行分别开立融券专用证券账户和客户信用交易担保证券账户，故④错误。

84. 参考答案：B

考点：私募基金子公司及其下设特殊目的机构不得对外提供担保和贷款，不得成为对所投资企业的债务承担连带责任的出资人，故③错误。

85. 参考答案：D

考点：申请证券评级业务许可的资信评级机构应当具备的条件：（1）具有中国法人资格，实收资本与净资产均不少于人民币 2 000 万元；（2）具有证券从业资格的评级从业人员不少于 20 人，其中包括具有 3 年以上资信评级业务经验的评级从业人员不少于 10 人，具有中国注册会计师资格的评级从业人员不少于 3 人；（3）具有健全且运行良好的内部控制机制和管理制度；（4）最近五年未受到刑事处罚，最近三年未因违法经营受到行政处罚，不存在因涉嫌违法经营、犯罪正在被调查的情形；（5）最近三年在税务、工商、金融等行政管理机关以及自律组织、商业银行等机构无不良诚信记录；（6）中国证监会基于保护投资者、维护社会公共利益规定的其他条件。

86. 参考答案：A

考点：按基础工具划分，金融期货主要有三种类型：外汇期货、利率期货、股权类期货。本题主要考查利率期货相关知识。

87. 参考答案：B

考点：考查股权类期货相关知识。为防止操纵市场行为，并不是所有上市交易的股票均有期货交易，交易所通常会选取流通盘较大、交易比较活跃的股票推出相应的期货合约，并且对投资者的持仓数量进行限制。

88. 参考答案：A

考点：考查金融期货的基本功能。

89. 参考答案：C

考点：考查国家股的资金来源。

90. 参考答案：D

考点：考查有限售条件股份具体包括的内容。

91. 参考答案：D

考点：上市公司公开发行股票，最近 36 个月内未受到中国证监会的行政处罚。

92. 参考答案：A

考点：考查证券账户的子账户所包含的内容。

93. 参考答案：A

考点：考查编制股票价格指数的方法。

94. 参考答案：A

考点：考查公司经营状况分析的各个方面。公司经营状况的好坏，可以从公司治理水平与管理层质量、公司竞争力、财务状况等方面来分析。

95. 参考答案：A

考点：考查基本分析法的前提假设。

96. 参考答案：D

考点：考查编制股票价格指数的方法。沪深 300 指数采用派许加权法，道琼斯指数采用算术平均法。

97. 参考答案：D

考点：考查影响股票内在价值变化的因素。

98. 参考答案：C

考点：考查影响股价变动的宏观经济因素。

99. 参考答案：D

考点：考查风险管理流程。

100. 参考答案：D

考点：考查 5Cs 概念。

《金融市场基础知识》模拟试卷六

一、选择题（共50题，每题1分，共50分。以下各选项中，只有一项符合题目要求，不选、错选均不得分）

1. 个人利用企业或金融机构提供的资金垫付，以少量资金提前获得高额消费为目的而进行的资金融通，是融资方式中的（　　）。

A. 银行信用融资　　B. 消费信用融资

C. 租赁融资　　D. 商业信用融资

2. 以股票、债券、证券投资基金等有价证券为对象的发行和交易关系的总和是（　　）。

A. 国际金融市场　　B. 国内金融市场

C. 证券市场　　D. 非证券金融市场

3.（　　）市场是全球最大的黄金现货市场。

A. 上海黄金市场　　B. 香港黄金市场

C. 伦敦黄金市场　　D. 美国黄金市场

4. 收益性是指债券能为投资者带来一定的收入，即债券投资的报酬。在实际经济活动中，债券收益表现的形式不包括（　　）。

A. 利息收入　　B. 资本损益

C. 处置利得　　D. 再投资收益

5. 下列关于利率按是否固定分类，说法正确的是（　　）。

A. 固定利率债券不确定性大

B. 浮动利率债券可以较好地抵御通货膨胀风险

C. 可调利率债券对利率进行不定期的调整

D. 可调利率的调整间隔只有6个月和1年

6. 下列关于政府债券的性质，说法有误的是（　　）。

A. 从形式上看，政府债券是一种有价证券，具有债券的一般性质

B. 政府债券是进行宏观调控的工具

C. 政府债券本身无面额

D. 从功能上看，政府债券已成为政府筹集资金、扩大公共开支的重要手段

7. 商业银行除发行普通的金融债券外，还包括（ ）和（ ）。

A. 次级债券 信用债券
B. 次级债券 资本补充债券
C. 信用债券 资本补充债券
D. 信用债券 担保债券

8. 下列关于中央银行票据的说法有误的是（ ）。

A. 期限通常在6个月到3年

B. 中央银行票据实质是中央银行债券

C. 具有短期性的特点

D. 发行它的目的主要是进行对冲操作，回收外汇占款所投放的基础货币

9. 下列关于项目收益债券的说法，正确的是（ ）。

A. 所募集的资金只能用于该项目建设、运营或设备购置

B. 不能面向机构投资者非公开发行

C. 所募集的资金可以用来置换项目资本金或偿还与项目有关的其他债务

D. 可以面向机构投资者非公开发行，单笔认购不少于1 000万元人民币

10. 我国公司债券的发行期限一般为（ ）年，以（ ）年为主。

A. 1～3 3
B. 3～10 5
C. 3～20 10
D. 10～20 10

11. 企业集团财务公司发行金融债券，财务公司已发行、尚未兑付的金融债券总额不得超过其净资产总额的（ ）。

A. 50%
B. 70%
C. 80%
D. 100%

12. 金融租赁公司和汽车金融公司发行金融债券的条件包括：发行金融债券后，资本充足率均应不低于（ ）。

A. 5%
B. 8%
C. 10%
D. 20%

13. 可以自主选择向公众投资者公开发行公司债券的发行人必须满足发行人最近3个会计年度实现的平均可分配利润不少于债券1年利息的（ ）。

A. 1倍
B. 1.2倍
C. 1.5倍
D. 2倍

14. 信用类衍生品包含信用风险缓释合约、信用风险缓释凭证、信用联结票据和（ ）。

A. 外汇掉期　　　　　　　　　　　B. 场内国债期货
C. 信用违约互换　　　　　　　　　D. 利率互换产品

15. 市场因素是影响我国金融市场的主要因素之一，市场因素是金融市场本身的内部条件，包括但不限于国内、国际统一的市场组织、丰富的市场交易品种、(　　) 等因素。

A. 利率水平　　　　　　　　　　　B. 金融体制或管理
C. 通货膨胀　　　　　　　　　　　D. 市场交易机制或市场模式

16. 证券公司的业务包括证券经纪业务，证券投资咨询业务，与证券交易、证券投资活动有关的财务顾问业务、(　　)、证券资产管理业务等。

A. 委托投资业务　　　　　　　　　B. 资产托管业务
C. 证券承销与保荐业务　　　　　　D. 委托贷款业务

17. 下列关于主板市场和创业板市场说法，正确的是 (　　)。

A. 创业板市场具有前瞻性、高风险、监管严格的特点
B. 由于具有高风险性，在创业板市场上市条件更为严格
C. 高科技企业更易于在主板上市
D. 主板市场上市条件比较低

18. 我国首个实行注册制的场内市场是 (　　)。

A. 科创板市场　　　　　　　　　　B. 创业板市场
C. 主板市场　　　　　　　　　　　D. 全国中小企业股份转让系统

19. 下列不属于创新型货币政策工具的是 (　　)。

A. 短期流动性调节工具　　　　　　B. 常备借贷便利
C. 抵押补充贷款　　　　　　　　　D. 消费者信用控制

20. 证券投资基金是指通过公开发售基金份额等筹集资金，由 (　　) 管理，(　　) 托管，为基金份额持有人的利益，以资产组合方式进行证券投资活动的基金。

A. 基金托管人　基金投资人　　　　B. 基金托管人　基金托管人
C. 基金托管人　基金管理人　　　　D. 基金管理人　基金托管人

21. 根据募集方式的不同，可将投资基金分为 (　　) 与 (　　) 两大类。

A. 契约型基金；公司型基金　　　　B. 封闭式基金；开放式基金
C. 公募基金；私募基金　　　　　　D. 主动型基金；被动型基金

22. A 公司将自己拥有的 85% 的资金资产投资于股票，剩余的 15% 用于投资国债，则该证券投资基金为 (　　)。

A. 偏股型基金　　　　　　　　　　B. 股票基金

C. 混合型基金　　D. 债券基金

23. 按照基金的（　　）划分，证券投资基金可分为成长型基金、收入型基金、平衡型基金。

A. 运作方式　　B. 投资标的

C. 投资目标　　D. 投资理念

24. 投资人认购开放式基金，一般通过基金管理人或管理人委托的商业银行、证券公司等基金销售机构办理。拟进行基金投资的投资人，必须先开立（　　）和（　　）。

A. 基本账户　一般账户　　B. 基金账户　资金账户

C. 基金账户　债券账户　　D. 基本账户　专项账户

25. 以下对基金资产估值的基本原则说法错误的是（　　）。

A. 对存在活跃市场且能够获取相同资产或负债报价的投资品种，在估值日有报价的，除会计准则规定的例外情况外，应将该报价不加调整地应用于该资产或负债的公允价值计量

B. 对不存在活跃市场的投资品种，应采取在当前情况下适用并且可利用数据和其他信息支持的估值技术确定公允价值

C. 如经济环境发生重大变化或证券发行人发生影响证券价格的重大事件，使潜在估值调整对前一估值日的基金资产净值的影响在0.25%以上的，应对估值进行调整并确认公允价值

D. 对存在活跃市场的投资品种，估值日无报价且最近交易日后未发生影响公允价值计量的重大事件的，应采用适用的估值技术确定公允价值

26. 按照《保险资金运用管理办法》规定，保险经营机构新增保险资金三大投向，不包括（　　）。

A. 资产证券化产品　　B. 文化投资资金

C. 创业投资基金　　D. 保险私募基金

27. 下列对于证券公司合格境内机构投资者资格的认定，不符合中国证监会规定的是（　　）。

A. 净资本不低于5亿元人民币

B. 净资本与净资产比例不低于70%

C. 经营集合资产管理计划业务达1年以上

D. 在最近一个季度末资产管理规模不少于20亿元人民币或等值外汇资产

28. 按照《企业年金基金管理办法》规定，企业年金投资范围不包括（　　）。

A. 银行存款
B. 外国政府债券
C. 国债
D. 企业（公司）债

29. 按照《关于复杂金融产品销售的适当性要求（最终报告）》规定，金融机构在销售金融产品的过程中的销售行为不包括（　　）。

A. 对投资者做出收益承诺
B. 向顾客提供投资建议
C. 管理个人投资组合
D. 推荐公开发行的证券

30.（　　）是指证券公司、证券投资咨询机构接受客户委托，按照约定，向客户提供涉及证券及证券相关产品的投资建议服务，辅助客户做出投资决策，并直接或者间接获取经济利益的经营活动。

A. 证券经纪业务
B. 证券投资顾问业务
C. 证券投资咨询业务
D. 证券资产管理业务

31. 证券公司申请 IB 业务资格的，需配备必要的业务人员，公司总部至少有（　　）名。开展 IB 业务的营业部至少有（　　）名具有期货从业人员资格的业务人员。

A. 5　3
B. 5　2
C. 3　2
D. 3　1

32. 按照《证券公司私募投资基金子公司管理规范》的规定，私募基金子公司甲及其下设基金管理机构乙的做法正确的是（　　）。

A. 甲将自有资金投资于本机构设立的一只私募基金，其投资金额不得超过该只基金总额的 30%

B. 乙对其所投资企业的债务承担连带责任

C. 甲不得对外提供担保

D. 乙对外提供贷款

33. 按照《关于调整证券资格会计师事务所申请条件的通知》的规定，下列（　　）情形中，会计师事务所有可能申请证券资格。

A. 在执业活动中受到行政处罚、刑事处罚，自处罚决定生效之日起至提出申请之日止未满 2 年

B. 因欺骗取得证券资格而被撤销该资格，自撤销之日起至提出申请之日止未满 5 年

C. 申请证券资格过程中，因隐瞒有关情况或者提供虚假材料不予受理或者不予批准的，自被出具不予受理凭证或者不予批准决定之日起至申请之日止未满 3 年

D. 因不正当手段取得证券资格而被撤销该资格，自撤销之日起至提出申请

之日止未满 2 年

34. 下列关于取得中国证监会证券评级业务许可的资信评级机构从事证券评级业务的说法错误的是（　　）。

A. 证券评级机构从事证券评级业务，应当遵循一致性原则，对同一类评级对象评级，或者对同一评级对象跟踪评级，应当采用一致的评级标准和工作程序

B. 评级标准有调整的可以不予披露

C. 证券评级机构开展证券评级业务，应当制定相应的业务管理制度和内部控制制度，加强度证券评级业务的流程管理和质量控制，切实提高证券评级业务水平

D. 证券评级机构应当建立回避制度

35. 证券金融公司的组织形式为（　　）。

A. 股份有限公司　　B. 有限责任公司

C. 有限合伙公司　　D. 一般合伙公司

36. 按照《中国金融期货交易所交易规则》及相关细则，对于中证 500、上证 50 股指期货合约，进行投机交易的客户某一合约单边持仓限额均为（　　）手。

A. 600　　B. 1 200

C. 2 000　　D. 5 000

37. 按照《中国金融期货交易所交易规则》及相关细则，某一股指期货合约结算后单边总持仓量超过 10 万手的，结算会员下一交易日该合约单边持仓量不得超过该合约单边总持仓量的（　　）。

A. 20%　　B. 25%

C. 30%　　D. 50%

38.（　　）是指企业为规避外汇风险、利率风险、商品价格风险、股票价格风险、信用风险等，指定一项或多项套期工具，使套期工具的公允价值或现金流量变动，预期抵消被套期项目全部或部分公允价值或现金流量变动。

A. 风险规避　　B. 套利

C. 套期保值　　D. 风险规划

39. 下列（　　）不属于境内上市外资股的特点。

A. 记名股票

B. 人民币认购、买卖

C. 人民币标明股票面值

D. 投资者包括外国自然人、法人和其他组织

40. 沪深证券交易所成立后，新股发行经历的演变过程是（　　）。

A. “议价→定价→竞价”　　B. “定价→议价→定价”

C. “竞价→议价→定价”　　D. “定价→竞价→定价”

41.（　　）是证券监管机构对申报文件的真实性、准确性、完整性和及时性做合规性的形式审查，而将发行人的质量留给证券中介机构来判断和决定的股票发行监管制度。

A. 审批制　　B. 核准制

C. 注册制　　D. 审定制

42. 以下（　　）方式是指由承销商按照协议到销售截止日将未出售的剩余股票全部自行购入的承销方式。

A. 自销　　B. 全额包销

C. 余额包销　　D. 代销

43. 按照中国证监会发布的《上市公司证券发行管理办法》，要求主板（中小企业板）上市的上市公司的盈利能力具有可持续性，下列说法错误的是（　　）。

A. 最近三个会计年度连续盈利

B. 业务和盈利来源相对稳定，不存在严重依赖控股股东和实际控制人的情形

C. 最近24个月内曾公开发行证券的，不存在发行当年营业利润比上年下降60%以上的情形

D. 不存在可能严重影响公司持续经营的担保、诉讼、仲裁或者其他重大事项

44. 以下（　　）交易机制中，证券交易价格是由市场上买方和卖方订单共同驱动的。

A. 定期交易　　B. 连续交易

C. 指令驱动　　D. 报价驱动

45. 证券账户不能用于记载（　　）。

A. 投资者所持证券的种类　　B. 投资者所持证券的数量

C. 投资者所持证券的变动情况　　D. 投资者用于买卖证券的货币金额

46. 证券经纪商接受客户委托进行申报竞价的原则是（　　）。

A. 时间优先，价格优先　　B. 时间优先，客户优先

C. 时间优先，机构优先　　D. 价格优先，客户优先

47. 关于科创板申报要求，下列说法正确的是（　　）。

A. 无论通过市价还是限价申报买卖科创板股票的，单笔申报数量均应当不小于200股

B. 卖出科创板股票时，余额不足200股的部分，应当分次申报卖出

C. 通过市价申报买卖科创板股票的，单笔申报数量应不超过5万股

D. 通过限价申报买卖科创板股票的，单笔申报数量应不超过10万股

48. 反映一家公司的股票价值对其净利润的倍数的指标是（　　）。

A. 市净率倍数　　B. 市盈率倍数

C. 市销率倍数　　D. 企业价值/息税前利润倍数

49. 与其他风险策略相比，风险控制策略最突出的特征是（　　）。

A. 通过将风险转嫁给外部来降低风险

B. 从外部获得补偿来降低风险

C. 控制措施的目的是降低风险本身

D. 设立非常有限的风险忍耐度

50. （　　）是金融机构开展风险管理的基础前提。

A. 风险偏好　　B. 风险限额

C. 风险缓释　　D. 风险应对

二、组合型选择题（共50题，每题1分，共50分。以下各选项中，只有一项符合题目要求，不选、错选均不得分）

51. 常见的衍生工具包括（　　）。

①期权　　②远期

③互换　　④债券

A. ①②③　　B. ①②④

C. ②③④　　D. ①③④

52. 金融业区域内短期资金成本的基准指标包括（　　）。

①SHIBOR　　②HIBOR

③EURIBOR　　④TIBOR

A. ①②③④　　B. ①③④

C. ①②④　　D. ②③④

53. 2008年之前，做市商在纽交所被称为专家，专家的职能具体包括（　　）。

①竞价的组织者　　②经纪人职能

③稳定市场职能　　④做市商职能

A. ①②③
B. ①③④
C. ①②④
D. ①②③④

54. 关于利率债和信用债，下列说法有误的是（　　）。
①正常情况下，利率债的信用风险较大
②利率债可能出现本息兑付延期乃至实质性违约的情况
③信用债券与政府债券相比最显著的差异是发行期限不同
④信用债比国债有着更高的收益
A. ①③
B. ①②
C. ②④
D. ②③

55. 属于债券的特征的有（　　）。
①偿还性
②流动性
③安全性
④收益性
A. ①②③④
B. ①②③
C. ①②④
D. ②③④

56. 目前我国发行的普通国债有（　　）。
①记账式国债
②储蓄国债（凭证式）
③储蓄国债（电子式）
④附息式国债
A. ①②③④
B. ①②③
C. ①②④
D. ②③④

57. 政策性金融债券可以在全国银行间债券市场公开发行或定向发行，发行人可以采取（　　）或（　　）的方式。
①一次足额发行
②不限额分次发行
③连续发行
④限额内分期发行
A. ①③
B. ①②
C. ①④
D. ②④

58. 下列（　　）属于我国非金融企业债务融资工具的特点。
①融资工具发行对象均为作为银行间债券市场成员的机构投资者
②融资工具发行参与方包括审计师事务所、律师事务所、主承销商、评级机构、增信机构等中介服务机构
③定价市场化
④发行方式市场化
A. ①②③
B. ①②③④
C. ①③④
D. ②③④

59. 下面关于企业债券的说法正确的是（　　）。

①企业可以自行销售企业债券

②棚户区改造项目可发行并使用不超过项目总投资70%的企业债券资金

③承销商承销企业债券，可以采取代销、余额包销或全额包销的方式

④承销商承销企业债券，只可以采取代销的方式

A. ①④　　B. ①②③

C. ②③　　D. ②④

60. 下面（　　）属于中小非金融企业集合票据特点。

①分别负债，集合发行　　②共同负债

③集合发行　　④发行期限灵活

A. ①④　　B. ①③④

C. ②③　　D. ②④

61. 以下说法正确的有（　　）。

①期货合约在交易所内交易

②远期合约交易双方按规定比例缴纳保证金

③期货合约具备对冲机制，履约回旋余地较大

④远期合约如中途取消，须经双方同意，任何单方的意愿无法取消合约

A. ①②③　　B. ①③④

C. ①②④　　D. ①②③④

62. 对于财政部代理发行地方政府债券的投标最低投标量、最低承销额限定，下面说法正确的是（　　）。

①承销团甲类成员最低投放量为当期地方债招标额的4%

②承销团乙类成员最低投放量为当期地方债招标额的2%

③承销团甲类成员最低承销额为当期地方债招标额的1%

④承销团乙类成员最低承销额为当期地方债招标额的0.2%

A. ①　　B. ①③

C. ②③　　D. ①③④

63. 按照《财政部关于印发〈2018～2020年储蓄国债发行额度管理办法〉的通知》下面关于2018～2020年储蓄国债发行额度分配方式正确的是（　　）。

①储蓄国债（电子式）发行额度按照代销比例分配给承销团成员

②储蓄国债（凭证式）发行额度按照代销比例分配给承销团成员

③储蓄国债（电子式）发行额度分为基本代销额度和机动代销额度，分别按照基本代销额度比例分配和机动代销额度竞争性抓取的方式分配给承销团成员

④储蓄国债（凭证式）发行额度分为基本代销额度和机动代销额度，分别按照基本代销额度比例分配和机动代销额度竞争性抓取的方式分配给承销团成员

A. ① B. ②③

C. ② D. ①④

64. 构成我国信用债市场主体的有（ ）。

①中期票据 ②短期融资券

③企业债 ④公司债

A. ①②③④ B. ①②③

C. ②③④ D. ①②③

65. 商业银行的主要业务包括（ ）。

①资产业务 ②负债业务

③担保承诺类业务 ④表外业务

A. ①② B. ②③

C. ①②④ D. ①②③④

66. 科创板制度设计的创新点包括（ ）。

①上市标准多元化 ②发行审核注册制

③发行定价市场化 ④交易机制差异化

⑤持续监管更具针对性

A. ①②③ B. ②③④⑤

C. ①②④⑤ D. ①②③④⑤

67. 以下（ ）属于中央银行负债类业务。

①储备货币

②对其他金融性公司债权

③不计入储备货币的金融公司存款

④政府存款

A. ①②③ B. ①②④

C. ②③④ D. ①③④

68. 下列关于一般性货币政策工具表述正确的是（ ）。

①它是中央银行普遍或常规运用的货币政策工具

②实施对象是局部经济和某一领域的金融活动

③可供选择的工具包括三大工具

④侧重于对某些具体用途的信贷数量产生影响

A. ①② B. ②③

C. ③④　　D. ①③

69. 在全国中小企业股份转让系统中，股票转让可采用（　　）。

①协议方式　　②做市方式

③竞价方式　　④合同方式

A. ①②③　　B. ①②④

C. ②③④　　D. ①③④

70. 根据所持股票性质分类，股票基金可分为（　　）等。

①价值型股票基金　　②成长型股票基金

③平衡型股票基金　　④稳定型股票基金

A. ①②③　　B. ②③④

C. ①②④　　D. ①③④

71. 在基金市场上存在着许多不同的参与主体，依据所承担的责任与作用的不同，可以将基金市场的参与主体分为（　　）。

①基金当事人　　②基金服务机构

③基金的监管机构和自律组织　　④其他机构

A. ①②③　　B. ①③④

C. ①②④　　D. ①②③④

72.《证券投资基金法》规定，基金资产必须由独立于基金管理人的基金托管人保管，从而使得基金托管人成为基金的当事人之一。基金托管人的职责主要体现在（　　）等方面。

①资产保管　　②基金估值

③会计复核　　④资金清算

A. ①②③　　B. ①③④

C. ①②④　　D. ②③④

73. 根据有关规定，下列与基金有关的费用可以从基金财产中列支的有（　　）。

①基金管理人的管理费　　②基金托管人的托管费

③基金的转换费　　④基金的证券交易费用

A. ①②③　　B. ①②④

C. ①③④　　D. ①②③④

74. 关于基金费用，说法正确的是（　　）。

①基金销售过程中发生的费用需要直接从基金财产中列支

②基金销售过程中发生的费用不需要直接从基金财产中列支

③基金管理过程中发生的费用需要直接从基金财产中列支

④基金管理过程中发生的费用不需要直接从基金财产中列支

A. ①③　　B. ①④

C. ②③　　D. ②④

75. 为了对基金业绩进行有效评价，以下（　　）因素必须加以考虑。

①投资目标与范围　　②基金风险水平

③基金规模　　④时期选择

A. ①②③④　　B. ①③④

C. ①②④　　D. ①②③

76. 下面关于证券市场融资活动的特点的表述正确的是（　　）。

①证券市场是一种间接融资

②证券市场融资是一种强市场性的融资活动

③证券市场融资是在由各种证券中介机构组成的证券中介服务体系的支持下完成的

④证券市场融资活动的权利义务主体有资金赤字单位、资金盈余单位和证券交易机

A. ①②③④　　B. ①②③

C. ②③　　D. ③④

77. 首次公开发行是指拟上市公司首次面向（　　）募集资金并上市的行为。

①不特定的社会公众投资者　　②特定的社会公众投资者

③公开发行债券　　④公开发行股票

A. ①③　　B. ②③

C. ①④　　D. ②④

78. 相比个人投资者，机构投资者具有以下（　　）特点。

①投资资金规模化　　②投资管理专业化

③投资结构组合化　　④投资行为规范化

A. ①②③　　B. ①②④

C. ①③④　　D. ①②③④

79. 按照《证券投基金法》（2015 年 4 月 24 日修订）规定，我国的证券投资基金可投资于（　　）。

①上市交易的股票

②上市交易的债券

③国务院证券监督管理机构规定的其他证券

④任意证券的衍生品

A. ①③④　　B. ①②③

C. ②③④　　D. ①②③④

80. 在维护普通投资者利益方面，《证券期货投资者适当性管理办法》有以下（　　）要求。

①要求经营机构必须对普通投资者进行分类管理，并按照普通投资者的分类与产品、服务的风险等级进行匹配

②在销售和服务过程中，对普通消费者实行有别于专业投资者的告知和风险警示

③对普通投资者与经营机构发生纠纷时举证责任的划分，也实行了举证责任倒置

④对于是否落实投资者适当性工作，由经营机构进行举证

A. ①③④　　B. ①②③

C. ②③④　　D. ①②③④

81. 根据《证券公司参与股指期货、国债期货交易指引》规定，证券公司以受托管理资金参与股指期货、国债期货交易的，应当选择适当的客户开展参与股指期货、国债期货交易的资产管理业务，审慎进行股指期货、国债期货投资。下列说法正确的是（　　）。

①证券公司定向资产管理业务参与股指期货、国债期货交易的，应当按合同约定的方式向客户充分披露资产管理业务参与股指期货、国债期货交易的有关情况，包括投资目的、持仓情况、损益情况等，并在定向资产管理业务年度报告中披露相应内容

②证券公司定向资产管理业务参与股指期货、国债期货交易的，应当按合同约定的方式向客户充分披露资产管理业务参与股指期货、国债期货交易的有关情况，包括投资目的、持仓情况、损益情况等，并充分说明投资股指期货、国债期货对资产管理计划总体风险的影响以及是否符合既定的投资目的

③在集合资产管理报告中充分披露集合资产管理计划参与股指期货、国债期货交易的有关情况，包括投资目的、持仓情况、损益情况等，并充分说明投资股指期货、国债期货对集合资产管理计划总体风险的影响以及是否符合既定的投资目的

④在集合资产管理报告中充分披露集合资产管理计划参与股指期货、国债期货交易的有关情况，包括投资目的、持仓情况、损益情况等，并在资产管理业务

年度报告中披露相应内容

A. ①③ B. ①④

C. ②③ D. ②④

82. 中国证监会制定了统一适用于证券基金经营机构的《证券公司和证券投资基金管理公司境外设立、收购、参股经营机构管理办法》，主要内容包括（　　）。

①维持适当门槛，支持机构“走出去”

②规范业务范围，完善组织架构

③督促母公司加强管控，完善境外机构管理

④加强持续监管，完善跨境监管合作

A. ①②③ B. ①②④

C. ②③④ D. ①②③④

83. 证券市场监管的原则包括（　　）。

①监督与自律相结合的原则 ②保护投资者利益原则

③“三公”原则 ④依法监管原则

A. ①②③ B. ②③④

C. ①②④ D. ①②③④

84. 对于证券交易所监事会人员表述，正确的是（　　）。

①证券交易所监事会人员不得少于 5 人，其中职工监事不得少于 2 名

②专职监事不得少于 1 名，由中国证监会委派

③证券交易所理事、高级管理人员可以兼任监事

④会员监事由会员大会选举产生，职工监事由职工大会、职工代表大会或者其他形式民主选举产生

A. ①③ B. ③④

C. ①②④ D. ①②③④

85. 下列关于债券按付息方式分类，说法正确的是（　　）。

①零息债券是指存续期间没有利息支付，到期时一次性获得本息

②附息债券又可分为固定利率债券和浮动利率债券两大类

③可以根据合约条款推迟支付定期利率的附息债券被称为缓息债券

④息票累积债券也规定了票面利率

A. ①②③ B. ①②③④

C. ①②④ D. ②③④

86. 与现货市场投机相比较，期货市场投机存在的主要区别有（　　）。

①目前我国股票市场实行 T+1 清算制度，而期货市场是 T+0，可以进行日内投机

②期货价格具有预期性、连续性和权威性的特点，能够比较准确地反映出未来商品价格的变动趋势

③期货交易的保证金制度导致期货投机具有较高的杠杆率，盈亏相应放大，具有更高的风险性

A. ①②　　B. ②③

C. ①③　　D. ①②③

87. 互换可以分为（　　）。

①货币互换　　②利率互换

③权益互换　　④信用互换

A. ①②③④　　B. ①②③

C. ①③④　　D. ②③④

88. 关于金融互换交易，下列说法正确的是（　　）。

①互换是指两个或两个以上的当事人按共同商定的条件，在约定的时间内定期交换现金流的金融交易

②目前，按名义金额计算的互换交易已经成为最大的衍生交易品种

③互换交易的主要用途是改变交易者资产或负债的风险结构，从而规避相应的风险

④我国已经启动了股票收益互换业务试点工作

A. ①②③④　　B. ①②③

C. ①③④　　D. ②③④

89. 股票具有以下（　　）特征。

①流动性　　②风险性

③增值性　　④永久性

⑤参与性

A. ①②③④⑤　　B. ①②③④

C. ①②③⑤　　D. ①②④⑤

90. 无限售条件股份包括（　　）。

①国家持股　　②外资持股

③人民币普通股　　④境外上市外资股

A. ①②　　B. ③④

C. ①③　　D. ②④

91. 公开发行股票的优点有（　　）。

①募集资金潜力大　　②集中股权办大事

③提高企业商誉　　④发行费用较高

⑤增强股票流动性

A. ①②③④⑤　　B. ①②③⑤

C. ①②⑤　　D. ①③⑤

92. 按照《上市公司证券发行管理办法》主板（中小板）上市公司的配股应当满足的条件包括（　　）。

①控股股东应当在股东大会召开前公开承诺认配股份的数量

②最近三年及一期财务报表未被注册会计师出具否定意见或者无法表示意见的审计报告

③采用《证券法》规定的包销方式发行

④拟配售股份数量不超过本次配售股份前股本总额的30%

A. ①②③　　B. ②③④

C. ①③④　　D. ①②④

93. 上市公司出现（　　）情形，可以向证券交易所申请退市。

①上市公司股东大会决议主动撤回其股票在证券交易所的交易，并决定不再在该交易所交易

②上市公司被其他公司实施控股合并

③上市公司股东大会决议公司解散

④其他收购人向所有股东发出收购或收购全部或者部分股份要约，导致公司股本总额、股权分布等发生变化，不再具备上市条件

A. ①③④　　B. ②③④

C. ①②③　　D. ①②④

94. 证券委托可分为（　　）。

①柜台委托　　②非柜台委托

③线上委托　　④线下委托

A. ①②　　B. ①③

C. ③④　　D. ①②③④

95. 对于公司治理情况的分析主要包括（　　）。

①公司董事会的构成及运作　　②高级管理人员的经验和水平

③公司财务状况　　④管理团队的稳定性

A. ①②③　　B. ②③④

C. ①②④　　D. ①③④

96. 股票分析方法中，进行技术分析的假设包括（　　）。

①市场的行为包含一切信息　　②价格沿趋势移动

③股票的价值决定价格　　④历史会重复

A. ①②③　　B. ②③④

C. ①②④　　D. ①③④

97. 会对股票投资价值产生影响的宏观经济因素包括（　　）。

①企业战略　　②货币政策

③财政政策　　④收入分配政策

A. ①②③　　B. ②③④

C. ①②④　　D. ①③④

98. 剔除资本结构影响和折旧摊销影响的估值方法有（　　）。

①市盈率倍数法

②企业价值/息税前利润倍数法

③企业价值/息税折旧摊销前利润倍数法

A. ①　　B. ②

C. ③　　D. ②③

99. 根据《证券公司压力测试指引》，证券公司开展压力测试主要包括以下（　　）步骤。

①确定测试对象，制订测试方案

②选择压力测试方法，并设置测试情景

③确定风险因子，收集测试数据

④实施压力测试，分析报告测试结果并且制定和执行应对措施

A. ①②④　　B. ①③④

C. ②③④　　D. ①②③④

100. 风险限额管理过程主要包括（　　）。

①风险限额的设定　　②风险限额的监测

③风险限额的调整　　④风险限额的控制

A. ①②③④　　B. ①③④

C. ②③④　　D. ①②④

参考答案与解析

1. 参考答案：B

考点：考查间接融资中消费信用融资的概念。

2. 参考答案：C

考点：考查证券市场的概念。

3. 参考答案：C

考点：考查伦敦黄金市场。

4. 参考答案：C

考点：考查债券的收益性。债券收益表现的形式可以分为三种：一是利息收入；二是资本损益；三是再投资收益。

5. 参考答案：B

考点：考查债券按利率是否固定分类。债券按利率是否固定分类，可以分为固定利率债券、浮动利率债券和可调利率债券。固定利率债券是指在发行时规定了整个偿还期内利率不变的债券，其投资成本和投资收益可以事先预计，不确定性较小。浮动利率债券是指发行时规定债券随市场利率定期浮动的债券，由于与市场利率挂钩，市场利率又考虑了通货膨胀的影响，浮动利率债券可以较好地抵御通货膨胀风险。可调利率债券在债券存续期内允许根据一些事先选定的参考利率指数的变化，对利率进行定期调整，调整间隔往往事先预定，包括 1 个月、6 个月、1 年、2 年、3 年或 5 年。

6. 参考答案：C

考点：考查政府债券的性质。政府债券本身有面额，投资者投资于政府债券可以取得利息。

7. 参考答案：B

考点：考查商业银行债券发行的种类。商业银行除发行普通的金融债券外，还包括次级债券和资本补充债券。

8. 参考答案：A

考点：考查中央银行票据概念。中央银行票据的期限通常在 3 个月到 3 年。

9. 参考答案：A

考点：考查项目收益债券的相关知识。发行项目收益债券所募集的资金只能用于该项目建设、运营或设备购置，不得置换项目资本金或偿还与项目有关的其他债务。可以面向机构投资者非公开发行，单笔认购不少于 500 万元人民币。

10. 参考答案：B

考点：考查我国公司债券的发行期限。

11. 参考答案：D

考点：考查企业集团财务公司发行金融债券应该具备的条件。

12. 参考答案：B

考点：考查金融租赁公司和汽车金融公司发行金融债券的条件。金融租赁公司和汽车金融公司发行金融债券的条件包括：发行金融债券后，资本充足率均应不低于 8%。企业集团财务公司发行金融债券后，资本充足率不低于 10%。

13. 参考答案：C

考点：考查面向公众投资者公开发行公司债券的条件。

14. 参考答案：C

考点：信用类衍生品包含信用风险缓释合约、信用风险缓释凭证、信用联结票据和信用违约互换。

15. 参考答案：D

考点：利率与通货膨胀属于经济因素，金融体制或管理属于影响我国金融市场运行因素的七个方面之一。选项 D 属于市场因素。

16. 参考答案：C

考点：A、B、D 属于商业银行业务。

17. 参考答案：A

考点：创业板市场又称为二板市场，是为具有高成长性的中小企业和高科技企业融资服务的资本市场，相比于主板市场，创业板市场具有前瞻性、高风险、监管严格以及明显的高科技产业导向。在创业板市场上市的企业规模较小，上市条件相对较低。主板市场是一个国家或地区证券发行、上市交易的主要场所。对发行人的营业期限、股本大小、盈利水平等方面的要求标准较高，上市的企业多为成熟企业。

18. 参考答案：A

考点：科创板市场是我国首个实行注册制的场内市场。

19. 参考答案：D

考点：创新型货币政策工具主要包括短期流动性调节工具、常备借贷便利、抵押补充贷款、中期借贷便利、临时流动性便利、临时准备金动用安排和定向中期借贷便利。

20. 参考答案：D

考点：考查证券投资基金的概念。

21. 参考答案：C

考点：考查证券投资基金按照不同划分标准的分类。

22. 参考答案：B

考点：考查股票基金的概念并与相似概念辨析。根据中国证监会对基金类别的分类标准，80%以上的基金资产投资于股票的，为股票基金。

23. 参考答案：C

考点：考查股票基金的分类。

24. 参考答案：B

考点：考查开放式基金认购过程中的开户。

25. 参考答案：D

考点：考查基金资产估值的基本原则。对存在活跃市场且能够获取相同资产或负债报价的投资品种，估值日无报价且最近交易日后未发生影响公允价值计量的重大事件的，应采用最近交易日的报价确定公允价值。

26. 参考答案：B

考点：考查保险经营机构相关知识。按照《保险资金运用管理办法》规定，保险经营机构新增保险资金三大投向，分别是资产证券化产品、创业投资基金、保险私募基金。

27. 参考答案：A

考点：考查合格境内机构投资者概念。净资本不低于8亿元人民币。

28. 参考答案：B

考点：考查企业年金投资范围。按照《企业年金基金管理办法》规定，企业年金基金财产限于境内投资。

29. 参考答案：A

考点：考查金融机构销售金融产品的适当性。

30. 参考答案：B

考点：考查证券投资顾问业务的概念。证券投资顾问业务是指证券公司、证券投资咨询机构接受客户委托，按照约定，向客户提供涉及证券及证券相关产品的投资建议服务，辅助客户做出投资决策，并直接或者间接获取经济利益的经营活动。

31. 参考答案：B

考点：证券公司申请IB业务资格的，需配备必要的业务人员，公司总部至少有5名。开展IB业务的营业部至少有2名具有期货从业人员资格的业务人员。

32. 参考答案：C

考点：私募基金子公司及其下设基金管理机构将自有资金投资于本机构设立的私募基金的，对单只基金的投资金额不得超过该只基金总额的20%。私募基金子公司及其下设特殊目的机构不得对外提供担保和贷款，不得成为对所投资企业的债务承担连带责任的出资人。

33. 参考答案：B

考点：按照《关于调整证券资格会计师事务所申请条件的通知》的规定，会计师事务所申请证券资格不能存在下列情形之一：在执业活动中受到行政处罚、刑事处罚，自处罚决定生效之日起至提出申请之日止未满3年；因以欺骗等不正当手段取得证券资格而被撤销该资格，自撤销之日起至提出申请之日止未满3年；申请证券资格过程中，因隐瞒有关情况或者提供虚假材料不予受理或者不予批准的，自被出具不予受理凭证或者不予批准决定之日起至申请之日止未满3年。

34. 参考答案：B

考点：评级标准有调整的，应当充分披露。

35. 参考答案：A

考点：证券金融公司的组织形式为股份有限公司。

36. 参考答案：B

考点：考查中国金融期货交易所交易规则相关知识。

37. 参考答案：B

考点：考查中国金融期货交易所交易规则相关知识。

38. 参考答案：C

考点：考查套期保值概念。

39. 参考答案：B

考点：境内上市外资股以外币认购买卖。

40. 参考答案：D

考点：考查新股发行历程。

41. 参考答案：C

考点：考查区别三种股票发行监管制度的异同。注册制的特点是证券监管机构对申报文件的真实性、准确性、完整性和及时性做合规性的形式审查，而将发行人的质量留给证券中介机构来判断和决定。

42. 参考答案：C

考点：余额包销，指由承销商按照协议到销售截止日将未出售的剩余股票全部自行购入的承销方式。

43. 参考答案：C

考点：上市公司公开发行股票，最近 24 个月内曾公开发行证券的，不存在发行当年营业利润比上年下降 50% 以上的情形。

44. 参考答案：C

考点：指令驱动又称为订单驱动市场，证券交易价格由买方订单和卖方的订单共同驱动。

45. 参考答案：D

考点：资金账户用来记载和反映投资者买卖证券的货币收付和结存数额。

46. 参考答案：B

考点：证券经纪商接受客户委托进行申报竞价的原则是“时间优先，客户优先”。

47. 参考答案：A

考点：通过限价申报买卖科创板股票的，单笔申报数量均应当不小于 200 股，且不超过 10 万股；通过市价申报买卖科创板股票的，单笔申报数量均应当不小于 200 股，且不超过 5 万股。卖出时，余额不足 200 股的部分，应当一次性申报卖出。.

48. 参考答案：B

考点：考查市盈率的含义。

49. 参考答案：C

考点：考查风险控制的最突出特征。

50. 参考答案：A

考点：考查风险偏好的意义。

51. 参考答案：A

考点：考查衍生工具的内容，常见的衍生工具包括远期、期货、期权、互换等。

52. 参考答案：A

考点：考查银行间同业拆借利率。

53. 参考答案：D

考点：考查做市商职能。

54. 参考答案：A

考点：考查债券按信用状况分类。由于有政府信用背书，正常情况下利率债的信用风险很小，但不一定对于信用违约绝对“免疫”，也可能出现本息兑付延期乃至实质性违约的情况。信用债券与政府债券相比最显著的差异就是存在信用风险。

55. 参考答案：A

考点：考查债券的特征。债券的特征有：偿还性、流动性、安全性、收益性。

56. 参考答案：B

考点：考查我国普通国债的分类。目前我国发行的普通国债有记账式国债、储蓄国债（凭证式）和储蓄国债（电子式）。

57. 参考答案：C

考点：我国政策性金融债券的发行方式。政策性金融债券可以在全国银行间债券市场公开发行或定向发行，发行人可以采取一次足额发行或限额内分期发行的方式。

58. 参考答案：B

考点：考查我国非金融企业债务融资工具的特点。

59. 参考答案：C

考点：考查企业债券的相关要求。

60. 参考答案：B

考点：考查集合票据的特点。

61. 参考答案：B

考点：考查远期合约和期货合约交易的特点。期货合约交易双方按规定比例缴纳保证金，而远期合约因不是标准化，存在信用风险，保证金或称定金是否要付，付多少，也都由交易双方确定，无统一性。

62. 参考答案：D

考点：考查财政部代理发行地方政府债券的投标最低投标量、最低承销额限定。承销团甲类成员最低投放量为当期地方债招标额的4%，承销团乙类成员最低投放量为当期地方债招标额的1%；承销团甲类成员最低承销额为当期地方债招标额的1%，承销团乙类成员最低承销额为当期地方债招标额的0.2%。

63. 参考答案：B

考点：考查储蓄国债发行额度的分配方式。参照《财政部关于印发〈2018～

2020年储蓄国债发行额度管理办法〉的通知》，储蓄国债（电子式）发行额度分为基本代销额度和机动代销额度，分别按照基本代销额度比例分配和机动代销额度竞争性抓取的方式分配给承销团成员；储蓄国债（凭证式）发行额度按照代销比例分配给承销团成员。

64. 参考答案：A

考点：中期票据、短期融资券、企业债、公司债四个主要品种构成我国信用债市场主体。

65. 参考答案：D

考点：以上四项均属于商业银行的主要业务，其中担保承诺类业务属于表外业务。考生在做题时应注意宏观和微观的整合考点。

66. 参考答案：D

考点：考查科创板制度设计的创新点。

67. 参考答案：D

考点：中央银行负债业务包括储备货币、不计入储备货币的金融公司存款、发行债券、政府存款、国外存款、自有资金和其他负债。对其他金融性公司债权属于中央银行资产类业务。

68. 参考答案：D

考点：一般性货币政策工具是中央银行普遍或常规运用的货币政策工具，其实施的对象是整体经济和金融活动，主要包括存款准备金制度、再贴现政策和公开市场业务三大工具。一般性货币政策工具侧重于货币总量的调节，选择性货币政策工具侧重于对某些具体用途的信贷数量产生影响。因此，②④说法相反，予以排除。

69. 参考答案：A

考点：在全国中小企业股份转让系统中，股票转让可采用协议方式、做市方式、竞价方式和其他中国证监会批准的转让方式。

70. 参考答案：A

考点：考查股票基金的分类。

71. 参考答案：A

考点：考查基金市场参与主体，分为三大类，即基金当事人、基金市场服务机构和基金的监管机构和自律组织。

72. 参考答案：B

考点：考查基金托管人和基金管理人的职责，切勿混淆。基金估值是基金管理人的职责。

73. 参考答案：B

考点：考查基金费用的两大类，基金销售中发生的费用不可以在基金财产中列支。

74. 参考答案：C

考点：考查基金的两大费用的会计核算，是否需要在基金资产中列支。

75. 参考答案：A

考点：考查基金业绩评估考虑因素。

76. 参考答案：C

考点：证券市场融资活动的特点主要有：证券市场融资是一种直接融资，资金赤字单位和资金盈余单位直接接触，形成直接的权利和义务关系，没有另外的权利义务主体；证券市场融资是一种强市场性的融资活动；证券市场融资是在由各种证券中介机构组成的证券中介服务体系的支持下完成的。

77. 参考答案：C

考点：考查首次公开发行股票。首次公开发行是指拟上市公司首次面向不特定的社会公众投资者公开发行股票募集资金并上市的行为。

78. 参考答案：D

考点：考查机构投资者的特点。

79. 参考答案：B

考点：考查证券投资基金投资范围。按照《证券投基金法》（2015 年 4 月 24 日修订）规定，我国的证券投资基金可投资于上市交易的股票、债券和国务院证券监督管理机构规定的其他证券及其衍生品。

80. 参考答案：D

考点：考查《证券期货投资者适当性管理办法》的相关内容。

81. 参考答案：A

考点：根据《证券公司参与股指期货、国债期货交易指引》规定，证券公司以受托管理资金参与股指期货、国债期货交易的，应当选择适当的客户开展参与股指期货、国债期货交易的资产管理业务，审慎进行股指期货、国债期货投资。证券公司定向资产管理业务参与股指期货、国债期货交易的，应当按合同约定的方式向客户充分披露资产管理业务参与股指期货、国债期货交易的有关情况，包括投资目的、持仓情况、损益情况等，并在定向资产管理业务年度报告中披露相应内容。在集合资产管理报告中充分披露集合资产管理计划参与股指期货、国债期货交易的有关情况，包括投资目的、持仓情况、损益情况等，并在资产管理业务年度报告中披露相应内容。

82. 参考答案：D

考点：中国证监会制定了统一适用于证券基金经营机构的《证券公司和证券投资基金管理公司境外设立、收购、参股经营机构管理办法》，主要内容包括以下四个方面：一是维持适当门槛，支持机构“走出去”；二是规范业务范围，完善组织架构；三是督促母公司加强管控，完善境外机构管理；四是加强持续监管，完善跨境监管合作。

83. 参考答案：D

考点：证券市场监管的原则有依法监管原则、保护投资者利益原则、“三公”原则以及监督与自律相结合的原则。

84. 参考答案：C

考点：考查证券交易所监事会构成。证券交易所理事、高级管理人员不得兼任监事。

85. 参考答案：D

考点：考查债券按付息方式的分类。根据债券发行条款中是否规定在约定期限向债券持有人支付利息，债券可分为零息债券、附息债券和息票累积债券。其中，零息债券以低于面值的价格发行和交易，债券持有人实际上是以买卖（到期赎回）价差的方式取得债券利息。息票累积债券是指存续期间没有利息支付，到期时一次性获得本息。

86. 参考答案：C

考点：考查现货市场投机与期货市场投机的主要区别。

87. 参考答案：A

考点：考查互换的分类。

88. 参考答案：A

考点：考查金融互换交易相关知识。

89. 参考答案：D

考点：考查股票的特征：收益性、风险性、流动性、永久性、参与性。

90. 参考答案：B

考点：考查无限售条件股份具体包括的内容。

91. 参考答案：D

考点：考查公开发行股票的优缺点。公开发行股票有利于股票过于集中和被少数人操控，发行费用高是其缺点。

92. 参考答案：D

考点：考查主板（中小板）上市公司的配股应当满足的条件。采用《证券法》规定的代销方式发行。

93. 参考答案：A

考点：考查上市公司可以向证券交易所申请退市的情形。

94. 参考答案：A

考点：证券委托可以分为柜台委托和非柜台委托两大类。

95. 参考答案：C

考点：考查公司治理情况的分析，主要包括公司股东、管理层、员工及其他外部利益相关者之间的关系及其制衡状况，公司董事会、监事会构成及运作，高级管理人员的经验和水平以及管理团队的稳定性等。

96. 参考答案：C

考点：考查股票分析法技术分析的三个假设。

97. 参考答案：B

考点：考查影响股票投资价值外部因素的宏观经济因素，包括经济周期、通货变动、国家的货币政策、财政政策、收入分配、监管政策等。

98. 参考答案：C

考点：考查股票的相对估值法中各方法的优缺点。

99. 参考答案：D

考点：考查压力测试的步骤。

100. 参考答案：D

考点：考查风险限额管理过程。

《金融市场基础知识》模拟试卷七

一、选择题（共50题，每题1分，共50分。以下各选项中，只有一项符合题目要求，不选、错选均不得分）

1. 在一个有效的市场当中，价格能够反映所有市场参与者所搜集到的信息总和，这反映了金融市场的（　　）功能。

A. 资金融通　　B. 价格发现

C. 风险管理　　D. 降低搜寻成本和信息成本

2. 金融市场是经济运行状态的“晴雨表”，繁荣的金融市场往往对应着实体经济的兴旺发达，而金融市场的萧条通常也意味着真实经济部门的不景气。这反映了金融市场重要性的（　　）。

A. 促进储蓄-投资转化　　B. 优化资源配置

C. 反映经济状态　　D. 宏观调控

3. 金融资产的持有者为了资金安全而进行资金调拨所形成的短期资金流动是（　　）。

A. 贸易资金的流动　　B. 套利性资金的流动

C. 保值性资金的流动　　D. 投机性资金的流动

4. 债券的清算是指在同一交割日对同一种债券的买和卖相互抵消，确定应当交割的债券数量和应当交割的价款数额，然后按照（　　）原则办理债券和价款的交割。

A. 差额交收　　B. 净额交收

C. 全额交收　　D. 加额交收

5. 理论上说，回购交易是质押贷款的一种方式，通常用在（　　）上。

A. 企业债券　　B. 金融债券

C. 公司债券　　D. 政府债券

6. 短期融资融券是指具有法人资格的非金融企业在银行间债券市场发行的，

约定在（　　）内还本付息的债务融资工具。

A. 3个月　　B. 6个月

C. 1年　　D. 1个月

7. 公开发行公司债券必须满足累计债券余额不超过公司净资产的（　　）。

A. 10%　　B. 30%

C. 40%　　D. 50%

8. 证券公司次级债务，其期限在（　　）以上的次级债务为长期次级债务。

A. 1年　　B. 2年

C. 3年　　D. 5年

9. 商业银行发行次级债务，固定期限不低于（　　）。

A. 2年　　B. 3年

C. 1年　　D. 5年

10. 金融租赁公司和汽车金融公司发行金融债券的条件包括：金融租赁公司注册资本金不低于（　　）或等值的自由兑换货币，汽车金融公司注册资本金不低于（　　）或等值的自由兑换货币。

A. 5亿元　5亿元　　B. 3亿元　5亿元

C. 3亿元　8亿元　　D. 5亿元　8亿元

11. 下面有关影响国债销售价格因素的说法，正确的是（　　）。

A. 市场利率趋于上升，就为承销商确定销售价格拓宽了空间

B. 如果国债承销价格定价过高，投资者就会倾向于在二级市场上购买已流通的国债，而不是直接购买新的国债

C. 在国债承销中，承销商不可获得手续费收入

D. 国债销售的价格一般不能高于承销商与发行人的结算价格

12. 国债的竞争性招标方式包括（　　）。

A. 单一价格和修正的多重价格招标方式

B. 单一利率和修正的多重利率招标方式

C. 单一利率和修正的多重价格招标方式

D. 单一价格和修正的多重利率招标方式

13. 下列关于企业债券和公司债券的说法，有误的是（　　）。

A. 企业债券和公司债券是相同的一种债券

B. 企业债券涵盖公司债券

C. 企业债券的发行主体不包括上市公司

D. 我国企业债券出现的历史远远早于公司债券

14. 我国债券市场分为场内市场和场外市场，其中市场参与者限定为机构的是（　　）。

A. 银行间市场　　B. 银行间柜台市场

C. 场内市场　　D. 场外债券零售市场

15. 影响货币政策作用发挥的因素不包括（　　）。

A. 货币供给量　　B. 支出

C. 利率　　D. 信贷政策机制

16. 以下关于担保承诺类业务和代理投融资服务类业务的关系的说法正确的是（　　）。

A. 两者均需承担偿还责任

B. 两者均需承担投资回报责任

C. 担保承诺类业务不需要承担偿还责任，代理投融资服务类业务需要

D. 担保承诺类业务需要承担偿还责任，代理投融资服务类业务不需要

17. 定位为“作为国务院统筹协调金融稳定和改革发展重大问题的议事协调机构”的是（　　）。

A. 国务院金融稳定发展委员会　　B. 中国人民银行

C. 中国人民银行保险监督委员会　　D. 国务院

18. 中央银行垄断货币发行权，是全国唯一有权发行货币的机构，调节货币供应量、保证货币流通的正常与稳定，指的是中央银行的（　　）职能。

A. “银行的银行”　　B. “发行的银行”

C. “政府的银行”　　D. “货币的银行”

19. 以下不属于操作目标的是（　　）。

A. 短期货币市场利率　　B. 长期利率

C. 银行准备金　　D. 基础货币

20. 证券投资基金按照基金的组织形式可划分为（　　）和（　　）。

A. 封闭式基金　开放式基金　　B. 契约型基金　公司型基金

C. 股权投资基金　风险投资基金　　D. 主动型基金　被动型基金

21. （　　）又被称为指数基金，是指以特定指数作为跟踪对象，力图复制指数表现的一类基金。指数基金的优势是管理费、交易费较低，同时可以有效降低非系统性风险。

A. 主动型基金　　B. 被动型基金

C. 债券基金　　D. 货币市场基金

22. 基金销售支付机构是指从事基金销售支付活动的机构。基金销售支付机

构应按规定在中国证监会备案并取得（　　）的支付业务许可证资格。

A. 商业银行　　B. 中国人民银行

C. 原中国银监会　　D. 原中国保监会

23. 基金管理人会针对不同的基金类型、不同的认购金额设置不同的认购费率。我国股票型基金的认购费率大多为1%～1.5%，货币市场基金一般不收取认购费，债券型基金的认购费率通常在（　　）以下。

A. 2%　　B. 1.5%

C. 1%　　D. 0.5%

24. 基金合同生效后，投资者申请购买基金份额的行为被称为（　　）。

A. 申购　　B. 认购

C. 购买　　D. 赎回

25. 我国的基金管理费、基金托管费及基金销售服务费均是按照前一日基金资产净值的一定比例逐日计提的，按（　　）支付。

A. 周　　B. 月

C. 季度　　D. 年

26. 下列对证券市场融资描述错误的是（　　）。

A. 证券市场融资是一种直接融资

B. 投资者与发行人的股权或债权关系凝结在最初的投资者和发行人之间

C. 单个融资主体很难凭借自身力量完成证券发行、交易、清算等事宜

D. 证券市场融资是由众多资金交易者通过对有价证券的公开自由竞价买卖来实现的

27. 下面关于机构投资者描述错误的是（　　）。

A. 在成熟资本市场，机构投资者往往在证券市场中居于主导地位，他们在证券市场上的交易活动往往对整体市场的运行态势产生影响

B. 一般来说，机构投资者的投资行为相对理性化，投资成功率及收益水平通常高于个人投资者

C. 机构投资者由于不具有独立的法律地位，必须建立严格的法律法规对其进行约束

D. 机构投资者可以通过合理有效的投资组合分散投资风险

28. 下面关于对于公司制证券交易所的说法不正确的是（　　）。

A. 以有限公司形式组织并以营利为目的的法人团体，一般由金融机构及各类民营公司组建

B. 交易所章程中明确规定作为股东的证券经纪商和证券自营商的名额、资

格和公司存续期限

C. 组织机构与普通股份有限公司相似，由股东大会、董事会、监事会和经理层构成

D. 成员公司的雇员可以担任证券交易所的高级职员

29. 中国证券业协会三大职能不包括（　　）。

A. 高效

B. 自律

C. 服务

D. 传导

30. 按照有关规定，投资者适当性管理工作主要是以经营机构适当性义务为主线展开的，不包括以下（　　）。

A. 以判断投资者风险承受能力为目标的投资者分类义务

B. 以判断产品收益水平为目标的产品组合义务

C. 以判断产品风险等级为目标的产品分级义务

D. 以“将适当的产品销售给适当的投资者”为目标的销售匹配义务

31. 证券市场中介机构是指（　　）。

A. 从事证券的发行与交易的机构

B. 为证券的发行、交易提供服务的各类机构

C. 专指各类证券公司

D. 为证券的发行与交易提供政策的监管部门

32. 按照《证券法》的规定，向不特定对象发行的证券票面总值超过人民币（　　）万元的，应当由承销团承销，承销团由主承销商和参与承销的证券公司组成。

A. 500

B. 5 000

C. 300

D. 3 000

33.（　　）是指证券公司向客户出借资金供其买入证券或者出借证券供其卖出，并收取担保物的经营活动。

A. 证券公司中介介绍业务

B. 证券自营业务

C. 股指期货业务

D. 融资融券业务

34. 关于证券公司中间介绍业务的说法错误的是（　　）。

A. 根据我国现行相关制度的规定，证券公司可以直接代理客户进行期货买卖，从事期货交易的中间介绍业务

B. 证券公司申请 IB 业务资格的，申请日前 6 个月各项风险控制指标应符合规定标准

C. 证券公司申请 IB 业务资格的，需配备必要的业务人员，公司总部至少有

5 名具有期货从业人员资格的业务人员

D. 证券公司申请 IB 业务，应当向中国证监会提交介绍业务资格申请书等规定的申请材料

35. 下列说法错误的是（　　）。

A. 注册会计师申请证券许可证还需具备证券、期货相关业务资格考试合格证书

B. 注册会计师申请证券许可证需取得注册会计师证书 1 年以上

C. 注册会计师申请证券许可证可直接向财政部、中国证监会提出申请

D. 注册会计师、会计师事务所的证券许可证实行年检制度

36.（　　）是指两个或两个以上的当事人按共同商定的条件，在约定的时间内定期交换现金流的金融交易。

A. 套期　　B. 掉期

C. 期权　　D. 互换

37. 关于金融期货的套期保值功能，下列说法错误的是（　　）。

A. 期货交易之所以能够进行套期保值，其基本原理在于某一特定商品或金融工具的期货价格和现货价格受相同经济因素的制约和影响，从而它们的变动趋势大致相同

B. 若同时在现货市场和期货市场建立数量相同、方向相反的头寸，则到期时不论现货价格上涨或是下跌，两种头寸盈亏恰好抵消，使套期保值者避免承担风险损失

C. 空头套期保值是指持有现货空头（如持有股票空头）的交易者担心将来现货价格上涨（如股市大盘上涨）而给自己造成经济损失，于是买入期货合约

D. 期货交易的对象是标准化产品

38. 关于金融期权，下列说法错误的是（　　）。

A. 金融期权交易双方的权利与义务对称，即对任何一方而言，都既有要求对方履约的权利，又有自己对对方履约的义务

B. 在金融期权交易中，只有期权出售者，尤其是无担保期权出售者才需要开立保证金账户，并按规定交纳保证金，以保证其履约义务

C. 从理论上说，期权购买者在交易中的潜在亏损是有限的

D. 从理论上说，期权出售者在交易中可能遭受的损失是无限的

39. 优先股对发行人的意义包括（　　）。

A. 享受利息税前抵扣　　B. 享有较为固定的收益

C. 避免决策权分散　　D. 为公司筹集短期资金

40. 关于“B 股”，下列说法正确的是（　　）。

A. “B 股”允许外币现钞买卖

B. 公司向境内上市外资股股东支付股利，可以以外币支付

C. 境内居民个人购买的“B 股”可以向境外转托管

D. 境内居民与非居民之间可以进行“B 股”转让协议

41. 以下（　　）方式是指承销商代发行人发售股票，在承销期结束时，将未出售的股票全部退还给发行人的承销方式。

A. 自销　　　　B. 全额包销

C. 余额包销　　　　D. 代销

42. 按照中国证监会发布的《上市公司证券发行管理办法》，要求主板（中小企业板）上市的上市公司财务状况良好，下列（　　）说法是正确的。

A. 最近两年的资产减值准备计提合理

B. 最近三年以现金方式累计分配的利润不少于最近三年实现的年均可分配利润的 20%

C. 最近三年不得被注册会计师出具带强调事项段的无保留意见的审计报告

D. 不良资产不足以对公司财务造成重大不利影响

43. 首次公开发行股票，关于网下投资者说法正确的是（　　）。

A. 网下投资者参与报价时，不需要持有任何股份

B. 发行人不得设置网下投资者的具体条件

C. 主承销商有权对网下投资者的条件进行核查

D. 主承销商无权拒绝网下投资者的报价

44. 李某持有乙公司 5 000 股优先股，因公司 2017 年盈利不佳，本应发放的优先股股息暂未发放。2018 年年末，公司将当年股息连同 2017 年股息一同发放给李某，这说明李某持有的是（　　）。

A. 强制分红优先股　　　　B. 固定股息优先股

C. 可累积优先股　　　　D. 参与优先股

45. 沪、深证券交易所对股票交易实行价格涨跌幅限制，涨跌幅比例为（　　）。

A. 5%　　　　B. 8%

C. 10%　　　　D. 15%

46. 可以自由分配给股权拥有者的最大化的现金流是（　　）。

A. 企业自由现金流　　　　B. 股权自由现金流

C. 股票红利　　　　D. 利息

47. 能够从经济和金融层面揭示股票价格决定的基本因素以及这些因素对价格的影响方式和影响程度的股票投资分析方法是（　　）。

A. 基本分析法　　B. 技术分析法

C. 量化分析法　　D. 定性分析法

48.（　　）类股东及其行动人持股超过5%的股份，不会被视为非自由流通股本。

A. 公司创建者　　B. 证券投资公司

C. 国有股份　　D. 战略投资者

49.（　　）是金融机构的核心竞争力。

A. 风险控制　　B. 风险分散

C. 风险管理　　D. 风险规避

50.（　　）依据RAROC最大化原则，将风险指标分解至公司的不同层面、不同业务线乃至具体组合与策略，将风险控制在可以承受的合理范围之内，使风险大小与风险管理能力和资本实力相匹配。

A. 风险偏好　　B. 风险限额

C. 风险缓释　　D. 风险拨备

二、组合型选择题（共50题，每题1分，共50分。以下各选项中，只有一项符合题目要求，不选、错选均不得分）

51. 下列属于交易所市场的有（　　）。

①拆借市场　　②期货交易所

③外汇市场　　④证券交易所

A. ①②　　B. ②④

C. ②③　　D. ①③

52. 国际长期投资主要包括（　　）。

①国际信贷　　②国际直接投资

③国际间接投资　　④贸易资金的流动

A. ①②③　　B. ①②④

C. ②③④　　D. ①③④

53. 纽约证券交易所交易制度模式的特征包括（　　）。

①指定做市商制度　　②场内经纪商制度

③场外经纪商制度　　④补充流动性提供商制度

A. ①②③　　B. ①③④

C. ①②④　　D. ②③④

54. 国债采取竞争性招标方式发行，下面关于投标限定的描述正确的是（　　）。

①每一国债承销团成员最高、最低投标标位差不得大于当期（次）财政部规定的投标标位差

②国债承销团甲类成员最高投标限额为当期（次）国债竞争性招标额的35%

③国债承销团乙类成员最高投标限额为当期（次）国债竞争性招标额的30%

④国债承销团成员于招标日后1个工作日缴纳发行款

A. ①②③　　B. ①③

C. ①②④　　D. ①②③④

55. 下列关于资产证券化兴起的经济动因的说法不正确的有（　　）。

①资产证券化最基本的功能是融资

②资产证券化可以解决资产和负债的不匹配

③资产证券化交易中的证券一般都是单一品种

④资产证券化产品的风险权重比基础资产本身的风险权重高

A. ①②③④　　B. ①②④

C. ①③④　　D. ②③④

56. 根据证券化产品的金融属性不同，可以分为（　　）。

①股权型证券化　　②债权型证券化

③单一型证券化　　④混合型证券化

A. ①②③　　B. ①②④

C. ①③④　　D. ②③④

57. 储蓄国债（凭证式）和储蓄国债（电子式）的不同之处有（　　）。

①申请购买手续不同　　②债权记录方式不同

③付息方式不同　　④到期兑付方式不同

A. ①②③　　B. ①②③④

C. ①②④　　D. ②③④

58. 债券与股票的相同点有（　　）。

①债券与股票都属于有价证券　　②债券与股票都是直接融资工具

③债券与股票风险都较大　　④债券与股票都可获得固定的收益

A. ①②　　B. ②③

C. ①④ D. ②④

59. 债券作为证明债权债务关系的凭证，一般以有一定格式的票面形式来表现。通常，债券票面上的基本要素包括（　　）。

①债券的票面价值 ②债券的到期期限

③债券的票面利率 ④债券发行者名称

A. ①②③ B. ①③④

C. ①②④ D. ①②③④

60. 下面可以作为金融债券发行主体的是（　　）。

①政策性银行 ②商业银行

③企业集团财务公司 ④金融租赁公司和汽车金融公司

A. ① B. ①②

C. ②③④ D. ①②③④

61. 中国银行间市场交易商协会负责受理企业债务融资工具的发行注册。交易商协会设注册委员会，注册委员会通过注册会议行使职责。下面关于注册委员会说法正确的是（　　）。

①注册会议原则上每周召开一次

②注册会议原则上每3天召开一次

③注册会议由5名注册委员会委员参加

④注册会议由3名注册委员会委员参加

A. ①④ B. ①③

C. ②③ D. ②④

62. 我国境内的商业银行及授权分行、信托投资公司、企业集团财务公司、金融租赁公司、农村信用社、证券公司、基金管理公司及其管理的各类基金、保险公司、外资金融机构以及经金融监管当局批准可投资于债券资产的其他金融机构均可在（　　）按实名制原则以自己名义开立债券托管账户。

①中央结算公司 ②上海清算所

③中国结算公司 ④证券交易所

A. ①②③ B. ①③④

C. ①②④ D. ①②③④

63. 银行间债券市场的发展现状表现在（　　）。

①市场规模迅速扩大，直接融资比例不断上升

②市场功能逐步显现，兼具投资和流动性管理功能

③发行主体以国有企业为主，其他主体积极参与

④与国际市场相比较，市场流动性仍然较低

A. ①②③　　B. ①③④

C. ①②④　　D. ①②③④

64. 下列对现代金融市场的描述，正确的是（　　）。

①“大一统”的单一银行体系

②不断完善的金融监管框架和基础设置

③多层次性

④多元性

A. ①②④　　B. ①②③

C. ②③　　D. ②③④

65. 中国当前的金融监管体制已经从“一行三会”过渡到“一委一行两会”，其中“一委一行两会”包括（　　）。

①国务院金融稳定发展委员会　　②中国人民银行

③原中国银监会　　④中国银保监会

A. ①②③　　B. ①②④

C. ②③④　　D. ①③④

66. 20 世纪 80 年代以来，中央银行职能的变化突出表现在（　　）。

①货币职能与金融监管相分离，突出货币政策调控职能

②货币职能与金融监管日益紧密，相辅相成

③强调金融稳定职能，维护金融体系安全

④金融政策的制定

A. ①②　　B. ②③

C. ③④　　D. ①③

67. 下列关于利率传导机制说法正确的是（　　）。

①利率为核心变量

②基础货币和货币乘数决定了对货币供应量的影响

③利率对收入的影响是直接的

④基本思路的头和尾分别为货币供应量和总产出，是同方向变动

A. ①②③　　B. ①②④

C. ②③④　　D. ①③④

68. 当托宾 q 的值大于 1 时，下列说法正确的是（　　）。

①企业的市场价值小于重置成本

②企业的市场价值大于重置成本

③此时企业很容易以相对较高的价格来发行较少的股票

④此时企业难以相对较高的价格来发行较少的股票

A. ①② B. ②③

C. ③④ D. ①③

69. 下列属于资本市场对外开放新实践的是（ ）。

①资本市场互联互通机制逐步建立健全

②外机构投资者持续增加对中国资本市场的配置

③以人民币计价的资产越来越多被纳入国际指数

④不断放开征信、评级、支付等资本市场基础设施领域的准入限制

A. ①②③ B. ①③④

C. ①②③④ D. ②③

70. 以下（ ）是证券投资基金的特点。

①集合理财、专业管理 ②组合投资、分散风险

③集中管理、保障安全 ④利益共享、风险共担

A. ①②③ B. ②③④

C. ①②④ D. ①②③④

71. 混合型基金是指同时投资于股票与债券的基金，该类基金由于资产配置比例不同，风险收益差异较大。一般可以根据资产配置的不同将其分为（ ）。

①偏股型基金 ②偏债型基金

③股债平衡型基金 ④灵活配置型基金

A. ①②③ B. ②③④

C. ①②④ D. ①②③④

72. 在我国，中国证监会认定的机构才有资格从事基金的代理销售。目前可以申请从事基金代理销售的机构包括（ ）。

①商业银行 ②证券公司

③保险公司 ④证券投资咨询公司

A. ①②③ B. ①③④

C. ①②④ D. ①②③④

73. 中国证券投资基金业协会是我国证券投资基金行业的自律性组织，按照（ ）的有关规定，对会员及其从业人员实施自律管理，制定和实施行业自律规则。

①《证券投资基金法》 ②《协会章程》

③《证券市场基本法律法规》 ④《会员管理办法》

A. ①②③　　B. ①②④

C. ①③④　　D. ①②③④

74. 以下（　　）是对私募基金合格投资者的要求。

①投资于单只私募基金的金额不低于50万元人民币

②净资产不低于1 000万元的单位

③金融资产不低于500万元或者最近3年个人年均收入不低于80万元的个人

④金融资产不低于300万元或者最近3年个人年均收入不低于50万元的个人

A. ①③　　B. ①④

C. ②③　　D. ②④

75. 私募基金募集应当履行下列（　　）程序。

①特定对象确定　　②投资者适当性匹配

③基金风险揭示　　④合格投资者确认

A. ①②③　　B. ①②④

C. ①③④　　D. ①②③④

76. 按照我国《上市公司证券发行管理办法》规定，上市公司再融资的方式有（　　）。

①向原股东配售股份

②向特定对象公开募集股份

③发行可转换公司债券

④非公开发行股票

A. ①②③　　B. ②③④

C. ①③④　　D. ①②③④

77. QFII是在一定规定和限制下，（　　），通过严格监管的专门账户投资（　　），其资本利得、股息等经审核后可转为外汇汇出的一种市场开放模式。

①汇入一定额度的外汇资金，并转换为当地货币

②汇出一定额度的本币资金，并转换为外地货币

③当地证券市场

④外地证券市场

A. ①③　　B. ①④

C. ②③　　D. ②④

78. 全国性社会保障基金，是由（　　）构成，是国家社会保障储备基金。

①中央财政预算拨款

②国有资本划转

③基金投资收益

④以国务院批准的其他方式筹集的资金

A. ①③④　　B. ①②③

C. ②③④　　D. ①②③④

79. 信息披露的主体包括（　　）。

①证券发行人　　②证券监管者

③证券旁观者　　④证券交易者

A. ①③④　　B. ①③④

C. ①②④　　D. ②③④

80. 证券市场监管的原则包括（　　）。

①监督与自律相结合的原则　　②保护投资者利益原则

③“三公”原则　　④依法监管原则

A. ①②③　　B. ②③④

C. ①②④　　D. ①②③④

81. 按照《证券投资者保护基金管理办法》规定，证券投资者保护基金公司履行以下（　　）职责。

①筹集、管理和运作基金

②监测证券公司的风险，参与证券公司风险处置工作

③组织、参与被撤销、关闭或破产证券公司的清算工作

④发现证券公司经营管理中出现可能危及投资者利益和证券市场安全的重大危险时，向中国证监会提出监管、处置建议；对证券公司运营中存在的风险隐患会同有关部门建立纠正机制

A. ①②③　　B. ①③④

C. ②③④　　D. ①②③④

82. 中国证券监督管理委员会是全国（　　）的主管部门。

①证券市场　　②货币市场

③信托市场　　④期货市场

A. ①②　　B. ①③

C. ①④　　D. ③④

83. 证券市场监管的经济手段，是指通过（　　）等经济手段，对证券市场进行干预。

①利率政策
②信贷政策
③罚款
④公开市场业务
A. ①②③
B. ①②④
C. ②③④
D. ①③④

84. 我国证券市场的监管目标是（　　）。
①保护投资者利益，保障合法的证券交易活动，监督证券中介机构
②根据国家宏观经济管理的需要，运用灵活多样的方式，调控证券市场与证券交易规模，引导投资方向，使之与经济发展相适应
③防止人为操纵、欺诈等不法行为，维持证券市场的正常秩序
④运用和发挥证券市场机制的积极作用，限制其消极作用
A. ①②③
B. ①②③④
C. ①②④
D. ②③④

85. 国务院证券监督管理机构由（　　）组成。
①中国证券监督管理委员会
②中国证券监督管理委员会的派出机构
③证券交易所
④行业协会
A. ①②
B. ①③
C. ①④
D. ③④

86. 信用违约互换（CDS）的危险来自（　　）。
①具有较高的杠杆性
②信用保护的买方并不需要真正持有作为参考的信用工具
③场外市场缺乏充分的信息披露和监管，交易者并不清楚自己的交易对手卷入了多少此类交易
④期货价格与未来的现货价格之间可能存在一定的偏离
A. ①②③④
B. ①②③
C. ①③④
D. ②③④

87. 下列关于金融期权的定义，说法正确的有（　　）。
①期权是指其持有者能在规定的期限内按交易双方商定的价格购买或出售一定数量的基础工具的权利
②金融期权是指以金融工具或金融变量为基础工具的期权交易形式
③期权的买方以支付一定数量的期权费为代价而拥有了这种权利，但不承担必须买进或卖出的义务

④期权的卖方则在收取了一定数量的期权费后，在一定期限内必须无条件服从买方的选择并履行成交时的允诺

A. ①②③④　　B. ①②③

C. ①③④　　D. ②③④

88. 下列关于金融期货与金融期权的区别的说法正确的有（　　）。

①基础资产不同　　②履约保证不同

③现金流转不同　　④套期保值的作用与效果不同

A. ①②③④　　B. ①②③

C. ①③④　　D. ②③④

89. 下列关于股票的流动性说法正确的是（　　）。

①通常情况下，大盘股的流动性强于小盘股

②通常情况下，小盘股的流动性强于大盘股

③通常情况下，非上市公司股票的流动性强于上市公司股票

④通常情况下，上市公司股票的流动性强于非上市公司股票

A. ①③　　B. ①④

C. ②④　　D. ②③

90. 按照《创业板上市公司证券发行管理办法》，创业板上市公司的配股应当满足的条件包括（　　）。

①控股股东应当在股东大会召开时公开承诺认配股份的数量

②最近三年及一期财务报表未被注册会计师出具否定意见或者无法表示意见的审计报告

③采用证券法规定的代销方式发行

④拟配售股份数量不超过本次配售股份前股本总额的20%

A. ①③　　B. ②③

C. ①③④　　D. ①②④

91. 上市公司发生下列（　　）情形，应当被强制退市。

①公司股本总额超过4亿元，上市公司社会公众持股比例不足10%，且在证券交易所规定的期限内仍不能达到上市条件

②上市公司连续10个交易日（不含停牌交易日）每日股票收盘价均低于股票面值

③上市公司在证券交易所规定期限内，未改正财务会计报告中的重大错报

④法定期限届满后，上市公司在证券交易所规定的期限内未能披露半年度报告

A. ①②③　　B. ①②④
C. ②③④　　D. ①③④

92. 开设证券账户应当遵循的原则包括（　　）。
①公正性　　②合法性
③有效性　　④真实性
A. ①②　　B. ②④
C. ②③　　D. ③④

93. 非柜台委托有以下（　　）形式。
①人工电话委托　　②网上委托
③自助和电话自动委托　　④传真委托
A. ①②③④　　B. ②④
C. ④　　D. ③

94. 委托指令可以根据不同的依据，划分为（　　）。
①整数委托和零数委托　　②买进委托和卖出委托
③市价委托和限价委托　　④定时委托和不定时委托
A. ①②③　　B. ①②④
C. ②③④　　D. ①③④

95. 在考虑影响公司股价变动的因素时，对于公司经营中的财务状况，常用来衡量其流动性的指标有（　　）。
①速动比率　　②应收账款回收期
③销售周转率　　④销售利润率
A. ①②③　　B. ②③④
C. ①②④　　D. ①③④

96. 宏观经济对股票价格影响的特点是（　　）。
①波及范围广　　②干扰程度深
③作用机制简单　　④可能导致股价波动幅度较大
A. ①②③　　B. ②③④
C. ①②④　　D. ①③④

97. 股票分析中，技术分析方法主要有（　　）。
①K 线理论　　②形态理论
③波浪理论　　④循环周期理论
A. ①②　　B. ③④
C. ①②④　　D. ①②③④

98. 委托受理的手续和过程包括（　　）。

①委托承接　　②委托受理

③委托执行　　④委托撤销

A. ①②③　　B. ①②④

C. ②③④　　D. ①③④

99. 以下属于流动性风险衡量的是（　　）。

①融资流动性风险　　②资产流动性风险

③敏感性分析　　④波动性分析

A. ①②　　B. ①③

C. ②③　　D. ③④

100. 下面属于风险管理的方法是（　　）。

①风险预防　　②风险规避

③风险分散　　④风险补偿

A. ③④　　B. ①③④

C. ①②③　　D. ①②③④

参考答案与解析

1. 参考答案：D

考点：考查金融市场的功能之一：降低搜寻成本和信息成本。

2. 参考答案：C

考点：考查金融市场的重要性。

3. 参考答案：C

考点：考查保值性资金的流动。

4. 参考答案：B

考点：考查债券清算的原则。

5. 参考答案：D

考点：考查债券回购交易的特点。

6. 参考答案：C

考点：考查融资融券期限。

7. 参考答案：C

考点：考查公开发行公司债券的条件。

8. 参考答案：B

考点：考查证券公司次级债务期限。

9. 参考答案：D

考点：考查商业银行次级债务期限。

10. 参考答案：D

考点：考查金融租赁公司和汽车金融公司发行金融债券的条件。

11. 参考答案：B

考点：考查影响国债销售价格的因素。从市场利率方面来说，市场利率趋于下降，就为承销商确定销售价格拓宽了空间；市场利率趋于上升，就限制了承销商确定销售价格的空间，A 错误。在国债承销中，承销商可获得其承销金额一定比例的手续费收入，C 错误。另外，国债销售价格一般不低于承销商与发行人的结算价格，反之，就有可能发生亏损，D 错误。

12. 参考答案：A

考点：考查国债竞争性招标方式。见《财政部关于印发〈2018 年记账式国债招标发行规则〉》。现行国债的招标方式包括单一价格和修正的多重价格招标方式，标的是价格或利率。

13. 参考答案：A

考点：考查企业债券和公司债券的相关知识。在我国，企业债券和公司债券是不同的两种债券。

14. 参考答案：A

考点：我国债券市场分为场内市场和场外市场。场内市场包括银行间市场和银行间柜台市场。前者的市场参与者限于机构，属于场外债券批发市场；后者参与者限于个人，属于场外债券零售市场。场外市场包括上海证券交易所和深圳证券交易所，机构和个人均可参与。因此选择 A。

15. 参考答案：B

考点：货币政策主要通过货币供给量、利率和信贷政策机制发挥作用，支出属于财政政策。

16. 参考答案：D

考点：担保承诺类业务包括担保类、承诺类等按照约定承担偿还责任的业务，代理投融资服务类业务指商业银行根据客户委托，为客户提供投融资服务但不承担代偿责任、不承诺投资回报的表外业务。前者要承担偿还责任，因此风险更高，C 说法正好相反。

17. 参考答案：A

考点：国务院金融稳定发展委员会定位为“作为国务院统筹协调金融稳定和改革发展重大问题的议事协调机构”。

18. 参考答案：B

考点：“发行的银行”指中央银行垄断货币发行权，是全国唯一有权发行货币的机构，调节货币供应量，保证货币流通的正常与稳定。

19. 参考答案：B

考点：经常被选做操作目标的主要有短期货币市场利率、银行准备金、基础货币等。长期利率是中介目标。

20. 参考答案：B

考点：考查证券投资基金不同分类标准下的分类形式。

21. 参考答案：B

考点：考查被动型基金的概念，与主动型基金概念的区分。

22. 参考答案：B

考点：考查基金销售支付机构的资格许可。

23. 参考答案：C

考点：考查不同类型基金的认购费率。

24. 参考答案：A

考点：考查基金认购和申购概念的区分。

25. 参考答案：B

考点：考查有关基金各种费用的计提方式与支付周期。

26. 参考答案：B

考点：考查证券市场融资活动的特征。证券市场融资是一种强市场性的融资活动。投资者与发行人的股权和债权关系并不是凝结在最初的投资者和发行人之间的，而是可以随时转移的，投资者通过在市场上出售股票或债券，就可以将原来持有的股权或债权转让给他人。

27. 参考答案：C

考点：考查机构投资者的特点。机构投资者是具有独立法人地位的经济实体。一方面他们要受到一系列法律法规的约束和政府监管部门、行业自律组织的监督；另一方面，其内部通常设有董事会、监事会等组织形式，进行相应的管理和风险控制。

28. 参考答案：D

考点：考查公司制证券交易所。任何成员公司的股东、高级职员、雇员都不能担任证券交易所的高级职员，以保证交易的公正性。

29. 参考答案：A

考点；考查中国证券业协会三大职能。中国证券业协会着力加强行业自律、行业服务和行业基础建设，履行“自律、服务、传导”三大职能。

30. 参考答案：B

考点：考查投资者适当性管理。

31. 参考答案：B

考点：证券市场中介机构是指为证券的发行、交易提供服务的各类机构。在证券市场起中介作用的机构是证券公司和其他证券服务机构。

32. 参考答案：B

考点：按照《证券法》的规定，向不特定对象发行的证券票面总值超过人民币 5 000 万元的，应当由承销团承销，承销团由主承销商和参与承销的证券公司组成。

33. 参考答案：D

考点：融资融券业务是指证券公司向客户出借资金供其买入证券或者出借证券供其卖出，并收取担保物的经营活动。

34. 参考答案：A

考点：根据我国现行相关制度的规定，证券公司不能直接代理客户进行期货买卖，从事期货交易的中间介绍业务。

35. 参考答案：C

考点：注册会计师申请证券许可证，应当由会计师事务所向财政部、中国证监会提出申请。

36. 参考答案：D

考点：考查互换的定义。

37. 参考答案：C

考点：考查金融期货套期保值功能相关知识。多头套期保值是指持有现货空头（如持有股票空头）的交易者担心将来现货价格上涨（如股市大盘上涨）而给自己造成经济损失，于是买入期货合约（建立期货多头）。空头期货保值是指持有现货多头（如持有股票多头）的交易者担心未来现货价格下跌，在期货市场卖出期货合约（建立期货空头）。

38. 参考答案：A

考点：考查金融期权相关知识。金融期权交易双方的权利与义务存在着明显的不对称性，期权的买方只有权利而没有义务，而期权的卖方只有义务而没有权利。

39. 参考答案：C

考点：考查优先股对发行人的意义：可以筹集长期稳定的公司股本，股息固定，减轻利润分配负担，优先股股东的管理决策权一般受限，可以避免决策权分散和改变。

40. 参考答案：B

考点：考查境内上市外资股相关知识点："B 股"不允许外币现钞买卖；公司向境内上市外资股股东支付股利，以人民币计价和宣布，以外币支付；境内居民个人购买的"B 股"不可以向境外转托管；境内居民与非居民之间不得进行"B 股"转让。

41. 参考答案：D

考点：代销的定义，指承销商代发行人发售股票，在承销期结束时，将未出售的股票全部退还给发行人的承销方式。

42. 参考答案：D

考点：要求上市公司财务状况良好，被注册会计师出具带强调事项段的无保留意见的审计报告的，所涉及的事项对发行人无重大不利影响或者在发行前重大不利影响已消除。

43. 参考答案：C

考点：考查首次公开发行股票，网下投资者所需满足的条件。

44. 参考答案：C

考点：考查可累积优先股定义。

45. 参考答案：C

考点：沪、深证券交易所对股票交易实行价格涨跌幅限制，涨跌幅比例为10%。

46. 参考答案：B

考点：考查对股权自由现金流的理解。

47. 参考答案：A

考点：考查基本分析法的优点。

48. 参考答案：B

考点：公司创建者、家族、高级管理者等长期持有的股份，国有股份，战略投资者持有的股份，员工持股计划，上述四类股东及其行动人持股超过5%的股份，被视为非自由流通股本。

49. 参考答案：C

考点：考查风险与金融机构的关系。

50. 参考答案：B

考点：考查风险限额的概念。

51. 参考答案：B

考点：主要考查交易所市场范围。

52. 参考答案：A

考点：考查国际长期投资的内容。

53. 参考答案：C

考点：考查美国纽约证券交易所交易制度模式的特征。

54. 参考答案：C

考点：考查国债竞争性招标相关内容。见《财政部关于印发〈2018年记账式国债招标发行规则〉》。国债承销团乙类成员最高投标限额为当期（次）国债竞争性招标额的25%，③的说法不正确。

55. 参考答案：C

考点：考查资产证券化兴起的经济动因。资产证券化最基本的功能是提高资产的流动性；资产证券化交易中的证券一般不是单一品种，而是通过对现金流的分割和组合，可以设计出具有不同档级的证券；一般而言，资产证券化产品的风险权重比基础资产本身的风险权重低得多。

56. 参考答案：B

考点：考查资产证券化的分类。

57. 参考答案：B

考点：考查储蓄国债（凭证式）和储蓄国债（电子式）的不同之处。储蓄国债（凭证式）和储蓄国债（电子式）的不同之处在于：申请购买手续不同；债权记录方式不同；付息方式不同；到期兑付方式不同；发行对象不同；承办机构不同。

58. 参考答案：A

考点：考查债券与股票的异同。债券与股票的相同点：债券与股票都属于有价证券、债券与股票都是直接融资工具。

59. 参考答案：D

考点：考查债券的票面要素。债券票面上的四个基本要素包括：债券的票面价值、债券的到期期限、债券的票面利率、债券发行者名称。

60. 参考答案：D

考点：考查金融债券的发行主体。政策性银行、商业银行、企业集团财务公司、金融租赁公司和汽车金融公司都可以作为发行金融债券的主体。

61. 参考答案：B

考点：考查短期融资融券的发行注册。

62. 参考答案：A

考点：考查债券托管的有关规定。

63. 参考答案：D

考点：考查银行间债券市场的发展现状。

64. 参考答案：D

考点：经过多次改革，我国现代化市场金融体系是金融机构多元化，金融市场多层次以及金融监管框架和金融基础设施不断完善的现代化金融体系。“大一统”是改革前的我国金融市场特征。

65. 参考答案：B

考点："一委一行两会"指国务院金融稳定发展委员会、中国人民银行、中国证券监督管理委员会以及中国银行保险监督管理委员会，不包括原中国银监会。

66. 参考答案：D

考点：20世纪80年代以来，中央银行职能的变化突出表现在包括：货币职能与金融监管相分离，突出货币政策调控职能；强调金融稳定职能，维护金融体系安全。

67. 参考答案：B

考点：考查利率的传导机制，利率为核心变量。货币政策对收入水平的大小取决于：货币政策对货币供应量的影响、利率对投资水平的影响、投资水平对收入的影响。利率对收入的影响是间接的。③表述错误。

68. 参考答案：B

考点：当托宾q的值大于1时，企业的市场价值大于重置成本，此时企业很容易以相对较高的价格来发行较少的股票，并买到较多的新的投资品，这会导致投资增加，最终会提高社会总需求和总产出。

69. 参考答案：C

考点：考查资本市场对外开放的新实践。

70. 参考答案：C

考点：考查证券投资基金的特点。③应为独立托管、保障安全。

71. 参考答案：D

考点：考查混合型基金的分类。

72. 参考答案：D

考点：考查可从事基金代理销售的机构。目前商业银行、证券公司是我国基金销售的主要渠道。

73. 参考答案：B

考点：考查中国证券投资基金业协会的行业自律管理。

74. 参考答案：D

考点：考查私募基金合格投资者满足的条件。

75. 参考答案：D

考点：考查私募基金募集的程序。除以上选项，还包括投资冷静期和回访确认。

76. 参考答案：C

考点：考查上市公司再融资的途径。按照我国《上市公司证券发行管理办法》规定，上市公司再融资的方式有向原股东配售股份、向不特定对象公开募集股份、发行可转换公司债券、非公开发行股票。

77. 参考答案：A

考点：考查合格境外机构投资者制度（QFII）的概念。

78. 参考答案：D

考点：考查全国社会保障基金的资金构成，以上选项均正确。

79. 参考答案：C

考点：信息披露的主体不仅包括证券发行人、证券交易者，还包括证券监管者。

80. 参考答案：D

考点：证券市场监管的原则有依法监管原则、保护投资者利益原则、“三公”原则以及监督与自律相结合的原则。

81. 参考答案：D

考点：考查证券投资者保护基金公司的职责。参看《证券投资者保护基金管理办法》的有关规定。

82. 参考答案：C

考点：中国证券监督管理委员会（简称“中国证监会”）是国务院直属机构，是全国证券、期货市场的主管部门。

83. 参考答案：B

考点：经济手段是通过运用利率政策、公开市场业务、信贷政策、税收政策等经济手段，对证券市场进行干预。这种手段相对比较灵活，但调节过程可能较慢，存在时滞。

84. 参考答案：B

考点：我国证券市场的监管目标是：（1）运用和发挥证券市场机制的积极作用，限制其消极作用。（2）保护投资者利益，保障合法的证券交易活动，监督证券中介机构。（3）防止人为操纵、欺诈等不法行为，维持证券市场的正常秩序。（4）根据国家宏观经济管理的需要，运用灵活多样的方式，调控证券市场与证券交易规模，引导投资方向，使之与经济发展相适应。

85. 参考答案：A

考点：国务院证券监督管理机构依法对证券市场实行监督管理，维护证券市场秩序，保障其合法运行。国务院证券监督管理机构由中国证券监督管理委员会及其派出机构组成。

86. 参考答案：B

考点：考查金融信用违约互换的相关知识。④为期货价格的特点。

87. 参考答案：A

考点：考查金融期权的相关知识。

88. 参考答案：A

考点：考查金融期货与金融期权的区别。除上述选项外，还包括交易者权利与义务的对称性不同、盈亏特点不同。

89. 参考答案：B

考点：考查对股票流动性的理解。通常情况下，大盘股的流动性强于小盘股，上市公司股票的流动性强于非上市公司股票。

90. 参考答案：B

考点：考查创业板上市公司的配股应当满足的条件：控股股东应当在股东大会召开前公开承诺认配股份的数量，拟配售股份数量不超过本次配售股份前股本总额的30%。

91. 参考答案：D

考点：考查上市公司发生被强制退市的情形。上市公司连续20个交易日（不含停牌交易日）每日股票收盘价均低于股票面值，会被强制退市。

92. 参考答案：B

考点：开设证券账户应当遵循合法性和真实性的原则。

93. 参考答案：A

考点：上述皆为非柜台委托的形式。

94. 参考答案：A

考点：考查委托指令的基本类别。

95. 参考答案：A

考点：考查公司财务状况流动性的衡量指标，常用的有流动比率、速动比率、应收账款平均回收期和销售周转率等。

96. 参考答案：C

考点：考查影响股价变动的宏观经济与政策因素。宏观经济对股票价格影响的特点是波及范围广、干扰程度深、作用机制复杂，并可能导致股价波动幅度较大。

97. 参考答案：D

考点：考查技术分析方法的理论，包括K线理论、切线理论、形态理论、技术指标理论、波浪理论和循环周期理论。

98. 参考答案：C

考点：委托受理的手续和过程包括委托受理、委托执行和委托撤销。

99. 参考答案：A

考点：考查流动性风险衡量。

100. 参考答案：D

考点：考查风险管理的方法。风险管理的主要方法包括：风险预防、风险规避、风险分散、风险对冲、风险转移和风险补偿。

《金融市场基础知识》模拟试卷八

一、选择题（共50题，每题1分，共50分。以下各选项中，只有一项符合题目要求，不选、错选均不得分）

1. 在间接融资方式下，融资的主动权主要掌握在（　　）手中。

A. 资金需求者　　B. 资金供应者

C. 金融中介机构　　D. 政府

2.（　　）是指由金融投资或与金融投资有直接联系的活动而产生的证券。

A. 商品证券　　B. 货币证券

C. 资本证券　　D. 商业证券

3. 以获得国外企业的实际控制权为目的的国际资本流动是（　　）。

A. 贸易资金的流动　　B. 套利性资金的流动

C. 国际直接投资　　D. 国际间接投资

4. 下列关于公司债券的说法，有误的是（　　）。

A. 不动产抵押公司债券用作抵押的财产价值不一定与发生的债务额相等

B. 一般来说，投资者比较愿意购买保证公司债券

C. 收益公司债券的清偿顺序在股票之后

D. 可转换公司债券具有双重选择权的特征

5. 金融租赁公司和汽车金融公司发行金融债券后，资本充足率均应不低于（　　）。

A. 6%　　B. 7%

C. 8%　　D. 9%

6. 银行业金融机构发行资本补充债券，应满足的条件不包括（　　）。

A. 具有完善的公司治理机制　　B. 偿债能力良好，且成立满一年

C. 遵守国家产业政策和信贷政策　　D. 经营稳健，资产结构符合行业特征

7. 关于储蓄国债（电子式）的说法，错误的是（　　）。

A. 针对个人投资者，同时也向机构投资者发行

B. 采用实名制，不可流通转让

C. 收益安全稳定，由财政部负责还本付息，免缴利息税

D. 付息方式较为多样

8. 下列不属于记账式国债的优点的是（　　）。

A. 发行时间短　　B. 发行利率高

C. 交易手续烦琐　　D. 成本低

9. 有的债券附有一定的选择权，即发行契约中赋予债券发行人或持有人具有某种选择的权利。关于有选择权的债券，下列说法有误的是（　　）。

A. 附有赎回选择权条款的债券表明债券发行人具有在到期日之前买回全部或部分债券的权利

B. 附有可转换条款的债券表明债券持有人具有按约定条件将债券转换成发行公司普通股股票的选择权

C. 附有新股认购权条款的债券表明债券持有人具有按约定条件购买债券发行公司新发行的普通股股票的选择权

D. 附有出售选择权条款的债券表明债券持有人具有在指定的日期内以票面价值将债券在市场上出售的权利

10. 甲是投资者，试图投资资产证券化产品。对于甲来说，资产证券化的优势在于（　　）。

A. 增加资产的流动性，提高资本使用效率

B. 提升资产负债管理能力，优化财务状况

C. 降低资本要求，扩大投资规模

D. 增加收入来源

11. 银行间债券市场发行国债的分销要求，分销认购人（　　）。

A. 在中央国债登记结算有限责任公司开立债券托管账户

B. 在证券交易所开立债券托管账户

C. 向中央国债登记结算有限责任公司提供一个自营账户作为托管账户

D. 向证券交易所提供一个自营账户作为托管账户

12. 地方政府一般债券采用（　　）形式，地方政府一般债券实行自发自还。

A. 记账式浮动利率　　B. 记账式固定利率

C. 凭证式固定利率　　D. 凭证式浮动利率

13. 股份有限公司公开发行企业债券必须满足净资产额不低于（　　）。

A. 1 000 万元　　B. 3 000 万元
C. 6 000 万元　　D. 8 000 万元

14. 未来中国金融体系改革的重点方向不包括（　　）。
A. 增强金融服务实体经济能力
B. 促进直接融资和间接融资比重更合理
C. 增强间接融资对直接融资的替代
D. 完善多层次的资本市场

15. 对于债券市场来说，不同市场的债券分别由不同机构负责托管和结算，关于债券的托管，以下说法正确的是（　　）。
A. 银行间市场对应中央国债登记公司
B. 上海证券交易所对应中央国债登记公司
C. 深圳证券交易所对应中央国债登记公司
D. 银行间市场对应中国证券登记结算总公司

16. 我国金融衍生品市场按资产类别划分主要包括利率类衍生品、（　　）、货币类衍生品、信用类衍生品。
A. 期权类衍生品　　B. 票据类衍生品
C. 债务类衍生品　　D. 权益类衍生品

17. 商业银行利用自身在机构网点、技术手段和信息处理等方面的优势，代理客户承办收付和委托事项，并收取手续费的业务是（　　）。
A. 中间业务　　B. 表外业务
C. 表内业务　　D. 其他业务

18. 目前通行的观点，以下关于银行的中间业务和表外业务的说法正确的是（　　）。
A. 中间业务包括表外业务
B. 中间业务是源于会计准则而生成的类别
C. 表外业务是源于业务类型而生成的类别
D. 相比于表外业务，中间业务更强调业务的风险特征

19. 资本市场划分为场内市场和场外市场，是按照（　　）进行的划分。
A. 交易品种的不同　　B. 市场功能的不同
C. 组织形式和交易活动是否集中　　D. 是否规范化

20. （　　）是指依据基金公司章程设立，是在法律上具有独立法人地位的股份投资公司。
A. 公司型基金　　B. 股票基金

C. 私募基金　　D. 契约型基金

21. ETF（交易所交易基金）结合了（　　）与（　　）的运作特点，一方面可以在交易所二级市场进行买卖，另一方面又可以申购、赎回。

A. 封闭式基金　开放式基金　　B. 主动型基金　被动型基金

C. 公募基金　私募基金　　D. 股权投资基金　风险投资基金

22. 基金管理人可以对选择后端收费方式的投资人根据其持有期限适用不同的后端申购费率标准。对于持有期低于（　　）的投资人，基金管理人不得免收其后端申购费用。

A. 1 年　　B. 2 年

C. 3 年　　D. 5 年

23. 基金管理人的基金宣传推介资料，应当事先经基金管理人负责基金销售业务的高级管理人员和督察长检查，出具合规意见书，并自向公众分发或者发布之日起（　　）个工作日内报主要经营活动所在地中国证监会派出机构备案。

A. 3　　B. 5

C. 7　　D. 10

24. 基金合同应当约定给投资者设置不少于（　　）的投资冷静期。募集机构在投资冷静期内不得主动联系投资者。

A. 12 个小时　　B. 18 个小时

C. 24 个小时　　D. 36 个小时

25. 私募基金运行期间，信息披露义务人应当在每年结束之日起（　　）个月以内向投资者披露基金净值、财务情况以及投资运作情况等信息。

A. 1　　B. 2

C. 3　　D. 4

26. 直接影响公司原股东利益，需要经过股东大会特别批准的增资方式是（　　）。

A. 向原股东配售股份　　B. 向不特定对象公开募集股份

C. 发行可转换公司债券　　D. 非公开发行股票

27. 按照中国证监会颁布的《法人配售方式指引》规定，战略投资者的家数原则上不超过（　　）家，特大型公司发行时，可以适当增加战略投资者的家数。

A. 2　　B. 3

C. 4　　D. 5

28. 2019 年 1 月，经国务院批准，合格境外机构投资者（QFII）总额度由

（　　）亿美元调整至（　　）亿美元。

A. 3 000　1 500　　B. 1 500　3 000

C. 2 500　1 000　　D. 1 000　2 500

29. 除中国证监会另有规定外，合格境内机构投资者经营证券投资基金、经营集合资产管理计划允许的行为包括（　　）。

A. 购买不动产

B. 投资于银行存款等货币市场工具

C. 购买房地产抵押按揭

D. 购买实物商品

30. 证券公司甲欲设立一家私募基金子公司乙，乙公司根据税收、监管等需求设立基金管理机构丙，下列甲、乙、丙的做法错误的是（　　）。

A. 甲以自有资金全资设立乙

B. 乙持有丙 30% 的股权，且拥有管理控制权

C. 乙不得成为对所投资企业的债务承担连带责任的出资人

D. 丙不得对外提供担保

31. 在我国，设立证券公司必须经（　　）审查批准。

A. 上海证券交易所　　B. 深圳证券交易所

C. 中国证券业协会　　D. 国务院证券监督管理机构

32. 按照《证券法》的规定，向不特定对象发行的证券票面总值超过人民币 5 000 万元的，应当以（　　）方式承销业务。

A. 代销　　B. 全额包销

C. 承销团承销　　D. 余额包销

33. 下列关于证券承销与保荐业务的说法错误的是（　　）。

A. 证券承销是指证券公司代理证券发行人发行证券的行为

B. 证券公司履行保荐职责，应按规定注册登记为保荐机构

C. 证券发行人负责证券发行的主承销工作

D. 保荐机构负有对发行人进行尽职调查的义务

34. 按照《证券公司融资融券业务管理办法》的规定，关于证券公司申请融资融券业务资格，应当具备的条件，下列说法错误的是（　　）。

A. 公司治理健全，内部控制有效，能有效识别、控制和防范业务经营风险和内部管理风险

B. 公司最近三年内不存在因涉嫌违法违规正被中国证监会立案调查或者正处于整改期间的情形

C. 财务状况良好，最近两年各项风险控制指标持续符合规定，注册资本和净资本符合增加融资融券业务后的规定

D. 信息系统安全稳定运行，最近一年未发生因公司管理问题导致的重大事故，融资融券业务技术系统已通过证券交易所、证券登记结算机构组织的测试

35. 证券公司受期货公司委托从事 IB 业务，下列做法正确的是（　　）。

A. 甲证券公司代理客户进行期货交易、结算或者交割

B. 乙证券公司代期货公司收付期货保证金

C. 丙证券公司拒绝代客户收付期货保证金

D. 丁证券公司利用证券资金账户为客户存取、划转期货保证金

36. 按照选择权的性质划分，金融期权可以分为（　　）。

A. 认购期权和认沽期权

B. 欧式期权、美式期权和修正的美式期权

C. 股票类期权、利率期权、货币期权、金融期货合约期权、互换期权等

D. 单只股票期权、股票组合期权和股价指数期权

37. 按照合约所规定的履约时间的不同，金融期权可以分为（　　）。

A. 认购期权和认沽期权

B. 欧式期权、美式期权和修正的美式期权

C. 股票类期权、利率期权、货币期权、金融期货合约期权、互换期权等

D. 单只股票期权、股票组合期权和股价指数期权

38.（　　）是指买方在支付了期权费后，即取得在合约有效期内或到期时以约定的汇率购买或出售一定数额某种外汇资产的权利。

A. 利率期权　　B. 货币期权

C. 金融期货合约期权　　D. 互换期权

39. 根据股东享有权利的不同，股票可分为（　　）。

A. 记名股票和无记名股票　　B. 优先股和普通股

C. 无表决权股和表决权股　　D. 普通股和特别股

40. 通常将那些经营业绩较好，具有稳定且较高的现金股利支付的公司股票称为（　　）。

A. 蓝筹股　　B. 红筹股

C. 绩优股　　D. 金牛股

41. 关于优先股，下列说法正确的是（　　）。

A. 优先股二级市场价格波动大，适合投机交易

B. 优先股股息可税前扣除，减轻企业税负

C. 优先股股东享有与普通股股东相同的决策权力

D. 优先股股息收益并不总是高于普通股

42. 下列（　　）不属于境外上市外资股的特点。

A. 记名股票
B. 外币认购买卖
C. 人民币标明股票面值
D. 公司支付股利时以外币计价

43. 以下（　　）股票是指，在中国境外注册、在中国香港上市，但主要业务在中国内地或者大部分股东权益来自内地公司的股票。

A. 外资股
B. 红筹股
C. “H 股”
D. “B 股”

44. 首次公开发行股票并在主板（中小企业板）上市所需满足的条件不包括（　　）。

A. 发行依法设立且持续经营时间在三年以上的股份有限公司

B. 最近一期末无形资产占净资产的比例不得高于 20%

C. 最近三个会计年度净利润均为正数，且现金流量累计超过人民币 3 000 万元

D. 最近三个会计年度经营活动产生的现金流量累计超过人民币 5 000 万元或最近三个会计年度营业收入累计超过人民币 3 亿元

45. 增发是指（　　）。

A. 上市公司向原股东配售股票的行为

B. 上市公司向特定对象募集资金的行为

C. 上市公司向不特定对象公开募集股份的行为

D. 上市公司向特定对象非公开募集股份的行为

46. 下列（　　）时间点，上海证券交易所不会接受会员竞价交易申报。

A. 13：20
B. 11：30
C. 9：10
D. 14：50

47. 股票票面上标明的金额，是股票的（　　）。

A. 账面价值
B. 票面价值
C. 清算价值
D. 内在价值

48. 利用统计、数值模拟和其他定量模型进行证券市场相关研究的一种股票分析方法是（　　）。

A. 基本分析法
B. 技术分析法
C. 量化分析法
D. 定性分析法

49. 任何金融工具都可能出现因指数价格的不利变动而带来资产损失的可能

性，这是（　　）。

A. 信用风险
B. 市场风险
C. 法律风险
D. 结算风险

50. 下列关于风险与金融产品和投资的说法错误的是（　　）。

A. 任何金融产品都是风险和收益的组合

B. 风险是与收益相匹配的

C. 投资是以风险换收益

D. 以风险换收益也应无限制地承担风险

二、组合型选择题（共50题，每题1分，共50分。以下各选项中，只有一项符合题目要求，不选、错选均不得分）

51. 二级市场的重要功能有（　　）。

①筹资

②为已发行的金融资产提供流动性

③发现资产价格

④降低风险

A. ①②
B. ②④
C. ②③
D. ①③

52. 发售凭证式国债的收款凭证中需要注明的是（　　）。

①投资者身份
②日期
③发行利率
④期限

A. ①②
B. ①②③
C. ②③
D. ①②③④

53. 按照国际货币基金组织《金融稳健指标编制指南》，全球金融体系的主要参与者包括（　　）。

①金融公司
②非金融公司
③住户及为住户服务的非营利机构
④广义政府、公共部门

A. ①②③
B. ①②④
C. ①②③④
D. ①③④

54. 中国香港债务工具的发债主体包括（　　）。

①中国香港外汇基金
②中国香港政府持有公司
③私营企业
④授权机构

A. ①②③
B. ①③④

C. ①②④　　D. ①②③④

55. 一般情况下，关于发债机构申请发行国际开发机构人民币债券的条件，下面说法正确的是（　　）。

①发债机构已为中国境内项目或企业提供的贷款和股本资金在10亿美元以上

②发债机构已为中国境内项目或企业提供的贷款和股本资金在5亿美元以上

③发债机构经两家（含两家）评级公司评级，其中至少应有一家评级公司在中国境内注册且具备人民币债券评级能力

④人民币债券信用级别为AA级（或相当于AA级）以上

A. ②④　　B. ①③④

C. ②③　　D. ②③④

56. 债券的开户合同应当包括（　　）事项。

①委托人真实姓名、住址、年龄、职业、身份证号

②委托人与证券公司之间的权利和义务

③确立开户合同的有效期限

④延长合同期限的条件和程序

A. ①②③　　B. ①③④

C. ①②④　　D. ①②③④

57. 中华人民共和国金融行业标准（JR/T 0030.2－2006）《信贷市场和银行间债券市场信用评级规范》对信用评级程序做出（　　）规定。

①评级准备；实地调查　　②初评阶段；评定等级

③结果反馈与复评；结果发布　　④文件存档；跟踪评级

A. ①②③　　B. ①③④

C. ①②④　　D. ①②③④

58. 以下（　　）属于交易所市场实行的制度和方式。

①集中撮合竞价与经纪商制度　　②电脑集合竞价

③连续竞价　　④大宗交易

A. ①②③　　B. ①③④

C. ①②④　　D. ①②③④

59. 银行间债券市场成员根据其是否与中央债券簿记系统直接联网办理债券结算业务而分为直接结算成员和间接结算成员。其中，间接结算成员主要是（　　）。

①中小金融机构　　②存款类金融机构

③非金融机构 ④大型金融机构

A. ①② B. ③④

C. ②④ D. ①③

60. 目前，可进行跨市场转托管的债券是（　　）。

①附息国债 ②公司债

③企业债 ④地方债

A. ①②③ B. ①③④

C. ①②④ D. ①②③④

61. 属于债券所规定的资金借贷双方的权责关系主要有（　　）。

①所借贷货币资金的数额

②借贷的时间

③在借贷时间内的资金成本或应有的补偿（债券的利息）

④债券的利率

A. ①②③ B. ①②③④

C. ①②④ D. ②③④

62. 集合类企业债券，简称为集合债券，是指以多个发行人作为联合发行主体，按照（　　）的原则共同发行的企业债券。

①统一组织 ②分别负债

③统一担保 ④集合发行

A. ①②③ B. ①②③④

C. ①③④ D. ②③④

63. 目前中国企业发行境外债券总体可以分为三类，分别是（　　）。

①非人民币债券 ②点心债

③合成型债券 ④人民币债券

A. ①②③ B. ①②④

C. ①③④ D. ②③④

64. 我国债券市场发行债券包括利率债和信用债，下面关于利率债和信用债的说法，正确的是（　　）。

①利率债以政府信用为基础或以政府提供偿债支持为基础而发行

②利率债风险小于信用债

③铁路总公司发行的债券为信用债

④信用债是以企业的商业信用为基础而发行的债券

A. ①②③ B. ①②④

C. ②③④　　D. ①③④

65. 下列关于影响我国金融市场运行的主要因素说法正确的是（　　）。

①预期的通货膨胀率与债券和股票价格是反方向变动关系

②货币政策主要通过货币供给量、利率和信贷政策机制发生作用，其中货币供给量和金融资产的需求是同方向变动

③市场交易机制的核心是价格发现机制

④利率对金融市场的影响是局部的、非系统的

A. ①②③　　B. ①②④

C. ②③④　　D. ①③④

66. 国务院金融稳定发展委员会的职责有（　　）。

①落实党中央、国务院关于金融工作的决策部署

②审议金融业改革发展重大规划

③统筹金融改革和发展

④指导中央金融改革发展与监管

A. ①②③　　B. ①②④

C. ②③④　　D. ①③④

67. 中国人民银行是我国的中央银行，也是国务院的组成部分，中国人民银行的职责包括（　　）。

①依法制定和执行货币政策　　②监管人民币流通

③依法制定和执行财政政策　　④监管银行间债券市场

A. ①②③　　B. ①②④

C. ②③④　　D. ①③④

68. 中国银行保险监督管理委员会成立于（　　）。

①2015 年　　②2016 年

③2017 年　　④2018 年

A. ①　　B. ②

C. ③　　D. ④

69. 对政府提供信贷、代表政府管理金融活动属于中央银行的（　　）职能。

①“银行的银行”　　②“发行的银行”

③“政府的银行”　　④“管理的银行”

A. ①②　　B. ①④

C. ③　　D. ②④

70. 以下（　　）费用不列入基金管理过程中发生的费用。

①基金合同生效前的验资费

②与基金运作无关事项的费用

③银行汇款手续费

④基金管理人或托管人未履行义务导致的费用支出或基金财产损失

A. ①②③　　B. ①②④

C. ①③④　　D. ①②③④

71. 基金利润主要来自基金收入减去基金费用后的净额、公允价值变动损益等。基金收入主要包括（　　）。

①利息收入　　②投资收益

③其他收入　　④公允价值变动收益

A. ①②③　　B. ①②④

C. ①③④　　D. ①②③④

72. 关于封闭式基金的利润分配，以下说法正确的是（　　）。

①封闭式基金的收益分配每年不得少于一次

②封闭式基金年度收益分配比例不得低于基金年度可供分配利润的 80%

③基金分配后，基金份额净值不得低于面值

④封闭式基金只能采用现金方式分红

A. ①②③　　B. ①②④

C. ①③④　　D. ①②③④

73. 根据《证券投资基金法》和其他相关法规的规定，基金财产不得用于（　　）投资或者活动。

①承销证券　　②向他人贷款或者提供担保

③从事承担无限责任的投资　　④买卖其他基金份额

A. ①②③　　B. ①②④

C. ①③④　　D. ①②③④

74. 基金管理人运用基金财产进行证券投资，不得有下列（　　）情形。

①一只基金持有一家公司发行的证券，其市值超过基金资产净值的 10%

②同一基金管理人管理的全部基金持有一家公司发行的证券，其市值超过该证券的 10%

③违反基金合同关于投资范围、投资策略和投资比例等约定

④基金总资产超过基金净资产的 140%

A. ①②③　　B. ①②④

C. ①③④　　D. ①②③④

75. 基金的信息披露是指基金信息披露义务人按照法律、行政法规和中国证监会的规定披露基金信息，并保证所披露信息的真实性、准确性和完整性的活动。基金信息披露义务人包括（　　）。

①基金管理人

②基金托管人

③召集基金份额持有人大会的基金份额持有人

④基金投资人

A. ①②③　　B. ①②④

C. ①③④　　D. ①②③④

76. 证券发行人主要包括（　　）。

①政府及其机构　　②企业（公司）

③金融机构　　④个别自然人

A. ①②③　　B. ②③④

C. ①③④　　D. ①②③④

77. 下列（　　）服务属于证券、期货投资咨询服务。

①接受投资人或者客户委托，提供证券、期货投资咨询服务

②举办有关证券、期货投资咨询的讲座、报告会、分析会等

③在报刊上发表证券、期货投资咨询的文章、评论、报告，以及通过电台、电视台等公众传播媒体提供证券、期货投资咨询服务

④通过电话、传真、电脑网络等电信设备系统，提供证券、期货投资咨询服务

A. ①②　　B. ①②③

C. ①②④　　D. ①②③④

78. 我国证券市场监管体系包括（　　）。

①国务院证券监督管理机构　　②证券投资者保护基金

③证券登记结算公司　　④行业协会

A. ①②③　　B. ①②④

C. ①③④　　D. ②③④

79. 我国证券登记结算制度包括（　　）内容。

①证券实名制　　②货银对付的交收制度

③分级结算制度和结算参与人制度　　④全额结算制度

⑤结算证券和资金的专用制度

A. ①③④⑤
B. ①②③④
C. ①②③⑤
D. ②③④⑤

80. 按照《证券法》的规定，证券登记结算公司应该履行以下（　　）职能。

①证券账户、结算账户的设立和管理

②证券的存管与过户

③证券持有人名册登记及权益登记

④受发行人委托派发证券权益

⑤证券交易所上市证券交易的清算、交收及相关管理

A. ①②③④
B. ①③④⑤
C. ②③④⑤
D. ①②③④⑤

81. 下面关于中国证券业协会的组织机构表述正确的有（　　）。

①中国证券业协会的最高权力机构是由全体会员组成的会员大会，理事会为其执行机构

②中国证券业协会实行会员负责制

③中国证券业协会会员由单位会员构成，包括法定会员、普通会员和特别会员，另设观察员

④法定会员是经中国证监会批准设立的证券公司

⑤特别会员包括申请加入中国证券业协会的证券交易所、证券登记结算结构等

A. ①②③④
B. ②③④⑤
C. ①③④⑤
D. ①②③④⑤

82. 证券交易所实行（　　）原则，并对证券交易进行严格管理。

①公平
②公开
③有序
④公正
⑤透明

A. ①②③
B. ①②④
C. ①③⑤
D. ②③⑤

83. 下面对证券交易所描述正确的是（　　）。

①证券交易所是我国证券自律管理机构

②证券交易所是整个证券市场的核心

③证券交易所本身可以进行证券买卖

④证券交易所为证券交易提供了一个稳定、公开、高效的系统

A. ①②③ B. ①②④
C. ②③④ D. ①②③④

84. 以下（　　）是对私募基金合格投资者的要求。

①投资于单只私募基金的金额不低于 20 050 万元人民币

②投资于单只私募基金的金额不低于 100 万元人民币，净资产不低于 1 000 万元的单位

③金融资产不低于 500 万元或者最近 3 年个人年均收入不低于 80 万元的个人

④金融资产不低于 300 万元或者最近 3 年个人年均收入不低于 50 万元的个人

A. ①③ B. ①④
C. ②③ D. ②④

85. 首次募集信息披露主要包括基金份额发售前至基金合同生效期间进行的信息披露。在基金份额发售前，基金管理人需要编制并披露（　　）。

①基金合同 ②基金招募说明书
③基金净值公告 ④基金份额发售公告

A. ①②③ B. ①②④
C. ①③④ D. ①②③④

86. 以下（　　）利率工具可作为利率期权的基础资产。

①政府短期债券 ②政府长期债券
③欧洲美元债券 ④大面额可转让存单

A. ①②③ B. ①②
C. ③④ D. ①②③④

87. 下列选项中属于金融期权基本功能的有（　　）。

①套期保值功能 ②价格发现功能
③投机功能 ④套利功能

A. ①②③ B. ①②③④
C. ②③④ D. ①③④

88. 下列个人投资者符合参与上海证券交易所期权交易条件的有（　　）。

①甲在申请开户前 20 个交易日日均托管在其委托的期权经营机构的证券市值与资金账户可用余额（不含通过融资融券交易融入的证券和资金），合计为人民币 50 万元；已在期货公司开户 10 个月并具有金融期货交易经历

②乙在申请开户前 20 个交易日日均托管在其委托的期权经营机构的证券市

值与资金账户可用余额（不含通过融资融券交易融入的证券和资金），合计为人民币 50 万元；指定交易在证券公司 9 个月，并具备融资融券业务参与资格，但未在期货公司开户

③丙在申请开户前 20 个交易日日均托管在其委托的期权经营机构的证券市值与资金账户可用余额（不含通过融资融券交易融入的证券和资金），合计为人民币 100 万元；指定交易在证券公司 3 个月，并具备融资融券业务参与资格

④丁在申请开户前 20 个交易日日均托管在其委托的期权经营机构的证券市值与资金账户可用余额（不含通过融资融券交易融入的证券和资金），合计为人民币 100 万元；指定交易在证券公司 8 个月，并具备金融期货交易经历，但未在期货公司开户

A. ①②④　　B. ①②③

C. ②③④　　D. ①②③④

89. 相对于普通股，优先股具有下列（　　）特点。

①决策管理权受限　　②买卖利差大

③利润和剩余财产分配有优先权　　④绝对不可退股

⑤收益相对固定

A. ①②③④⑤　　B. ①③④⑤

C. ①②③⑤　　D. ①③⑤

90. 股票发行监管制度包括（　　）。

①审批制　　②审定制

③核准制　　④注册制

A. ①②④　　B. ①③④

C. ②③④　　D. ①②③

91. 按照中国证监会发布的《创业板上市公司证券发行管理暂行办法》，创业板上市公司增发股票需要满足（　　）。

①除金融类企业外，最近一期末不存在持有金额较大的交易性金融资产和可供出售金融资产、借予他人款项、委托理财等财务投资的情形

②发行价格不低于公告招股意向书前 20 个交易日或者前一个交易日公司股票均价

③最近三个会计年度的加权平均净资产收益率平均不低于 6%

④上市公司最近 12 个月内没有受到证券交易所的公开谴责

A. ①②　　B. ①②③

C. ①②④　　D. ①②③④

92. 科创板上市公司可能退市的情形主要包括（　　）。

①重大违法强制退市　②交易类强制退市

③财务类强制退市　④规范类强制退市

A. ①③　B. ①②④

C. ②③④　D. ①②③④

93. 股价指数的主要功能包括（　　）。

①综合反映一定时期内某一证券市场上股票价格的变动方向和变动程度

②为投资者和分析家研究、判断股市动态提供信息，便于对股票市场大势走向做出分析

③作为指数衍生产品和其他金融创新的基础

④作为投资者业绩评价的标尺，提供一个股市投资的基准回报

A. ①②③④　B. ①②④

C. ①②③　D. ①③④

94. 在考虑影响公司股价变动的因素时，进行宏观经济与政策因素分析通常会考虑（　　）。

①经济周期循环　②货币政策

③市场利率　④企业经营状况

A. ①②③　B. ②③④

C. ①②④　D. ①③④

95. 基本分析法的主要内容包括（　　）。

①宏观经济分析　②投资分析

③行业和区域分析　④公司分析

A. ①②③　B. ②③④

C. ①②④　D. ①③④

96. 运用企业自由现金流模型对企业价值进行估值，需要确定的指标有（　　）。

①各期现金红利　②各期企业自由现金流

③企业自由现金流的终值　④加权平均资本成本

A. ①②③　B. ②③④

C. ①②④　D. ①③④

97. 在考虑影响公司股价变动的因素时，进行行业分析通常会考虑（　　）。

①业竞争结构　②劳资关系

③市场利率　④行业可持续性

A. ①②③　　B. ②③④

C. ①②④　　D. ①③④

98. 投资者证券账户信息包括（　　）。

①投资者姓名或名称

②投资者有效身份证明文件及号码

③出生日期

④机构类别

⑤联系电话

A. ①②③④⑤　　B. ①②

C. ①②⑤　　D. ①②③⑤

99. 外部评级的特点与优势主要在于（　　）。

①评级机构独立性和客观性强

②外部评级结果的社会透明度高

③在企业国际化背景下，大型评级公司能够取得广泛的信用信息，使评级更加全面

④外部评级机构大多数采用国际上比较先进的评级技术和方法，能够给出相对准确的评级结果

A. ①②③　　B. ①③④

C. ②③④　　D. ①②③④

100. 下面关于风险对冲，说法正确的是（　　）。

①套期保值是常见的风险对冲工具

②风险对冲对管理系统性风险和非系统性风险都有效

③为了防范和化解非系统性风险，人们需要借助于金融衍生工具进行风险对冲

④风险对冲是指投资者通过购买某种金融产品或采取某些合法的手段将风险转嫁给愿意和有能力承接的主体

A. ③④　　B. ①

C. ①②　　D. ①②③④

参考答案与解析

1. 参考答案：C

考点：考查间接融资的特点。间接融资的特点包括资金获得的间接性、融资的相对集中性、融资信誉的差异性相对较小、全部具有可逆性（即可返还性）、融资的主动权主要掌握在金融机构手中。

2. 参考答案：C

考点：考查资本证券的概念。

3. 参考答案：C

考点：考查国际资金流动方式，主要包括国际直接投资、国际间接投资和国际信贷三种形式。

4. 参考答案：C

考点：考查公司债券的相关知识。收益公司债券清偿时，债权排列顺序先于股票。

5. 参考答案：C

考点：考查金融租赁公司和汽车金融公司发行金融债券。符合条件的金融租赁公司和汽车金融公司可以在银行间债券市场发行和交易金融债券。金融租赁公司和汽车金融公司发行金融债券后，资本充足率均应不低于8%。

6. 参考答案：B

考点：考查商业银行资本补充债券的发行条件。根据中国人民银行2018年第3号公告，银行业金融机构发行资本补充债券，应满足以下条件：具有完善的公司治理机制；偿债能力良好，且成立满三年；经营稳健，资产结构符合行业特征，以服务实体经济为导向，遵守国家产业政策和信贷政策；满足宏观审慎管理要求，且主要金融监管指标符合监管部门的有关规定。

7. 参考答案：A

考点：考查储蓄国债（电子式）。储蓄国债（电子式）是2006年推出的国债新品种，具有以下特点：针对个人投资者，不向机构投资者发行；采用实名制，不可流通转让；收益安全稳定，由财政部负责还本付息，免缴利息税；鼓励持有到期，手续简化；付息方式较为多样。

8. 参考答案：C

考点：考查记账式国债的特点。记账式国债可以记名、挂失，安全性较高，同时由于记账式债券的发行和交易均无纸化，所以发行时间短，发行效率高，交易手续简便，成本低，交易安全。

9. 参考答案：D

考点：考查附有选择权债券的定义。附有出售选择权条款的债券表明债券持有人具有在指定的日期内以票面价值将债券卖回给发行人的权利。

10. 参考答案：C

考点：考查资产证券化对投资者的好处。资产证券化对投资者的好处有：提供多样化的投资品种；提供更多的合规投资；降低资本要求，扩大投资规模。其他选项属于资产证券化对发起人的好处。注意辨析。

11. 参考答案：A

考点：考查银行间债券市场发行国债的分销时，分销认购人的条件。分销认购人应是全国银行间债券市场参与者，并已在中央国债登记结算有限责任公司开立债券托管账户，所以选 A。在交易所市场发行国债的分销时，承销商需要在分得包销的国债后，向证券交易所提供一个自营账户作为托管账户。

12. 参考答案：B

考点：考查地方政府一般债券的性质。

13. 参考答案：B

考点：考查股份有限公司发行企业债券的条件。

14. 参考答案：C

考点：未来中国金融体系改革的重点是增强金融服务实体经济能力，提高直接融资比重，促进多层次资本市场健康发展。

15. 参考答案：A

考点：银行间市场对应中央国债登记公司，上海（深圳）证券交易所对应中国证券登记结算上海（深圳）分公司，选项 A 正确，选项 B、C、D 说法不正确。

16. 参考答案：D

考点：我国金融衍生品市场按资产类别划分主要包括利率类衍生品、权益类衍生品、货币类衍生品、信用类衍生品。其中，货币类衍生品包括期权组合。

17. 参考答案：A

考点：中间业务是银行利用自身在机构网点、技术手段和信息处理等方面的优势，代理客户承办收付和委托事项，并收取手续费的业务。中间业务包括两类，一般意义上的金融服务业务类业务和一般意义上的表外业务。中间业务不需要动用银行自己的资金，且具有收入稳定、风险程度低的特点，集中体现了商业银行的服务功能。

18. 参考答案：A

考点：中间业务包括两类，一般意义上的金融服务业务类业务和一般意义上的表外业务。中间业务不需要动用银行自己的资金，且具有收入稳定、风险程度低的特点，集中体现了商业银行的服务功能。中间业务是源于业务类型而生成的类别，表外业务是源于会计准则而生成的类别。表外业务更强调业务的风险特征。目前通行的是从广义角度来理解的中间业务和从狭义角度来理解的表外业务，即认为中间业务是包括表外业务的。

19. 参考答案：C

考点：资本市场按照组织形式和交易活动是否集中划分为场内市场和场外市场。

20. 参考答案：A

考点：考查公司型基金的概念，注意与其他类型基金进行区分。

21. 参考答案：A

考点：考查交易所交易基金与封闭式基金和开放式基金的特点。ETF 是在交易所上市交易的、基金份额可变的一种基金运作方式。

22. 参考答案：C

考点：考查申购费用的后端收费方式。

23. 参考答案：B

考点：考查对公募基金销售活动的监管情况。

24. 参考答案：C

考点：考查关于投资冷静期的时限。

25. 参考答案：D

考点：考查私募基金运行期内，每年基金净值的披露要求。

26. 参考答案：D

考点：考查上市公司再融资的途径。非公开发行股票，也称为定向增发，是股份公司向特定对象发行股票的增资方式。这种增资方式会直接影响公司原股东利益，需要经过股东大会特别批准。

27. 参考答案：A

考点：考查战略机构投资者的内容，见《法人配售发行方式指引》。

28. 参考答案：B

考点：考查合格境外机构投资者概念。2019 年 1 月，经国务院批准，合格境外机构投资者（QFII）总额度由 1 500 亿美元增加至 3 000 亿美元。

29. 参考答案：B

考点：考查合格境内机构投资者概念。

30. 参考答案：B

考点：私募基金子公司根据税收、政策、监管、合作方需求等需要下设基金管理机构等特殊目的机构的，应当持有该机构 35% 以上的股权或出资，且拥有管理控制权。

31. 参考答案：D

考点：在我国，设立证券公司必须经国务院证券监督管理机构审查批准。国务院证券监督管理机构由中国证券监督管理委员会及其派出机构组成。

32. 参考答案：C

考点：按照《证券法》的规定，向不特定对象发行的证券票面总值超过人民币 5 000 万元的，应当由承销团承销，承销团由主承销商和参与承销的证券公司组成。

33. 参考答案：C

考点：证券公司履行保荐职责，应按规定注册登记为保荐机构。保荐机构负责证券发行的主承销工作，负有对发行人进行尽职调查的义务，对公开发行募集文件的真实性、准确性和完整性进行核查，向中国证监会出具保荐意见，并根据市场情况与发行人协商确定发行价格。

34. 参考答案：B

考点：按照《证券公司融资融券业务管理办法》的规定，关于证券公司申请融资融券业务资格，应当具备的条件是：公司治理健全，内部控制有效，能有效识别、控制和防范业务经营风险和内部管理风险；公司最近两年内不存在因涉嫌违法违规正被中国证监会立案调查或者正处于整改期间的情形；财务状况良好，最近两年各项风险控制指标持续符合规定，注册资本和净资本符合增加融资融券业务后的规定；信息系统安全稳定运行，最近一年未发生因公司管理问题导致的重大事故，融资融券业务技术系统已通过证券交易所、证券登记结算机构组织的测试。

35. 参考答案：C

考点：证券公司受期货公司委托从事 IB 业务，不得代理客户进行期货交易，结算或者交割，不得代期货公司、客户收付期货保证金，不得利用证券资金账户为客户存取、划转期货保证金。

36. 参考答案：A

考点：考查金融期权的分类。A 选项为金融期权按照选择权的性质划分。B 选项为按照合约所规定的履约时间的不同划分。C 选项为按照金融期权基础资产性质的不同划分。D 选项为金融期权中股权类期权之下的分类。

37. 参考答案：B

考点：考查金融期权的分类。A 选项为金融期权按照选择权的性质划分。B 选项为按照合约所规定的履约时间的不同划分。C 选项为按照金融期权基础资产性质的不同划分。D 选项为金融期权中股权类期权之下的分类。

38. 参考答案：B

考点：考查货币期权的概念。

39. 参考答案：D

考点：考查股票的分类依据。根据股东享有权利的不同，股票分为普通股和特别股。

40. 参考答案：A

考点：考查蓝筹股的概念。

41. 参考答案：D

考点：考查发行和购买优先股的意义。优先股收入较稳定适合中长线投资；优先股股息不可税前扣除；优先股股东的经营决策受限；优先股的股息可能会高大或低于普通股。

42. 参考答案：D

考点：境外上市外资股，公司向境外上市外资股股东支付股利及其他款项，以人民币计价和宣布，以外币支付。

43. 参考答案：B

考点：考查红筹股定义。

44. 参考答案：C

考点：首次公开发行股票并在主板（中小企业板）上市所需满足的条件：最近三个会计年度净利润均为正数且累计超过人民币 3 000 万元；最近三个会计年度经营活动产生的现金流量累计超过人民币 5 000 万元；或者最近三个会计年度营业收入累计超过人民币 3 亿元。

45. 参考答案：C

考点：考查增发的定义。

46. 参考答案：C

考点：上海证券交易所接受会员竞价交易申报时间段为：9:15～9:25、9:30～11:30、13:00～15:00。

47. 参考答案：B

考点：考查股票票面价值的概念。

48. 参考答案：C

考点：考查量化分析法的概念。

49. 参考答案：B

考点：考查风险的类别。

50. 参考答案：D

考点：考查风险与金融产品和投资的关系。

51. 参考答案：C

考点：考查二级市场的功能，主要有为已发行的金融资产提供流动性，通过二级市场发现资产价格。

52. 参考答案：D

考点：考查凭证式国债的相关内容。由于凭证式国债采用“随买随卖”、利率按实际持有天数分档计付的交易方式，在收款凭证中除了注明投资者身份外，还须注明购买日期、期限、发行利率等内容。

53. 参考答案：C

考点：考查全球金融体系的主要参与者。

54. 参考答案：D

考点：考查中国香港债务工具，其主要发债主体包括中国香港外汇基金、中国香港政府持有公司、私营企业和授权机构等。

55. 参考答案：B

考点：考查人民币债券的相关内容。

56. 参考答案：D

考点：考查开户合同需要包含的事项。

57. 参考答案：D

考点：考查债券信用评级的程序。

58. 参考答案：D

考点：考查交易所市场实行的制度和方式。

59. 参考答案：D

考点：考查银行间债券市场间接结算成员。

60. 参考答案：B

考点：考查可跨市场交易的债券，目前只有国债（包括附息国债和地方债）和企业债可以。

61. 参考答案：A

考点：考查债券的定义。债券是一种有价证券，是社会各类经济主体为筹集资金而向债券投资者出具的、承诺按一定利率定期支付利息并到期偿还本金的债权债务凭证。债券所规定的资金借贷双方的权责关系主要有：第一，所借贷货币资金的数额；第二，借贷的时间；第三，在借贷时间内的资金成本或应有的补偿（债券的利息）。

62. 参考答案：B

考点：考查集合债券的定义。集合债券是指以多个发行人作为联合发行主体，按照统一组织、分别负债、统一担保、集合发行的原则共同发行的企业债券。

63. 参考答案：A

考点：考查我国企业发行境外债券的分类。以人民币发行，以其他国货币结算的债券，被称为合成型债券，而非人民币债券。

64. 参考答案：B

考点：铁路总公司属于政府支持机构，其发行的债券属于利率债，是广义的利率债。其余三项表述正确。

65. 参考答案：A

考点：通货膨胀对金融市场投融资产生重要影响，一般而言，低于预期的通货膨胀率会降低利率，促进债券和股票价格的上升，①正确。货币政策主要通过货币供给量、利率和信贷政策机制发生作用，其中货币供给量增加，会增加生产性投资、消费，也会使投资者对金融资产需求增加。利率对金融市场的影响是全局的、系统性的，④说法相反。

66. 参考答案：A

考点：国务院金融稳定发展委员会的职责包括五个方面，其中包括指导地方金融改革发展与监督，对金融管理部门和地方政府进行业务监督和履行问责。④的表述不对。

67. 参考答案：B

考点：中国人民银行的职责包括：发布与履行其职责有关的命令和规章；依法制定和执行货币政策；发行人民币，管理人民币流通；监管银行间同业拆借市场和银行间债券市场；实施外汇管理，监督管理银行间外汇市场；监督管理黄金市场等。其中，财政政策属于财政部门制定。

68. 参考答案：D

考点：2018 年 3 月 17 日十三届全国人大一次会议通过了《国务院机构改革方案》，决定了组建中国银行保险监督管理委员会。

69. 参考答案：C

考点：“政府的银行”指中央银行代表国家制定和执行货币政策，处理对外金融关系，为国家提供各种金融服务，包括代理国库收支、给政府提供信贷、代表政府管理金融活动等。

70. 参考答案：B

考点：考查不列入基金管理过程中发生费用的项目。

71. 参考答案：A

考点：考查基金收入的组成。

72. 参考答案：C

考点：考查封闭式基金的利润分配。封闭式基金年度收益分配比例不得低于基金年度可供分配利润的 90%。

73. 参考答案：D

考点：考查对于公募基金财产的监管。

74. 参考答案：D

考点：考查基金财产进行证券投资不符合规定的情形。除题干所示，还包括：基金财产参与股票发行申购，单只基金所申报的股票数量超过拟发行股票公司本次发行股票的数量；一只基金持有其他基金（不含货币市场基金），其市值超过基金资产净值的 10%，但基金中基金除外；基金中基金持有其他单只基金，其市值超过基金资产净值的 20%，或者投资于其他基金中基金。

75. 参考答案：A

考点：考查基金信息披露义务人范围。

76. 参考答案：A

考点：考查证券的发行人范围。证券发行人主要包括政府及其机构、企业（公司）和金融机构。

77. 参考答案：D

考点：证券、期货投资咨询服务包括以下形式：接受投资人或者客户委托，提供证券、期货投资咨询服务；举办有关证券、期货投资咨询的讲座、报告会、分析会等；在报刊上发表证券、期货投资咨询的文章、评论、报告，以及通过电台、电视台等公众传播媒体提供证券、期货投资咨询服务；通过电话、传真、电脑网络等电信设备系统，提供证券、期货投资咨询服务。

78. 参考答案：B

考点：考查我国证券市场的监管体系。我国证券市场经过 20 多年的发展，逐步形成了以国务院证券监督管理机构、国务院证券监督管理机构的派出机构、证券交易所、行业协会和证券投资者保护基金为一体的监管体系和自律监管体系。

79. 参考答案：C

考点：考查证券登记结算制度。目前我国对证券交易所达成的多数证券交易均采取多边净额结算方式。

80. 参考答案：D

考点：考查证券登记结算公司的具体职能。

81. 参考答案：C

考点：考查中国证券业协会的组织机构。中国证券业协会实行会长负责制。

82. 参考答案：B

考点：考查证券交易所的特征。证券交易所实行"公开、公平、公正"原则，并对证券交易进行严格管理。

83. 参考答案：B

考点：考查证券交易所定义。按照《证券法》第一百零三条规定，"证券交易所是为证券集中交易提供场所和设施，组织和监督证券交易，实行自律管理的法人。"证券交易所本身不进行买卖证券。

84. 参考答案：D

考点：考查私募基金合格投资者满足的条件。

85. 参考答案：B

考点：考查首次募集信息的披露包括的内容。除上述①②④选项外，还包括基金托管协议。

86. 参考答案：D

考点：考查利率期权相关内容。利率期权合约通常以政府短期、中期、长期债券，欧洲美元债券，大面额可转让存单等利率工具为基础资产。

87. 参考答案：A

考点：考查金融期权的基本功能。一般认为，金融期权具有以下四个基本功能：套期保值功能、价格发现功能、投机功能以及盈利功能。

88. 参考答案：A

考点：考查个人投资者参与上海证券交易所期权交易条件。申请开户前 20

个交易日日均托管在其委托的期权经营机构的证券市值与资金账户可用余额（不含通过融资融券交易融入的证券和资金），合计不低于人民币50万元；指定交易在证券公司6个月以上并具备融资融券业务参与资格或者金融期货交易经历；或者在期货公司开户6个月以上并具有金融期货交易经历等。

89. 参考答案：D

考点：相对于普通股，优先股二级市场股价波动较小，利差也较小；如有约定，优先股股东可如约将股票回售给公司。

90. 参考答案：B

考点：考查股票发行监管制度的分类。

91. 参考答案：C

考点：创业板上市公司增发股票除了要满足发行股票的一般规定，还应当满足：除金融类企业外，最近一期末不存在持有金额较大的交易性金融资产和可供出售金融资产、借予他人款项、委托理财等财务投资的情形；发行价格不低于公告招股意向书前20个交易日或者前一个交易日公司股票均价。

92. 参考答案：D

考点：考查科创板上市公司可能退市情形。

93. 参考答案：A

考点：考查股价指数的主要功能。

94. 参考答案：A

考点：考查影响股价变动的宏观经济与政策因素。一般包括经济增长、经济周期循环、货币政策、财政政策、市场利率、通货膨胀、汇率变化、国际收支状况等。

95. 参考答案：D

考点：考查基本分析法的主要内容。

96. 参考答案：B

考点：考查利用企业自由现金流模型对企业进行估值的计算公式。

97. 参考答案：C

考点：考查影响股价变动的行业分析因素。常见的有行业或产业竞争结构、行业可持续性、抗外部冲击的能力、监管及税收待遇——政府关系、劳资关系、财务与融资问题、行业估值水平等。

98. 参考答案：A

考点：考查投资者证券账户信息包括的内容。

99. 参考答案：D

考点：考查外部评级的特点和优势。

100. 参考答案：C

考点：考查风险对冲的相关内容。为了防范和化解系统性风险，人们需要借助于金融衍生工具进行风险对冲。风险转移是指投资者通过购买某种金融产品或采取某些合法的手段将风险转嫁给愿意和有能力承接的主体。

《金融市场基础知识》模拟试卷九

一、选择题（共50题，每题1分，共50分。以下各选项中，只有一项符合题目要求，不选、错选均不得分）

1. 风险投资企业以让渡企业的部分股权换取企业经营资金的资金融通方式是（　　）。

A. 股票市场融资　　B. 债券市场融资

C. 风险投资融资　　D. 商业信用融资

2. 将金融市场划分为债务市场和权益市场的标准是（　　）。

A. 交易工具　　B. 发行流通性质

C. 交割方式　　D. 金融资产的种类

3.（　　）成为全球金融业最重要的短期资金成本基准。

A. 香港银行间同业拆借利率（HIBOR）

B. 欧元区同业拆借利率（EURIBOR）

C. 伦敦银行间同业拆借利率（LIBOR）

D. 东京银行间同业拆借利率（TIBOR）

4. 在现行公开招标方式下，国债的销售价格是（　　）。

A. 以面值出售

B. 以财政部统一价格出售

C. 以中国人民银行统一价格出售

D. 承销商在发行期内自定销售价格

5. 财政部代理发行地方政府债券，面向（　　）招标发行，采用（　　）招标方式，招标标的为（　　），各中标承销团成员按面值承销。下面适合填入括号内的选项是（　　）。

A. 记账式国债承销团单一价格利率

B. 记账式国债承销团多重价格价格

C. 凭证式国债承销团单一价格利率

D. 凭证式国债承销团多重价格利率

6. 财政部代理地方政府债券发行招标，债权确立实行（　　）方式。

A. 中标得券　　B. 认购得券

C. 见款付券　　D. 见认购单付券

7. 按照《国务院关于加强地方政府性债务管理的意见》，地方政府举债采取政府债券方式：有一定收益的公益性事业发展确需政府举债专项债务的，由地方政府通过发行（　　）融资，以对应的政府性基金或专项收入偿还。

A. 专项债券　　B. 特定债券

C. 专门债券　　D. 一般债券

8. 企业集团财务公司发行金融债券应该具备的条件包括：财务公司设立（　　）以上。

A. 一年　　B. 半年

C. 两年　　D. 三年

9. 金融债券可在全国银行间债券市场（　　），可以采取（　　）发行的方式。

A. 公开发行一次足额

B. 公开发行一次足额或限期内分期

C. 定向发行一次足额或限期内分期

D. 公开发行或定向发行一次足额或限期内分期

10. 商业银行次级定期债务的目标债权人为（　　）。

A. 政策性银行　　B. 企业法人

C. 其他金融机构　　D. 其他商业银行

11. 公司债券公开发行采用分期发行的，发行人应在每期发行完成后（　　）个工作日内报中国证监会备案。

A. 3　　B. 5

C. 6　　D. 7

12. 按照相关规定，证券公司次级债数额应符合：长期次级债计入净资本的数额不得超过净资本（不含长期次级债累计计入净资本的数额）的（　　）。

A. 50%　　B. 40%

C. 30%　　D. 20%

13. （　　）是指银行业金融机构为满足资本监管要求而发行的、对特定触发事件下债券偿付事宜做出约定的金融债券，包括但不限于无固定期限资本债券和二级资本债券。

A. 商业银行资本补充债券　　B. 商业银行次级债券

C. 商业银行金融债券　　D. 商业银行一般债券

14. 下列选项中，标志着股票市场正式运作开始的事件是（　　）。

A. 1922 年，国务院证券管理委员会和中国监督管理委员会的成立

B. 资本市场的初步建立

C. 2004 年，中国银行业监督委员会的成立

D. 上海证券交易所和深圳证券交易所的开业

15. 我国股票市场参与主体日益成熟，投资者群体包括个人投资者、证券投资基金以及其他机构投资者。其中，对股票市场形成长期价值投资的理念具有重要引导作用的是（　　）。

A. 个人投资者　　B. 证券投资基金

C. 其他机构投资者　　D. 证券基金和其他机构投资者

16. W 银行的财务总监在审核 W 银行的年末财务报表时，发现全部负债业务总额为 30 亿元，以下（　　）情况应引起他的特别注意。

A. 资产负债表显示，年末股本金、储备资金和未分配利润总和为 15 亿元

B. 资产负债表显示，年末股本金、储备资金和未分配利润总和为 4 亿元

C. 资产负债表显示，存款负债为 21 亿元

D. 资产负债表显示，存款负债为 25 亿元

17. 中央银行控制货币供应量的最重要手段是（　　）。

A. 存款准备金　　B. 法定存款准备金率

C. 超额存款准备金　　D. 货币发行量

18. 私募基金不能进行公开的发售和宣传推广，投资金额要求高，投资者的资格和人数常常受到严格的限制，以下关于私募基金合格投资者的说法正确的是（　　）。

A. 合格投资者需要具备相应的风险识别和风险承担能力，投资于单只私募基金的金额不能低于 50 万元

B. 净资产不低于 1 000 万元的单位

C. 金融资产不低于 200 万元的个人

D. 最近两年年均收入不低于 50 万元的个人

19. 在我国境内，以非公开方式向投资者募集资金设立的投资基金指（　　）。

A. 区域性股权市场　　B. 券商柜台市场

C. 机构间私募产品报价与服务系统　D. 私募基金市场

20. 封闭式基金有固定的存续期，通常在（　　）年以上。

A. 5　　B. 8

C. 10　　D. 15

21.（　　）借助结构化设计将同一基金资产划分为预期风险收益特征不同的份额类别，可以同时满足不同风险收益偏好投资者的需求。

A. 分级基金　　B. 混合型基金

C. 基金中基金　　D. 上市开放式基金

22. 伞形基金又被称为（　　），是指多个基金共用一个基金合同，子基金独立运作，并直接可以相互转换的一种基金结构形式。

A. 分级基金　　B. 混合型基金

C. 结构型基金　　D. 系列基金

23. 目前基金注册程序分为简易程序和普通程序，按简易程序注册，注册审查时间原则上不超过（　　）；按照普通程序注册，注册审查时间不超过（　　）。

A. 15 个工作日　3 个月　　B. 20 个工作日　4 个月

C. 15 个工作日　5 个月　　D. 20 个工作日　6 个月

24. 基金经注册后，方可发售基金份额。基金管理人应当自收到核准文件之日起（　　）内进行基金份额的发售。

A. 2 个月　　B. 3 个月

C. 6 个月　　D. 9 个月

25.（　　）是计算投资者申购基金份额、赎回金额的计算基础，直接关系到基金投资者的利益，也是评价基金投资业绩的基础指标之一。

A. 基金份额净值　　B. 基金份额

C. 基金资产净值　　D. 基金总份额

26. 下面对上市公司再融资描述错误的是（　　）。

A. 上市公司再融资是指上市公司为达到增加资本和募集资金的目的而再发行股票或可转换债券的行为

B. 增发会扩大股东人数，分散股权，避免股份过度集中

C. 定向增发不会直接影响公司原股东利益

D. 可转换债券能以较低的成本筹集到所需要的资金，能使公司将筹集到的期限有限的资金转化为长期稳定的股本，扩大了股本规模

27. 下面对机构投资者描述错误的是（　　）。

A. 按机构投资者业务与资本市场的关系，可分为金融机构投资者和非金融机构投资者

B. 一般机构投资者相比较战略投资者的定义，条件更为宽松

C. 战略机构投资者是因机构投资者与股票二级市场的配售关系演化而来的

D. 机构投资者限定为可以开设股票账户的法人

28. 按照《证券法》和相关规定，可以参加股票交易但操作受到限制的“三类企业”不包括（　　）。

A. 国有企业　　B. 私营企业

C. 国有控股公司　　D. 上市公司

29. 对合格境外机构投资者资产规模等条件严格要求，有利于提高国内市场投资者素质和维护市场稳定。我国对各种类型的合格境外机构投资者的资产规模等条件做出了严格要求，不包括（　　）。

A. 资产管理机构：开展经营资产管理业务 2 年以上，最近一个会计年度管理的证券资产不少于 5 亿美元

B. 保险公司：成立 1 年以上，最近一个会计年度持有的证券资产不少于 5 亿美元

C. 证券公司：开展经营证券业务 5 年以上，净资产不少于 5 亿美元，最近一个会计年度管理的证券资产不少于 50 亿美元

D. 商业银行：开展经营银行业务 10 年以上，一级资本不少于 3 亿美元，最近一个会计年度管理的证券资产不少于 50 亿美元

30. 按照《慈善组织保值增值投资活动管理暂行办法》规定，在下列活动中，慈善组织可以开展的投资活动是（　　）。

A. 购买商业银行等金融机构发行发售的理财产品

B. 在非银行金融机构存款

C. 直接投资二级市场股票

D. 投资人身保险产品

31. 中国资本市场首部专门规范适当性管理的行政规章是（　　）。

A.《证券投资基金法》

B.《证券期货投资者适当性管理办法》

C.《创业板市场投资者适当性管理暂行规定》

D.《证券公司监督管理条例》

32.（　　）年 8 月，中国证券业协会成立。

A. 1990　　B. 1991

C. 1992　　D. 1993

33.（　　）负责证券发行的主承销工作，负有对发行人进行尽职调查的义务，对公开发行募集文件的真实性、准确性和完整性进行核查。

A. 中国证券业协会　　B. 中国证监会

C. 证券交易所　　D. 保荐机构

34. 以下（　　）不符合证券公司申请融资融券业务资格的条件。

A. 信息系统安全稳定运行，最近6个月未发生因公司管理问题导致的重大事故

B. 最近两年各项风险控制指标持续符合规定

C. 同时经营资产管理与融资融券业务的，证券公司净资产不低于人民币2亿元

D. 董事、监事、高级管理人员最近两年未因违法违规正被中国证监会立案调查

35. 证券公司甲欲设立一家私募基金子公司乙，乙公司根据税收、政策、监管等需求欲设立基金管理机构丙，下列甲、乙、丙的做法错误的是（　　）。

A. 甲以自有资金全资设立乙

B. 乙持有丙45%的股权，但不拥有管理控制权

C. 乙不得成为对所投资企业的债务承担连带责任的出资人

D. 丙不得对外提供担保

36.（　　）指上市公司的股东依法发行、在一定期限内依据约定的条件可以交换成该股东持有的上市公司股份的公司债券。

A. 可交易债券　　B. 可分离债券

C. 可转换债券　　D. 可交换债券

37. 按照中国证监会发布的《上市公司股东发行可交换公司债券试行规定》，可交换债券的期限最短为（　　），最长为（　　）。

A. 6个月　1年　　B. 6个月　6年

C. 1年　6年　　D. 1年　10年

38. 金融衍生工具的价值与基础产品或基础变量紧密联系、规则变动。这体现了金融衍生工具基本特征中的（　　）。

A. 跨期性　　B. 杠杆性

C. 联动性　　D. 不确定性或高风险性

39. 下列（　　）股票的持有人能够优先于普通股股东分配公司利润和剩余财产。

A. 有限制股票　　B. 金股

C. 优先股　　D. 超级表决权股票

40. 甲公司资本公积转增资本，下列情况正确的是（　　）。

A. 甲公司权益总量增加

B. 甲公司股东占公司的股份比例提高

C. 甲公司权益总量不变

D. 甲公司发行在外的股份总额不变

41. 股票发行制度不包括（　　）。

A. 发行主体　　B. 发行监管制度

C. 发行方式　　D. 发行定价

42. 首次公开发行股票采用询价方式的，网下投资者报价后，发行人和主承销商应当剔除拟申购总量中报价最高的部分，剔除部分不得（　　）。

A. 低于所有网下投资者拟申购总量的5%

B. 高于所有网下投资者拟申购总量的5%

C. 低于所有网下投资者拟申购总量的10%

D. 高于所有网下投资者拟申购总量的10%

43. 目前我国证券交易所采用的竞价方式是（　　）。

A. 定时竞价和集合竞价　　B. 分散竞价和连续竞价

C. 集合竞价和连续竞价　　D. 定时竞价和连续竞价

44. 竞价的结果不包括（　　）。

A. 全部成交　　B. 继续成交

C. 部分成交　　D. 不成交

45. 中证指数有限公司是由（　　）。

A. 上海证券交易所出资成立

B. 深圳证券交易所出资成立

C. 上海证券交易所和深圳证券交易所共同出资成立

D. 上海证券交易所、深圳证券交易所和香港证券交易所共同出资成立

46. 科创板具体交易方式不包括以下（　　）方式。

A. 定期交易　　B. 竞价交易

C. 盘后固定价格交易　　D. 大宗交易

47. 中央银行采取宽松性货币政策，（　　）货币供给，促使股价（　　）。

A. 增加　下降　　B. 增加　上升

C. 减少　下降　　D. 减少　上升

48. 个人收入、国内生产总值等属于经济指标分类中的（　　）。

A. 先行性指标　　B. 同步性指标

C. 滞后性指标　　D. 技术性指标

49. 下列关于市场风险的说法错误的是（　　）。

A. 广义的市场风险涵盖了四大风险因子，包括股票价格、利率、商品价格、汇率

B. 市场风险具有明显的系统性风险特征，但是能够通过分散化投资完全消除

C. 套期保值和定价补偿是管理市场风险的最主要的方法

D. 金融衍生产品和金融工程是管理市场风险的主要工具和技术

50. 证券机构应该建立健全（　　）体系，定期对公司所面临的风险状况进行检测，编制风险报告，确保各类风险信息顺畅和及时地在公司内部传递。

A. 风险预警　　B. 风险监测

C. 风险报告　　D. 风险控制

二、组合型选择题（共50题，每题1分，共50分。以下各选项中，只有一项符合题目要求，不选、错选均不得分）

51. 间接融资的特点有（　　）。

①间接性　　②融资的相对集中性

③融资信誉有较大的差异性　　④可逆性

A. ①②③　　B. ①②④

C. ②③④　　D. ①③④

52. 金融市场的重要性主要体现在（　　）。

①促进储蓄-投资转化　　②优化资源配置

③风险管理　　④宏观调控

A. ①②③　　B. ①②④

C. ②③④　　D. ①③④

53. 下列全球金融体系参与者中属于存款吸收机构的是（　　）。

①储蓄银行　　②开发银行

③中央银行　　④商业银行

A. ①②③　　B. ①②④

C. ②③④　　D. ①③④

54. 自2006年之后，纳斯达克的分层制度将市场分为（　　）三个板块。

①纳斯达克全球精选市场
②纳斯达克货币市场
③纳斯达克资本市场
④纳斯达克全球市场
A. ①②③
B. ①③④
C. ①②④
D. ②③④

55. 我国自20世纪90年代就开始探索资产债券化业务。目前，我国资产证券化根据监管机构的不同可以分为（　　）。

①信贷资产证券化
②企业资产证券化
③资产支持票据
④保险资产证券化
A. ①③④
B. ①②③
C. ①②③④
D. ②③④

56. 下列关于我国国债在进行竞争性招标时的利率格式和竞标时间，说法正确的是（　　）。

①竞争性招标确定的票面利率保留2位小数
②一年以下（含）期限国债发行价格保留3位小数
③一年以上（不含一年）期限国债发行价格保留2位小数
④竞争性招标时间为招标日上午10：35至11：35
A. ①②③
B. ②③
C. ②③④
D. ①②③④

57. 下列关于国债招标方式发行中对于承销团成员承销额的限定，说法正确的是（　　）。

①对国债承销团成员额度进行分配时，取整至0.1亿元
②对国债承销团成员额度进行分配时，取整至1亿元
③有资格的承销团成员追加承销额时应为0.1亿元的整数倍
④有资格的承销团成员追加承销额时应为1亿元的整数倍
A. ①③
B. ②③
C. ①④
D. ②④

58. 中央国债登记结算有限责任公司的义务包括（　　）。

①设置账簿
②切实保护客户债券安全
③为客户保守商业秘密
④保存完整业务记录
A. ①②③
B. ①③④
C. ①②④
D. ①②③④

59. 影响债券现金流的因素有（　　）。

①债券的面值和票面利率
②计付息间隔

③债券的嵌入式期权条款　　④债券的税收待遇

⑤其他因素

A. ①②③④⑤　　B. ①②③④

C. ①③④⑤　　D. ①②③⑤

60. 下列关于利息计算的说法正确的有（　　）。

①短期债券通常全年天数定为 360 天，半年天数定为 180 天

②我国交易所市场对附息债券的计息规定是全年天数统一按 365 天计算

③我国交易所市场对附息债券的利息累积天数规则是按实际天数计算，算头不算尾、闰年 2 月 29 日不计息

④我国对贴现发行的零息债券按照实际天数计算累计利息，闰年 2 月 29 日也计利息

A. ①②③　　B. ②③④

C. ①③④　　D. ①②③④

61. 债券按付息方式分类，可以分为（　　）。

①零息债券　　②附息债券

③息票累积债券　　④记账式债券

A. ①②③　　B. ①③④

C. ①②④　　D. ①②③④

62. 中期国债是指偿还期限在（　　）以上、（　　）以下的国债。

①1 年　　②5 年

③1 年或 1 年　　④10 年（包括 10 年）

A. ①②　　B. ③④

C. ①④　　D. ②③

63. 储蓄国债（电子式）与记账式国债都以电子记账方式记录债权，二者不同之处在于（　　）。

①发行对象不同　　②发行利率确定机制不同

③流通或变现方式不同　　④到期兑付方式不同

A. ①②③　　B. ①②③④

C. ①②④　　D. ②③④

64. 以下关于存款准备金制度说法正确的是（　　）。

①存款准备金制度是银行创造信用货币的基本前提条件

②准备金比例与银行可用贷款资金是正向相关关系

③存款派生能力与存款准备金比例是负向变动关系

④存款准备金的高低影响货币的供应量

A. ①②③　　B. ①②④

C. ②③④　　D. ①③④

65. 中国人民银行公开市场业务，(　　)。

①主要包括回购交易、债券交易和发行中央银行票据

②逆回购和正回购到期是央行向市场投放流动性的行为

③缺点是不具有很强的可逆转性

④优点包括主动权完全在中央银行

A. ①②③　　B. ①②④

C. ②③④　　D. ①③④

66. 根据《上海证券交易所科创板股票上市规则》，发行人申请在上海证券交易所科创板上市，应当符合下列条件（　　）。

①发行后股本总额不低于人民币 3 000 万元

②发行后股本总额不低于人民币 2 000 万元

③首次公开发行的股份达到公司股份总数的 25% 以上，公司股本总额超过人民币 3 亿元的，首次公开发行股份的比例为 5% 以上

④首次公开发行的股份达到公司股份总数的 25% 以上，公司股本总额超过人民币 4 亿元的，首次公开发行股份的比例为 10% 以上

A. ①②③　　B. ①②④

C. ①④　　D. ②④

67. 我国金融市场体系包括（　　）。

①货币市场　　②债券市场

③商品市场　　④金融衍生品市场

A. ①②④　　B. ①②③

C. ②③④　　D. ①③④

68. 我国多层次股票市场体系初步形成，分为场内市场和场外市场，其中，场内市场包括（　　）。

①沪深主板市场　　②创业板市场

③全国中小企业股份转让系统　　④区域性股权交易市场

A. ①②③　　B. ①②④

C. ②③④　　D. ①③④

69. 影响金融市场运行的主要宏观经济变量包括（　　）。

①国内生产总值　　②经济周期

③通货膨胀与利率　　④汇率和国际资本流动

A. ①②③　　B. ①②④

C. ②③④　　D. ①②③④

70. 按照基金的运作方式划分，可将证券投资基金分为封闭式基金和开放式基金，那么这两种类型基金的区别有（　　）。

①期限不同　　②投资者地位不同

③发行规模限制不同　　④价格形成方式不同

A. ①②③　　B. ②③④

C. ①②④　　D. ①③④

71. 以下关于 ETF 和 LOF 的说法错误的有（　　）。

①ETF 的申购和赎回均以现金进行

②LOF 必须采用指数基金模式

③ETF 只在二级市场交易

④LOF 对申购和赎回没有规模的上限

A. ①②③　　B. ①③④

C. ①②④　　D. ②③④

72. 目前基金注册程序分为简易程序和普通程序。以下适用简易程序的有（　　）。

①常规股票基金　　②分级基金

③ETF　　④货币基金

A. ①②③　　B. ①②④

C. ①③④　　D. ①②③④

73. 关于封闭式基金的交易，以下说法不正确的有（　　）。

①封闭式基金的交易遵从“价格优先、时间优先”的原则

②投资者买卖封闭式基金只能开立深、沪证券账户

③封闭式基金的交易需收取印花税

④封闭式基金的单笔最大数量应低于 80 万份

A. ①②③　　B. ①②④

C. ①③④　　D. ②③④

74. 《货币市场基金管理暂行规定》中规定：“对于每日按照面值进行报价的货币市场基金，可以在基金合同中将收益分配的方式约定为（　　），并应当（　　）进行收益分配。”

A. 现金分红　每日　　B. 现金分红　每周

C. 红利再投资　每日　　D. 红利再投资　每周

75. 基金卖出股票按照（　　）的税率征收交易印花税。

A. 0.1%　　B. 0.2%

C. 0.3%　　D. 0.5%

76. 政府作为债券发行的重要主体之一，所筹集的资金可以用来（　　）。

①协调财政资金短期周转，弥补财政赤字

②兴建大型基础设施项目

③实施某项特殊政策

④弥补战争费用

A. ①③④　　B. ①②③

C. ②③④　　D. ①②③④

77. 除中国证监会另有规定外，合格境内机构投资者经营证券投资基金、经营集合资产管理计划不得有下列（　　）行为。

①购买不动产　　②购买政府债券

③购买实物商品　　④购买房地产抵押按揭

A. ①②③　　B. ①③④

C. ②③④　　D. ①②③④

78. 全国社保基金理事会直接运作的基金的投资范围限于（　　），其他投资需委托社保基金投资管理人管理和运作并委托社保基金托管人托管。

①银行存款　　②金融债

③在一级市场购买国债　　④股票

A. ①②　　B. ①③

C. ②③　　D. ②④

79. 按照《证券法》的规定，中国证券业协会应该行使下列（　　）职责。

①教育和组织会员遵守证券法律、行政法规

②负责证券业从业人员资格考试、执业注册

③依法维护会员的合法权益，向中国证监会反映会员的建议和要求

④监督、检查会员行为，对违反法律、行政法规或者中国证券业协会章程的，按照规定给予纪律处分

⑤组织会员就证券业的发展、运作及有关内容进行研究

A. ①②③④　　B. ①③④⑤

C. ②③④⑤　　D. ①②③④⑤

80. 我国证券市场的监管目标是（　　）。

①保护投资者利益，保障合法的证券交易活动，监督证券中介机构

②根据国家宏观经济管理的需要，运用灵活多样的方式，调控证券市场与证券交易规模，引导投资方向，使之与经济发展相适应

③防止人为操纵、欺诈等不法行为，维持证券市场的正常秩序

④运用和发挥证券市场机制的积极作用，限制其消极作用

A. ①②③　　B. ①②③④

C. ①②④　　D. ②③④

81. 证券公司应当建立完备的协助开户制度，做到（　　）。

①对客户的开户资料和身份真实性等进行审查

②向客户充分揭示期货交易风险

③解释期货公司、客户、证券公司三者之间的权利义务关系

④告知期货保证金安全存管要求

A. ①②③　　B. ①②④

C. ①③④　　D. ①②③④

82. 为了防止信息误导给投资者造成损失，保护公众投资者的合法权益，维护证券市场的正常秩序，法律法规对借公开信息披露基金信息为名编制、传播虚假基金信息，恶意进行信息误导，诋毁同行或竞争对手等行为做出了禁止性规定。具体包括下列（　　）情形。

①禁止进行虚假记载、误导性陈述或者重大遗漏

②禁止对基金的证券投资业绩进行预测

③禁止违规承诺收益或承担损失

④禁止诋毁其他基金管理人、托管人或者基金销售机构

A. ①②③　　B. ①②④

C. ①③④　　D. ①②③④

83. 我国《证券法》规定，投资咨询机构及其从业人员从事证券服务业务，不得有下列（　　）行为。

①代理委托人从事证券投资

②与委托人约定分享证券投资收益或者分担证券投资损失

③买卖本咨询机构提供服务的上市公司股票

④利用传播媒介或者通过其他方式提供、传播虚假或者误导投资者的信息

A. ①②③　　B. ①②④

C. ②③④　　D. ①②③④

84. 下列（　　）属于申请证券评级业务许可的资信评级机构应当具备的

条件。

①具有证券从业资格的评级从业人员不少于 20 人，其中包括具有 3 年以上资信评级业务经验的评级从业人员不少于 10 人，具有中国注册会计师资格的评级从业人员不少于 3 人

②具有健全且运行良好的内部控制机制和管理制度

③最近 5 年未受到刑事处罚，最近 3 年未因违法经营受到行政处罚，不存在因涉嫌违法经营、犯罪正在被调查的情形

④最近 3 年在税务、工商、金融等行政管理机关以及自律组织、商业银行等机构无不良诚信记录

A. ①②③ B. ①②④

C. ②③④ D. ①②③④

85. 按照《中华人民共和国证券法》的规定，证券公司可以从事的业务有（ ）。

①证券自营业务 ②证券资产管理业务

③以自己的名义进行证券投资 ④代其客户进行证券投资

A. ①②③ B. ②③④

C. ①②④ D. ①②③④

86. 可转换债券的发行条件包括（ ）。

①最近 3 个会计年度加权平均净资产收益率平均不低于 6%。扣除非经常性损益后的净利润与扣除前的净利润相比，以低者作为加权平均净资产收益率的计算依据

②本次发行后累计公司债券余额不超过最近一期末净资产额的 40%

③最近 3 个会计年度实现的年均可分配利润不少于公司债券 1 年的利息

④组织机构健全、运行良好、盈利能力具有可持续性、上市公司的财务状况良好

A. ①③④ B. ①②③

C. ②③④ D. ①②③④

87. 结构化金融衍生产品是（ ）。

①运用金融工程结构化方法，将若干种基础金融商品和金融衍生产品相结合设计出的新型金融产品

②它们通常与某种金融价格相联系

③其投资收益随该衍生产品价格的变化而变化

④目前，我国内地尚无交易所交易的结构化产品

A. ①②③
B. ①②③④
C. ②③④
D. ①③④

88. 关于中国存托凭证，下列说法正确的有（　　）。

①中国存托凭证是由存托人签发、以境外证券为基础在中国境内发行、代表境外基础证券权益的证券

②其参与主体中包括发行人、存托人和持有人

③发行人持有基础证券，在境内签发相应的存托凭证

④存托人办理存托凭证分红、派息等业务

A. ①②③
B. ①②④
C. ①③④
D. ②③④

89. 主板（中小企业板）上市公司存在下列（　　）情形时，不得非公开发行股票。

①上市公司最近36个月内受到中国证监会的行政处罚

②上市公司最近12个月内受到证券交易所的公开谴责

③最近一年及一期财务报表未被注册会计师出具否定意见或者无法表示意见的审计报告

④严重损害投资者合法权益及社会公众利益的情形

⑤上市公司及其附属公司违规对外提供担保尚未解除

A. ①②③④⑤
B. ①②③④
C. ①②④⑤
D. ①④⑤

90. 按照我国《证券法》规定，证券交易必须实行的原则是（　　）。

①公正
②平等
③公开
④公平

A. ①②③
B. ①②④
C. ②③④
D. ①③④

91. 根据证券价格对信息的反映程度，可以将证券市场分为（　　）。

①强式有效市场
②中式有效市场
③半强式有效市场
④弱式有效市场

A. ①②③
B. ①②④
C. ②③④
D. ①③④

92. 可以申请设立证券账户的有（　　）。

①自然人
②法人
③合伙企业
④个体工商户

A. ①②③④　　B. ①②③

C. ②③　　D. ①②

93. 在基本分析法中对宏观经济的分析，主要探讨各经济指标和经济政策对股票价格的影响，这些经济指标分为（　　）。

①先行性指标　　②同步性指标

③滞后性指标　　④技术性指标

A. ①②③　　B. ②③④

C. ①②④　　D. ①③④

94. 下列（　　）属于经济指标中的先行性指标。

①利率水平　　②国内生产总值

③货币供给　　④消费者预期

A. ①②③　　B. ②③④

C. ①②④　　D. ①③④

95. 股票分析中，量化分析法的显著特点包括（　　）。

①使用大量数据　　②使用大量模型

③使用电脑　　④以价格判断为基础

A. ①②③　　B. ②③④

C. ①②④　　D. ①③④

96. 影响股票投资价值的内部因素包括（　　）。

①公司净资产　　②股利政策

③并购重组　　④货币政策

A. ①②③　　B. ②③④

C. ①②④　　D. ①③④

97. 使用绝对估值法估计公司的股票价值需要考虑的因素有（　　）。

①时期　　②各期现金流

③未来所有时期的平均贴现率　　④各期现金红利

A. ①②③　　B. ②③④

C. ①②④　　D. ①③④

98. 市净率倍数法比较适用于资产流动性较高的企业，因此，（　　）估值通常采用市净率法。

①银行业　　②运营历史悠久的制造业企业

③新兴产业

A. ①　　B. ②

C. ③

D. ②③

99. 下面关于风险的相关描述，说法正确的是（　　）。

①操作风险只可能带来损失，不能够带来收益

②对操作风险的管理策略是在合理的成本范围内，尽可能减少操作风险

③声誉风险一般是受其他风险影响而产生的次生风险，很难确认和计量

④市场风险包括股票价格风险、债券价格风险、商品价格风险、金融衍生品价格风险等

A. ③④

B. ①③④

C. ①②③

D. ①②③④

100. 风险转移可分为（　　）。

①合同转移

②非保险转移

③计划转移

④保险转移

A. ①④

B. ①③

C. ②④

D. ③④

参考答案与解析

1. 参考答案：C

考点：考查风险投资融资的概念。

2. 参考答案：A

考点：考查金融市场的分类，不同的划分标准，划分结果不同。

3. 参考答案：C

考点：考查伦敦银行间同业拆借利率相关知识。

4. 参考答案：D

考点：考查国债销售价格的确定。在现行多种价格的公开招标方式下，每个承销商的中标价格与财政部按市场情况和投标情况确定的发售价是有差异的。如果按发售价格向投资者销售国债，承销商就可能发生亏损，因此，财政部允许承销商在发行期内自定销售价格，随行就市发行。

5. 参考答案：A

考点：考查财政部代理发行地方政府债券的发行方式。财政部代理发行地方政府债券，面向记账式国债承销团招标发行，采用单一价格招标方式，招标标的为利率，全场最高中标利率为当期地方债票面利率，各中标承销团成员按面值承销。

6. 参考答案：C

考点：财政部代理地方政府债券发行招标后债权确立。

7. 参考答案：A

考点：考查地方政府债券的种类。

8. 参考答案：A

考点：考查企业集团财务公司发行金融债券应该具备的条件。

9. 参考答案：D

考点：考查金融债券的发行方式。

10. 参考答案：B

考点：商业银行次级定期债务的募集方式为定向募集，其目标债权人为企业法人。

11. 参考答案：B

考点：考查公司债券公开发行方式。采用分期发行的，发行人应在后续发行中及时披露更新后的债券募集说明书，并在每期发行完成后5个工作日内报中国证监会备案。

12. 参考答案：A

考点：考查证券公司次级债券的发行条件。参照《公司债券发行与交易管理办法》。

13. 参考答案：A

考点：考查商业银行资本补充债券的定义。商业银行资本补充债券是指银行业金融机构为满足资本监管要求而发行的、对特定触发事件下债券偿付事宜做出约定的金融债券，包括但不限于无固定期限资本债券和二级资本债券。

14. 参考答案：D

考点：1990年12月，上海证券交易所和深圳证券交易所先后开业，标志着股票市场正式运作的开始。

15. 参考答案：B

考点：证券投资基金对股票市场形成长期价值投资的理念具有重要引导作用，其他选项不符合题意。

16. 参考答案：A

考点：负债业务是商业银行组织资金来源的业务，是商业银行资产业务和其他业务营运的起点和基础，包括自有资金、存款负债和借款负债。一般，自有资金（包括股本金、储备资金和未分配利润）所占比重很小，为全部负债业务总额的10%左右，存款是银行负债最重要的业务，一般占到负债总额的70%以上。题目中A选项自有资金占到50%，属于应引起注意的情况。

17. 参考答案：B

考点：法定存款准备金率是以法律形式确定的商业银行缴存中央银行的存款占吸收存款的比例，它是中央银行控制货币供应量的最重要手段。

18. 参考答案：B

考点：私募基金合格投资者需要具备相应的风险识别和风险承担能力，投资于单只私募基金的金额不能低于100万元且符合下列标准的单位或个人：净资产不低于1 000万元的单位；金融资产不低300万元的个人或者最近三年年均收入不低于50万元的个人。

19. 参考答案：D

考点：题干是私募基金市场的概念，考生应基本理解各类市场的概念。

20. 参考答案：A

考点：考查封闭式基金的存续期间，通常5年以上，一般为10年或15年。

21. 参考答案：A

考点：辨析各特殊类型基金的概念。

22. 参考答案：D

考点：考查伞形基金的概念。

23. 参考答案：D

考点：考查基金注册简易程序和普通程序注册审查时间的区别。

24. 参考答案：C

考点：考查基金份额发售的时间限制。

25. 参考答案：A

考点：考查基金份额净值的概念及重要性。

26. 参考答案：C

考点：考查上市公司再融资的途径。非公开发行股票，也称为定向增发，是股份公司向特定对象发行股票的增资方式。这种增资方式会直接影响公司原股东利益，需要经过股东大会特别批准。

27. 参考答案：C

考点：考查机构投资者的内容。战略机构投资者是因机构投资者与股票一级市场的配售关系演化而来的。

28. 参考答案：B

考点：考查机构投资者的分类，本题是基础记忆题。

29. 参考答案：B

考点：考查合格境外机构投资者。保险公司：成立2年以上，最近一个会计年度持有的证券资产不少于5亿美元。

30. 参考答案：A

考点：考查社会公益基金。《慈善组织保值增值投资活动管理暂行办法》规定，慈善组织的财产不得用于在非银行金融机构存款，不得直接投资二级市场股票，不得投资人身保险产品或投资期货、期权、远期、互换等金融衍生产品。

31. 参考答案：B

考点：考查我国投资者适当性管理的相关制度。2016年12月12日，中国证监会发布《证券期货投资者适当性管理办法》，这是中国资本市场首部专门规范适当性管理的行政规章，是投资者保护领域的基础性制度，其核心理念就是“将适当的产品销售给适当的投资者”。

32. 参考答案：B

考点：考查我国证券公司的发展历程。1991 年 8 月，中国证券业协会成立。

33. 参考答案：D

考点：考查保荐机构的作用。保荐机构负责证券发行的主承销工作，负有对发行人进行尽职调查的义务，对公开发行募集文件的真实性、准确性和完整性进行核查，向中国证监会出具保荐意见，并根据市场情况与发行人协商确定发行价格。

34. 参考答案：A

考点：信息系统安全稳定运行，最近一年未发生因公司管理问题导致的重大事故。

35. 参考答案：B

考点：私募基金子公司根据税收、政策、监管、合作方需求等需要下设基金管理机构等特殊目的机构的，应当持有该机构 35% 以上的股权或出资，且拥有管理控制权。

36. 参考答案：D

考点：考查可交换债券概念。

37. 参考答案：C

考点：考查可交换债券相关知识。

38. 参考答案：C

考点：考查金融衍生工具的基本特征。注意不同特性的概念区分。

39. 参考答案：C

考点：考查优先股特点。优先股的持有人能够优先于普通股股东分配公司利润和剩余财产。

40. 参考答案：C

考点：资本公积属于股东权益收入，转增资本属于权益内部的调动，不影响权益总额。

41. 参考答案：A

考点：股票发行制度不包括发行主体。

42. 参考答案：C

考点：首次公开发行股票采用询价方式的，网下投资者报价后，发行人和主承销商应当剔除拟申购总量中报价最高的部分，剔除部分不得低于所有网下投资者拟申购总量的10%。

43. 参考答案：C

考点：目前我国证券交易所采用的竞价方式是集合竞价和连续竞价。

44. 参考答案：B

考点：竞价结果有三种可能：全部成交、部分成交、不成交。

45. 参考答案：C

考点：中证指数有限公司是由上海证券交易所和深圳证券交易所共同出资成立。

46. 参考答案：A

考点：考查科创板具体交易方式。

47. 参考答案：B

考点：考查货币政策对股价变动的影响。中央银行采取宽松性货币政策，增加货币供给，股市资金增加，对股票的需求增加，立即促使股价上升。

48. 参考答案：B

考点：考查同步性指标相关知识。同步性指标包括个人收入、企业工资支出、国内生产总值、社会商品销售额等。

49. 参考答案：B

考点：考查市场风险的特征。

50. 参考答案：C

考点：考查风险报告体系重要性。

51. 参考答案：B

考点：考查直接融资与间接融资特点的区分。直接融资的特点包括直接性、分散性、融资的信誉有较大的差异性、部分融资方式具有不可逆性、融资者有相对较强的自主性。间接融资的特点包括资金获得的间接性、融资的相对集中性、融资信誉的差异性相对较小、全部具有可逆性（即可返还性）、融资的主动权主要掌握在金融机构手中。

52. 参考答案：B

考点：考查金融市场的重要性。金融市场的重要性主要体现在：促进储蓄－投资转化、优化资源配置、反映经济状态和宏观调控。

53. 参考答案：B

考点：考查全球金融体系的主要参与者。存款吸收机构包括商业银行和其他存款吸收机构。其他存款吸收机构包括储蓄银行、信用合作社、投资银行、抵押贷款银行以及建房互助协会、吸收存款的小额贷款机构。中央银行是国家金融机构控制金融体系的关键方面。

54. 参考答案：B

考点：考查美国纳斯达克股票市场的分层。

55. 参考答案：C

考点：考查我国资产证券化的分类。

56. 参考答案：D

考点：考查国债竞争性招标的利率格式和竞标时间。见《财政部关于印发〈2018 年记账式国债招标发行规则〉》。

57. 参考答案：A

考点：考查国债竞争性招标相关内容。见《财政部关于印发〈2018 年记账式国债招标发行规则〉》。

58. 参考答案：D

考点：考查中央国债登记结算有限责任公司的义务。

59. 参考答案：A

考点：考查影响债券现金流的因素。

60. 参考答案：D

考点：考查债券估值利息计算相关知识。

61. 参考答案：A

考点：考查债券的分类。按付息方式，债券可以分为零息债券、附息债券和息票累积债券。

62. 参考答案：B

考点：考查中期国债的期限。

63. 参考答案：A

考点：储蓄国债（电子式）与记账式国债的不同之处。二者不同之处在于：发行对象不同；发行利率确定机制不同；流通或变现方式不同；记账式国债二级市场交易价格是由市场决定的，到期前市场价格（净价）有可能高于或低于发行面值，而储蓄国债（电子式）在发行时就对提前兑取条件做出了规定。

64. 参考答案：D

考点：存款准备金制度是银行创造信用货币的基本前提条件，对于一定数量的存款来说，准备金的比例越高，银行可用于贷款的资金就越少，存款派生能力就越弱，因此选项②说法错误，选项③正确。如果银行实行零准备金制度，则商业银行可将存款以贷款形式全额放出，如此循环，在理论上可以无限扩大货币供应量。

65. 参考答案：B

考点：中国人民银行公开市场业务主要包括回购交易、债券交易和发行中央银行票据，逆回购和正回购到期是央行向市场投放流动性的行为。优点包括主动权完全在中央银行和具有很强的可逆转性。因此选项③不正确。

66. 参考答案：C

考点：根据《上海证券交易所科创板股票上市规则》，发行人申请在上海证券交易所科创板上市，应当符合下列条件：发行后股本总额不低于人民币 3 000 万元；首次公开发行的股份达到公司股份总数的 25% 以上，公司股本总额超过人民币 4 亿元的，首次公开发行股份的比例为 10% 以上。

67. 参考答案：A

考点：我国已经逐步形成了一个由货币市场、债券市场、股票市场、外汇市场、黄金市场、商品期货市场和金融衍生品市场等构成的金融市场体系。商品市场是和金融市场并列的市场。

68. 参考答案：A

考点：考查股票市场的构成。我国股票市场分为场内市场和场外市场，场内市场包括沪深主板市场、创业板市场、全国中小企业股份转让系统（新三板）；场外市场包括区域性股权交易市场和交易柜台市场。区域性股权交易市场属于场外市场。

69. 参考答案：D

考点：影响金融市场运行的主要宏观经济变量包括国内生产总值，经济周期，通货膨胀与利率，汇率和国际资本流动。

70. 参考答案：D

考点：辨析封闭式基金与开放式基金的区别。

71. 参考答案：A

考点：考查 ETF 和 LOF 的区别与联系，ETF 是指数型基金，而 LOF 不一定是指数型基金，也可以是主动型基金；ETF 采用实物申购、赎回机制，LOF 的申购和赎回均以现金进行；ETF 实行一级市场、二级市场并存的交易制度。

72. 参考答案：C

考点：考查使用简易程序注册的基金产品，分级基金应按照普通程序注册。

73. 参考答案：D

考点：考查关于封闭式基金交易的问题。投资者买卖封闭式基金必须开立深、沪证券账户或深、沪基金账户及资金账户；封闭式基金的交易不收取印花税；封闭式基金的单笔最大数量应低于 100 万份。

74. 参考答案：C

考点：考查货币市场基金的利润分配方式。

75. 参考答案：A

考点：考查基金自身投资活动产生的印花税的税率征收问题。

76. 参考答案：D

考点：考查政府和政府机构发行债券的作用。以上选项均正确。

77. 参考答案：B

考点：考查合格境内机构投资者相关知识。

78. 参考答案：B

考点：考查全国社会保障基金。全国社保基金理事会直接运作的基金的投资范围限于银行存款、在一级市场购买国债，其他投资需委托社保基金投资管理人管理和运作并委托社保基金托管人托管。

79. 参考答案：B

考点：考查中国证券业协会的职责，按照《证券法》的有关规定，中国证券业协会行使下列职责：教育和组织会员遵守证券法律、行政法规；依法维护会员的合法权益，向中国证监会反映会员的建议和要求；收集整理证券信息，为会员提供服务；制定会员应遵守的规则，组织会员单位的从业人员的业务培训，开展会员间的业务交流；对会员之间、会员与客户之间发生的证券业务纠纷进行调解；组织会员就证券业的发展、运作及有关内容进行研究；监督、检查会员行为，对违反法律、行政法规或者中国证券业协会章程的，按照规定给予纪律处分。

80. 参考答案：B

考点：我国证券市场的监管目标是：（1）运用和发挥证券市场机制的积极作用，限制其消极作用。（2）保护投资者利益，保障合法的证券交易活动，监督证券中介机构。（3）防止人为操纵、欺诈等不法行为，维持证券市场的正常秩序。（4）根据国家宏观经济管理的需要，运用灵活多样的方式，调控证券市场与证券交易规模，引导投资方向，使之与经济发展相适应。

81. 参考答案：D

考点：证券公司应当建立完备的协助开户制度，对客户的开户资料和身份真实性等进行审查，向客户充分揭示期货交易风险，解释期货公司、客户、证券公司三者之间的权利义务关系，告知期货保证金安全存管要求。

82. 参考答案：D

考点：考查基金信息披露的禁止性规定，除以上参考答案外，还有禁止登载任何自然人、法人或者其他组织的祝贺性、恭维性、推荐性文字。

83. 参考答案：D

考点：我国《证券法》规定，投资咨询机构及其从业人员从事证券服务业务不得有下列行为：(1) 代理委托人从事证券投资；(2) 与委托人约定分享证券投资收益或者分担证券投资损失；(3) 买卖本咨询机构提供服务的上市公司股票；(4) 利用传播媒介或者通过其他方式提供、传播虚假或者误导投资者的信息。

84. 参考答案：D

考点：申请证券评级业务许可的资信评级机构应当具备的条件：(1) 具有中国法人资格，实收资本与净资产均不少于人民币 2 000 万元；(2) 具有证券从业资格的评级从业人员不少于 20 人，其中包括具有 3 年以上资信评级业务经验的评级从业人员不少于 10 人，具有中国注册会计师资格的评级从业人员不少于 3 人；(3) 具有健全且运行良好的内部控制机制和管理制度；(4) 最近 5 年未受到刑事处罚，最近 3 年未因违法经营受到行政处罚，不存在因涉嫌违法经营、犯罪正在被调查的情形；(5) 最近 3 年在税务、工商、金融等行政管理机关以及自律组织、商业银行等机构无不良诚信记录；(6) 中国证监会基于保护投资者、维护社会公共利益规定的其他条件。

85. 参考答案：D

考点：考查证券公司的法定业务。参看《中华人民共和国证券法》的规定。

86. 参考答案：D

考点：考查可转换债券的发行条件。

87. 参考答案：B

考点：考查结构化金融衍生产品的定义。

88. 参考答案：B

考点：考查了中国存托凭证的相关知识。其中，发行人在境外发行基础证券；存托人持有基础证券，在境内签发相应的存托凭证。

89. 参考答案：A

考点：考查主板（中小企业板）上市公司存在的不得非公开发行股票的情形。

90. 参考答案：D

考点：按照我国《证券法》规定，证券交易必须实行的公开、公平、公正的原则。

91. 参考答案：D

考点：证券市场根据证券价格对信息反应程度的划分，可分为强式有效市场、半强式有效市场、弱式有效市场。

92. 参考答案：A

考点：符合法律、行政法规、国务院证券监督管理机构及中国证券登记结算有限责任公司有关规定的自然人、法人、合伙企业和其他投资者，可以申请开立证券账户。

93. 参考答案：A

考点：考查基本分析法中宏观经济分析指标的分类。

94. 参考答案：D

考点：考查先行性指标的具体内容。先行性指标包括利率水平、货币供给、消费者预期、主要生产资料价格、企业投资规模等。

95. 参考答案：A

考点：考查量化分析方法的特点。

96. 参考答案：A

考点：考查影响股票投资价值的内部因素，包括公司净资产、盈利水平、股利政策、股份分割、增资减资以及并购重组等。

97. 参考答案：A

考点：考查绝对估值法下对公司股票价值的计算。

98. 参考答案：A

考点：考查市净率法估值的特点。

99. 参考答案：D

考点：考查风险的相关描述。与信用风险、市场风险不同，操作风险一般为下侧风险，只可能带来损失，不能够带来收益，因此，对操作风险的管理策略是在合理的成本范围内，尽可能减少操作风险。

100. 参考答案：C

考点：考查风险转移的分类。

《金融市场基础知识》模拟试卷十

一、选择题（共50题，每题1分，共50分。以下各选项中，只有一项符合题目要求，不选、错选均不得分）

1. 将有形资产产生的风险在资金供求双方之间重新配置，反映了金融市场的（　　）功能。

A. 资金融通　　B. 价格发现

C. 风险管理　　D. 提供流动性

2. 下列不属于货币市场的有（　　）。

A. 股票市场　　B. 银行间同业拆借市场

C. 商业票据市场　　D. 大额可转让存单市场

3. 为各类封闭式投资基金提供上市渠道的市场是（　　）。

A. 主板市场　　B. 另类投资市场

C. 专业证券市场　　D. 专业基金市场

4. 超短期融资券是指具有法人资格、信用评级较高的非金融企业在银行间债券市场发行的，期限在（　　）天以内的短期融资券。

A. 90　　B. 180

C. 270　　D. 360

5. 公司债券的发债利率没有明确的限制，由发行人和保荐人通过市场询价确定；企业债券的定价存在利率限制，要求发债利率不高于同期银行存款利率的（　　）。

A. 30%　　B. 40%

C. 50%　　D. 60%

6. 下列关于国际债券的说法，有误的是（　　）。

A. 国际债券筹集资金的来源比国内债券广泛

B. 国际债券的发行规模一般都比较大

C. 发行人筹集到的资金是一种可通用的自由外汇资金

D. 到期不支付本息风险是国际债券的重要风险

7. 下列关于外国债券的说法，正确的是（　　）。

A. 借款人在本国以外的某一国家发行以本国货币为面值的债券

B. 它的特点是债券发行人和面值货币属于同一个国家

C. 在英国发行以英镑计价的外国债券被称为“扬基债券”

D. 在中国发行的以人民币计价的外国债券被称为“熊猫债券”

8. 资产证券化交易比较复杂，涉及的当事人较多。关于相关当事人在证券化过程中具有的重要作用的说法正确的是（　　）。

A. 如果证券化交易涉及金额较大，可能会组成承销团

B. 服务机构通常由第三方担任

C. 信用增级机构通常由发起人担任

D. 受托人是资产支持证券的真正发行人

9. 以下（　　）不属于受托人在资产证券化中的主要职责。

A. 把服务机构存入 SPV 账户中的现金流转付给投资者

B. 定期向受托管理人和投资者提供有关特定资产组合的财务报告

C. 对没有立即转付的款项进行再投资

D. 公布违约事宜，并采取保护投资者利益的法律行为

10. 下列关于资产证券化的具体操作要求的说法，有误的是（　　）。

A. 特殊目的机构有时也可以由发起人设立

B. 资产支持证券的评级时，需要考虑的因素包括由利率变动等因素导致的市场风险

C. 承销商采用的销售方式可以采用包销或代销

D. 资产支持证券发行完毕到挂牌上市交易后，资产证券化的工作并没有全部完成

11. 关于现行我国国债的发行方式，下面说法正确的是（　　）。

A. 凭证式国债和记账式国债都采用承购包销方式

B. 凭证式国债和记账式国债都采用竞争性招标方式

C. 凭证式国债采用承购包销方式，记账式国债采用竞争性招标方式

D. 凭证式国债采用竞争性招标方式，记账式国债采用承购包销方式

12. 地方政府一般债券，单一期限债券的发行规模不得超过一般债券当年发行规模的（　　）。

A. 50%　　　　B. 40%

C. 30%　　D. 20%

13. 债券信用评级从初评工作开始到信用评级报告初稿完成日，单个主体评级或债券评级不应少于（　　）个工作日，集团企业评级或债券评级不应少于（　　）个工作日。

A. 15　30　　B. 20　45

C. 15　45　　D. 20　30

14. 银行业及银行信贷的特征不包括（　　）。

A. 以抵押为主的融资模式　　B. 能有效为新经济提供融资

C. 典型的顺周期行业　　D. 具有"放大镜"作用

15. 货币市场作为中央银行执行货币政策的重要载体，也是各类金融机构调节资金头寸、管理流动性和进行投资的主要场所，其中，在货币市场中发挥主导作用的是（　　）。

A. 银行间同业拆借市场　　B. 票据贴现市场

C. 银行间债券市场　　D. 债券市场

16. （　　）对金融市场有着直接、主要的影响。

A. 财政政策　　B. 收入政策

C. 货币政策　　D. 经济周期

17. 据调查，当能延迟消费的人少时，债券、股票等资产价格就会下跌，从而对金融市场产生巨大的冲击。上诉案例说明了（　　）因素影响我国金融市场运行的。

A. 文化　　B. 心理

C. 人口　　D. 市场

18. 目前，中国已基本形成了由（　　）调控和监督、国家银行为主体、政策性金融与商业性金融机构相分离，多种金融机构分工合作、功能互补的现代化金融中介机构体系。

A. 财政部　　B. 中国证监会

C. 原中国银监会　　D. 中央银行

19. 根据2016年原中国银监会发布的《商业银行表外业务风险管理指引（修订征求意见稿）》，（　　）是指商业银行从事的，按照现行的会计准则不计入资产负债表内，不形成现实资产负债，但能够引起当期损益变动的业务。

A. 负债业务　　B. 利润表

C. 表外业务　　D. 资产业务

20. 1774年，世界上第一个投资基金诞生于（　　）。

A. 美国
B. 英国
C. 瑞士
D. 荷兰

21. 基金管理人应当自募集期限届满之日起（　　）内聘请法定验资机构验资，向中国证监会提交验资报告，办理基金备案手续。

A. 5 日
B. 10 日
C. 15 日
D. 20 日

22. 基金募集失败，基金管理人应以固有财产承担因募集行为而产生的债务和费用，并在基金募集期限届满后（　　）日内返还投资者已缴纳的款项，并加计银行同期存款利息。

A. 15
B. 20
C. 25
D. 30

23. 基金管理人应当在基金份额发售的（　　）日前公布招募说明书、基金合同及其他有关文件。

A. 2
B. 3
C. 5
D. 10

24. 我国的封闭式基金每个交易日都进行估值，并（　　）披露一次基金份额净值。

A. 每周
B. 每日
C. 于下一个交易日
D. 两日

25. 对基金投资风险进行有效管理是基金投资管理中的重要内容。在基金管理人的投资管理活动中，资金投资面临（　　）与（　　）。

A. 市场风险　合规风险
B. 外部风险　内部风险
C. 系统风险　非系统风险
D. 市场风险　政策风险

26. 中央政府发行债券被视为（　　）。

A. 高风险债券
B. 低风险债券
C. 无风险债券
D. 一般风险债券

27. 在合格境外机构投资者中，对证券公司的资产规模的要求如下：经营证券业务 5 年以上，净资产不少于 5 亿美元，最近一个会计年度管理的证券资产不少于（　　）亿美元。

A. 5
B. 20
C. 50
D. 70

28. 在合格境外机构投资者中，对商业银行的资产规模的要求如下：经营银行业务 10 年以上，一级资本不少于 3 亿美元，最近一个会计年度管理的证券资产不少于（　　）亿美元。

A. 5　　B. 20

C. 50　　D. 70

29. 在QDII制度中，单只基金、集合管理计划持有同一家银行的存款不得超过基金、集合计划净值的（　　），在基金、集合计划托管账户的存款可以不受上述限制。

A. 10%　　B. 15%

C. 20%　　D. 25%

30. 全国社保基金境外投资的比例，按成本计算，不得超过全国社保基金总资产的（　　）。

A. 10%　　B. 15%

C. 20%　　D. 25%

31. 按照《证券公司私募投资基金子公司管理规范》的规定，证券公司设立私募基金子公司，最近（　　）个月各项风险控制指标符合中国证监会及中国证券业协会的相关要求，且设立私募基金子公司后，各项风险控制指标仍持续符合规定。

A. 12　　B. 6

C. 3　　D. 1

32. 以下说法不正确的是（　　）。

A. 证券公司开展自营业务，或者设立子公司开展自营业务，都需要取得证券监管部门的业务许可

B. 证券公司可为从事自营业务的子公司提供融资或者担保

C. 证券公司可以委托具备证券资产管理业务资格、特定客户资产管理业务资格或者合格境内机构投资者资格的其他证券公司或者基金管理公司进行证券投资管理

D. 证券公司将自由资金投资于依法公开发行的国债、投资级公司债、货币市场基金、央行票据等风险较低、流动性较强的证券，或者委托其他证券公司或者基金管理公司进行证券投资管理，且投资规模合计不超过其净资本80%的，无须取得证券自营业务资格

33. 按照《证券公司融资融券业务管理办法》的规定，关于证券公司申请融资融券业务资格，应当具备公司最近（　　）年内不存在因涉嫌违法违规正被中国证监会立案调查或者正处于整改期间的情形。

A. 1　　B. 2

C. 3　　D. 5

34. 证券公司甲，预设立一家私募基金子公司乙，乙公司根据税收、监管等需求设立基金管理机构丙，下列甲、乙、丙的做法错误的是（　　）。

A. 甲采用股份代持方式与丁公司共同出资设立乙

B. 乙持有丙 40% 的股权，且拥有管理控制权

C. 乙不得成为对所投资企业的债务承担连带责任的出资人

D. 丙不得对外提供担保

35. 会员大会可以行使的职能不包括（　　）。

A. 制定和修改证券交易所章程

B. 决定高级管理人员的聘任、解聘及薪酬事项

C. 审议和通过理事会、监事会和总经理的工作报告

D. 选举和罢免会员理事、会员监事

36. 2018 年 4 月 17 日沪深 300 指数开盘报价为 3812.87 点，当年 9 月份到期的沪深 300 指数期货合约开盘价为 3718.8 点，若期货投机者预期当日期货报价下跌，开盘即空头开仓，并在当日最低价 3661.6 点进行空头平仓。若期货公司要求的初始保证金为 10%，则该投机者当日即实现盈利（　　）元，日收益率（　　）。

A. 28 221　10.25%　　B. 17 160　10.25%

C. 17 160　15.38%　　D. 28 221　15.38%

37. 2018 年 3 月 30 日，国务院批准了中国证监会《关于开展创新企业境内发行股票或存托凭证试点的若干意见》。根据该若干意见，我国将开展创新企业境内发行存托凭证试点工作。试点企业在境内发行的存托凭证均应在境内证券交易所上市交易，并在（　　）集中登记存管、结算。

A. 中国人民银行清算中心　　B. 中国证监会

C. 中国证券登记结算有限责任公司　　D. 证券交易所

38. 下列（　　）不属于可交换债券与可转换债券区别。

A. 发行主体不同　　B. 权利载体不同

C. 用于转股的股份来源不同　　D. 转股对公司股本的影响不同

39. 按照我国《证券法》规定，公司申请股票上市的条件之一是（　　）。

A. 公司股本超过人民币 4 亿元的，向社会公开发行的股份比例为 10% 以上

B. 公司股本超过人民币 4 亿元的，向社会公开发行的股份比例为 20% 以上

C. 公司股本不超过人民币 4 亿元的，向社会公开发行的股份比例为 30% 以上

D. 公司股本不超过人民币 4 亿元的，向社会公开发行的股份比例为 10%以上

40. 增发是指（　　）。

A. 上市公司向原股东配售股票的行为

B. 上市公司向特定对象募集资金的行为

C. 上市公司向不特定对象公开募集股份的行为

D. 上市公司向特定对象非公开募集股份的行为

41. 创业板上市公司非公开发行股票的条件不包括（　　）。

A. 上市公司非公开发行股票募集资金用于收购兼并，需最近二年盈利

B. 本次发行股份自发行结束之日起 12 个月内不得上市交易

C. 发行对象不得超过 5 名

D. 最近一期期末资产负债率应当高于 45%

42. 上市公司的财务报表必须依法及时向社会公开，这体现了证券交易的（　　）原则。

A. 透明　　B. 及时

C. 公开　　D. 公平

43. 目前，投资者在我国证券市场上进行证券交易时采用（　　）。

A. 实名制　　B. 匿名制

C. 代号制　　D. 代码制

44. 在规定的一段时间内接受的买卖申报一次性集中撮合的竞价方式即为（　　）。

A. 连续竞价　　B. 集中竞价

C. 规定竞价　　D. 一次性竞价

45. 下列说法正确的是（　　）。

A. 目前我国证券市场采用的结算模式是机构结算模式

B. 证券公司在证券登记结算机构只需开立证券交收账户

C. 证券公司与其客户之间的资金清算交收可以由证券公司自行负责完成

D. 证券公司与客户之间的证券清算交收，应当由证券公司全权办理

46. 代表中国资本市场发展历程，是中国资本市场象征的指数为（　　）。

A. 上证综指　　B. 沪深 300 指数

C. 深证成分指数　　D. 行业分类指数

47. 股票以高于面值的价格发行，被称为（　　）。

A. 溢价发行　　B. 折价发行

C. 平价发行　　D. 配额发行

48. 利率水平、货币供给、企业投资规模等属于经济指标分类中的（　　）。

A. 先行性指标　　B. 同步性指标

C. 滞后性指标　　D. 技术性指标

49. 根据不同的压力情景，证券公司压力测试可采用（　　）。

A. 敏感性分析和情景分析　　B. 敏感性分析和历史情景分析

C. 感知分析和敏感性分析　　D. 情景分析和感知分析

50.（　　）作为一种金融风险度量工具，可以给风险管理者提供频率分布中最坏区域平均损失大小的准确信息。

A. 期望损失模型　　B. VaR 模型

C. 波动性分析　　D. 置信水平

二、组合型选择题（共 50 题，每题 1 分，共 50 分。以下各选项中，只有一项符合题目要求，不选、错选均不得分）

51. 金融业区域内短期资金成本的基准指标包括（　　）。

①SHIBOR　　②HIBOR

③EURIBOR　　④TIBOR

A. ①②③④　　B. ①③④

C. ①②④　　D. ②③④

52. 二级市场的重要功能有（　　）。

①筹资　　②为已发行的金融资产提供流动性

③发现资产价格　　④降低风险

A. ①②　　B. ②④

C. ②③　　D. ①③

53. 下列属于货币市场的有（　　）。

①股票市场　　②银行间同业拆借市场

③商业票据市场　　④大额可转让存单市场

A. ①②③　　B. ①②④

C. ②③④　　D. ①③④

54. 股票市场融资的特点有（　　）。

①无须退还本金　　②可以转让

③可以退股　　④保证收益

A. ①②　　B. ①④

C. ③④ D. ①③

55. 常见的间接融资方式有（ ）。

①银行信用融资 ②消费信用融资

③租赁融资 ④商业信用融资

A. ①②③ B. ①②④

C. ②③④ D. ①③④

56. 衍生工具的特点有（ ）。

①以相应的现货资产作为标的物 ②成交时需要立即交割

③价格由基础资产决定 ④一般表现为合约

A. ①②③ B. ①②④

C. ②③④ D. ①③④

57. 美国上市公司股票交易场所主要分为（ ）。

①全国性股票交易所 ②另类交易系统

③经纪商－交易商内部撮合 ④专业证券市场

A. ①②③ B. ①③④

C. ①②④ D. ②③④

58. IOB 系统的特点有（ ）。

①做市商必须在 90% 以上的交易时段提供至少一个交易市场规模的双边报价

②做市场必须在 90% 以上的交易时段提供至少三个交易市场规模的双边报价

③可以不参与收盘集合竞价阶段报价

④必须参与收盘集合竞价阶段报价

A. ①③ B. ①④

C. ②③ D. ②④

59. 当国债发行以单一价格方式招标时，下面说法正确的是（ ）。

①标的为利率时，全场最高中标利率为当期（次）国债票面利率

②标的为利率时，全场最低中标利率为当期（次）国债票面利率

③标的为价格时，全场最高中标价格为当期（次）国债票面价格

④标的为价格时，全场最低中标价格为当期（次）国债票面价格

A. ①③ B. ②③

C. ②④ D. ①④

60. 债券贴现率是投资者对该债券要求的最低回报率，也被称为必要回报

率。债券必要报酬率为（　　）之和。

①票面利率　　②预期通货膨胀率

③风险溢价　　④真实无风险收益率

A. ①②③　　B. ②③④

C. ①③④　　D. ①②③④

61. 为了更好地理解债券的收益率，我们引进收益率曲线这个概念。收益率曲线的基本类型有（　　）。

①正向的　　②反向的

③水平的　　④拱形的

A. ①②③　　B. ②③④

C. ①③④　　D. ①②③④

62. 根据利息支付方式的不同，金融债券可分为（　　）和（　　）。

①附息金融债券　　②贴现金融债券

③普通金融债券　　④累进利息金融债券

A. ①②　　B. ②③

C. ③④　　D. ②④

63. 下列（　　）属于我国非金融企业债务融资工具的特点。

①融资工具发行对象均为作为银行间债券市场成员的机构投资者

②融资工具发行参与方包括审计师事务所、律师事务所、主承销商、评级机构、增信机构等中介服务机构

③定价市场化

④发行方式市场化

A. ①②③　　B. ①②③④

C. ①③④　　D. ②③④

64. 我国黄金市场具有的特点是（　　）。

①市场架构不完整

②参与主体类型多样

③与实体经济和黄金产业密切关联

④投资与风险分散功能进一步得到发挥

A. ①②③　　B. ①②

C. ②③④　　D. ②③

65. 我国增强金融服务实体经济能力的障碍与挑战包括（　　）。

①未完全市场化的基准价格体系

②以银行业为主导的间接融资导致风险过度集中在企业，企业融资渠道与方式相对单一

③资产行业存在刚性兑付现象，预算软约束部门更易获得正规金融信贷支持，挤出了有效率的民营企业融资

④资本市场的投融资关系始终没有得到理顺

A. ①②③　　B. ①②④

C. ②③④　　D. ①③④

66. 我国增强金融服务实体经济能力的障碍与挑战中始终没有理顺的两个关系是（　　）。

①金融监管和行业发展　　②银行与企业

③预算软约束部门和硬约束部门　　④资本市场的投融资关系

A. ①②　　B. ②③

C. ③④　　D. ①④

67. 下列属于货币政策工具的是（　　）。

①利率　　②汇率

③收入　　④借贷

A. ①②③　　B. ①②④

C. ②③④　　D. ①③④

68. 关于直接信用控制和间接信用控制的说法，正确的是（　　）。

①直接信用控制以行政命令或其他方式做出

②直接信用控制涉及总量和流量两个方面

③道义劝告和窗口指导属于间接信用控制

④流动性比率不是直接信用控制

A. ①②③　　B. ①②④

C. ②③④　　D. ①③④

69. 场外市场的特征具有（　　）。

①挂牌标准较低，通常不对企业规模和盈利能力等情况进行要求

②信息披露要求较低，监管较为宽松

③交易制度通常采用竞价交易制度

④交易制度通常采用做市商制度

A. ①②③　　B. ①②④

C. ②③④　　D. ①③④

70. 以下关于封闭式基金的说法正确的有（　　）。

①封闭式基金的基金份额在封闭期内不能赎回

②持有人可以进行场外交易

③封闭式基金的存续期固定，但可以适当延长

④封闭式基金的基金规模在封闭期限内未经法定程序认可不能增加发行

A. ①②③　　B. ②③④

C. ①②④　　D. ①③④

71. 按照基金的投资标的划分，可将证券投资基金分为（　　）等。

①股票基金　　②债券基金

③混合型基金　　④货币市场基金

A. ①②③　　B. ②③④

C. ①②④　　D. ①②③④

72. 基金运作可分为（　　）三大部分。

①基金的市场营销　　②基金的信息披露

③基金的投资管理　　④基金的后台管理

A. ①②③　　B. ①③④

C. ①②④　　D. ②③④

73. 基金资产估值需考虑以下（　　）因素。

①估值频率　　②交易价格的公允性

③估值方法的一致性　　④估值方法的公开性

A. ①②③④　　B. ①②④

C. ①③④　　D. ②③④

74. 一般而言，基金投资管理的流程包含（　　）环节。

①研究部门提供研究报告

②投资决策委员会决定基金总体投资计划

③基金经理拟订投资组合具体方案

④交易部门依据基金经理的投资指令执行交易

A. ①②③　　B. ①③④

C. ①②④　　D. ①②③④

75. 基金合同是约定基金管理人、基金托管人和基金份额持有人权利义务关系的基本法律文件。基金合同的主要披露事项包括（　　）。

①募集基金的目的和名称　　②基金运作方式

③基金份额发售日期　　④基金份额持有人

A. ①②③　　B. ①②④

C. ①③④　　D. ①②③④

76. 非公开发行股票，也称为定向增发，是股份公司向特定对象发行股票的增资方式。特定对象包括（　　）。

①公司控股股东　　②与公司业务有关的企业

③公司的员工　　④证券公司

A. ①②③　　B. ①②④

C. ①③④　　D. ①②③④

77. 机构投资者作为金融市场的主要参与者，其规范、自律经营对防范金融风险、维护金融稳定有着重要意义。机构投资者在金融市场中的作用主要包括（　　）。

①有利于改善储蓄转化为投资的机制与效率，促进间接融资

②有利于促进不同金融市场之间的有机结合与协调发展，健全金融市场运行机制

③有助于分散金融风险，促进金融体系的稳定运行

④有助于实现社会保障体系与宏观经济的良性互动发展

A. ①②　　B. ①③④

C. ②③④　　D. ①②③④

78.《证券期货投资者适当性管理办法》构建了一整套适当性管理的制度框架，从（　　）方面明确了投资者适当性管理的各项工作，同时赋予中国证监会及其派出机构对经营机构履行适当性义务的监督管理权以及证券期货交易所、证券登记结算公司、行业协会等自律组织的自律管理权，标志着我国投资者适当性管理制度体系的基本形成。

①投资者分类　　②产品分级

③强化经营机构适当性义务　　④突出违规行为惩戒

A. ①③④　　B. ①②③

C. ②③④　　D. ①②③④

79. 证券公司为期货公司介绍客户时，应当（　　）。

①向客户明示其与期货公司的介绍业务委托关系

②向客户解释期货交易的方式、流程及风险

③向客户进行获利保证、共担风险等承诺

④不得向客户虚假宣传、误导客户

A. ①②③　　B. ①②④

C. ①③④　　D. ①②③④

80. 按照《律师事务所从事证券法律业务管理办法》规定，律师事务所及其指派的律师从事证券法律业务，应当遵守法律、行政法规及其相关规定，遵循诚实、守信、独立、勤勉、尽责的原则，恪守律师职业道德和执业纪律，严格履行法定职责，保证其所出具文件的（　　）。

①真实性　　②及时性

③准确性　　④完整性

A. ①②③　　B. ①②④

C. ①③④　　D. ②③④

81. 按照行政法规、中国证监会有关要求，中国证券业协会行使以下（　　）职责。

①制定证券行业执业标准和业务规范，对会员及其从业人员进行自律管理

②负责证券业从业人员的资格考试、执业注册

③负责组织证券公司高级管理人员、保荐代表人及其他待定岗位专业人员的资质测试或胜任能力考试

④负责对首次公开发行股票网下投资者进行注册和自律管理

⑤负责非公开发行公司债券事后备案和自律管理

A. ①②③④　　B. ①③④⑤

C. ②③④⑤　　D. ①②③④⑤

82. 下列关于取得中国证监会证券评级业务许可的资信评级机构从事证券评级业务说法正确的有（　　）。

①证券评级机构与评级对象存在利害关系的，不得委托开展证券评级业务

②从事证券评级业务的业务部门应当与其他部门联合评级

③应当建立评级委员会制度、复评制度、评级结果公布制度、跟踪评级制度、证券评级业务信息保密制度及证券评级业务档案管理制度等

④建立清晰合理的组织结构，合理划分内部机构职能，建立健全“防火墙”制度

A. ①②③　　B. ①③④

C. ②③④　　D. ①②③④

83. 按照《商业银行法》的规定，除国家另有规定外，商业银行等银行业金融机构在中国境内不得从事的业务有（　　）。

①从事信托投资业务　　②从事证券经营业务

③向非自用不动产投资　　④向非银行金融机构和企业投资

⑤利用自有资金买卖债券

A. ①②③④　　B. ②③④⑤

C. ①②③⑤　　D. ①②③④⑤

84. QFII 是在一定规定和限制下，（　　），通过严格监管的专门账户投资（　　），其资本利得、股息等经审核后可转为外汇汇出的一种市场开放模式。

①汇入一定额度的外汇资金，并转换为当地货币

②汇出一定额度的本币资金，并转换为外地货币

③当地证券市场

④外地证券市场

A. ①③　　B. ①④

C. ②③　　D. ②④

85. 按照《合格境外机构投资者境内证券投资管理办法》，合格境外机构投资者在批准的交易额度内，可以投资于中国证监会批准的人民币金融工具，包括（　　）。

①证券投资基金　　②在证券交易所挂牌交易的股票

③在证券交易所挂牌交易的债券　　④在证券交易所挂牌交易的权证

⑤股指期货

A. ①③④　　B. ②③④⑤

C. ①③④⑤　　D. ①②③④⑤

86. 托管银行的主要职责包括（　　）。

①保管 ADR 所代表的基础证券

②向 ADR 持有者提供基础证券发行人及 ADR 的市场信息，解答投资者的询问

③根据存券银行的指令领取红利或利息

④向存券银行提供当地市场信息

A. ①②③　　B. ①③④

C. ②③④　　D. ①②④

87. 关于可转换债券的要素，下列说法中正确的有（　　）。

①有限期限是指可转换债券转换为普通股票的起始日至结束日的期间

②转换期限是指债券从发行之日起至偿清本息之日的存续时间

③转换比例是指一定面额可转换债券可转换成普通股的股数

④转换价格是指可转换债券转换为每股普通股份所支付的价格

A. ③④　　B. ①②

C. ②③④　　D. ①②③④

88. 可转换债券的发行条件包括（　　）。

①最近 3 个会计年度加权平均净资产收益率平均不低于 6%。扣除非经常性损益后的净利润与扣除前的净利润相比，以低者作为加权平均净资产收益率的计算依据

②本次发行后累计公司债券余额不超过最近一期末净资产额的 40%

③最近 3 个会计年度实现的年均可分配利润不少于公司债券 1 年的利息

④组织机构健全、运行良好、盈利能力具有可持续性、上市公司的财务状况良好

A. ①③④　　B. ①②③

C. ②③④　　D. ①②③④

89. 根据不同的附加条件，优先股可以分为（　　）。

①固定股息优先股和浮动股息优先股

②可累积优先股和非累积优先股

③有限制优先股和无限制优先股

④强制分红优先股和非强制分红优先股

⑤可回购优先股和不可回购优先股

A. ①②③④　　B. ①②④⑤

C. ②③④⑤　　D. ①②③⑤

90. 公司有下列（　　）情形之一的，不得公开发行证券。

①上市公司最近 36 个月内受到证券交易所的公开谴责

②擅自改变前次公开发行证券募集资金的用途而未作纠正

③上市公司及控股股东或实际控制人最近 12 个月内存在未履行向投资者做出的公开承诺的行为

④严重损害投资者合法权益

⑤上市公司的普通职员因涉嫌犯罪被司法机关立案侦查

A. ①②③④⑤　　B. ①②③④

C. ①②④　　D. ②③④

91. 以下（　　）股票发行监管制度中有发行上市标准的要求。

①审批制　　②审定制

③核准制　　④注册制

A. ①②③④　　B. ③④

C. ①③④　　D. ④

92. 在融资融券交易中，投资者向证券公司提交的保证金可以是（　　）。

①现金 ②证券

③商业汇票

A. ①②③ B. ①②

C. ②③ D. ①③

93. 证券账户信息中的关键信息包括（　　）。

①投资者姓名或名称 ②投资者地址

③投资者有效身份证明文件及号码 ④投资者电话

A. ①②③④ B. ①②③

C. ①③④ D. ①③

94. 王某委托买卖证券，则他需要支付的是（　　）。

①佣金 ②个人所得税

③过户费 ④印花税

A. ①②③ B. ①②④

C. ②③④ D. ①③④

95. 发生下列（　　）情形可以申请非交易过户。

①继承 ②赠予

③转让 ④法人资格丧失

A. ①②③ B. ①②④

C. ②③④ D. ①③④

96. 财政政策对股票价格造成影响的途径包括（　　）。

①中央银行采取紧缩性货币政策，促使股价下跌

②扩大财政赤字，增加财政支出，刺激经济发展

③调节税率，影响企业利润和股息

④干预资本市场各类交易适用的税率

A. ①②③ B. ②③④

C. ①③④ D. ①②④

97. 下列（　　）属于经济指标中的同步性指标。

①利率水平 ②国内生产总值

③个人收入 ④企业工资支出

A. ①②③ B. ②③④

C. ①②④ D. ①③④

98. 基本分析法的特征包括（　　）。

①以价值分析理论为基础 ②以统计方法为主要分析手段

③使用大量数据

④以现值计算方法为主要分析手段

A. ①②③

B. ②③④

C. ①②④

D. ①③④

99. 下列关于风险管理的说法正确的是（　　）。

①事前管理决定了风险管理是一种积极管理

②现代风险管理是一种全面的风险管理，以企业的股东价值和社会价值增长为总体目标

③风险管理的目标是创造价值

④风险管理在于减少损失，降低风险

A. ①②③

B. ①②④

C. ②③④

D. ①③④

100. 下列属于信用风险评估方法的是（　　）。

①专家系统

②5Cs

③信用打分模型

④信用评级

A. ①②③

B. ①③④

C. ②③④

D. ①②③④

参考答案与解析

1. 参考答案：C

考点：考查金融市场的功能之一：风险管理功能。

2. 参考答案：A

考点：考查货币市场概念。货币市场包括银行间同业拆借市场、商业票据市场、短期国库券市场、大额可转让存单市场等。

3. 参考答案：D

考点：考查专业基金市场的内容。

4. 参考答案：C

考点：考查超短期融资券的定义。超短期融资券是指具有法人资格、信用评级较高的非金融企业在银行间债券市场发行的，期限在 270 天以内的短期融资券。

5. 参考答案：B

考点：考查企业债券和公司债券的发行定价方式。

6. 参考答案：D

考点：考查国际债券的特征。汇率风险是国际债券的重要风险。

7. 参考答案：D

考点：考查外国债券的知识。外国债券是指某一国家借款人在本国以外的某一国家发行以该国货币为面值的债券。它的特点是债券发行人属于一个国家，债券的面值货币和发行市场属于另一个国家。在英国发行以英镑计价的外国债券被称为“猛犬债券”。

8. 参考答案：A

考点：考查资产证券化参与者的职能。服务机构通常由发起人担任；信用增级机构分别是发起人和独立的第三方；特殊目的机构是资产支持证券的真正发行人。

9. 参考答案：B

考点：考查受托人在资产证券化中的主要职责。定期向受托管理人和投资者提供有关特定资产组合的财务报告属于服务机构在资产证券化中的主要职责。

10. 参考答案：B

考点：考查资产证券化的具体操作要求。资产支持证券的评级为投资者提供了证券选择的依据，因而构成资产证券化的又一重要环节。评级由国际资本市场上广大投资者承认的独立私营评级机构进行，评级考虑因素不包括由利率变动等因素导致的市场风险，而主要考虑资产的信用风险。

11. 参考答案：C

考点：考查现行我国国债的发行方式。凭证式国债采用承购包销方式，记账式国债采用竞争性招标方式。

12. 参考答案：C

考点：考查地方政府一般债券规模的限制要求。

13. 参考答案：C

考点：考查债券信用评级的时间限制。

14. 参考答案：B

考点：银行业及银行信贷的特征包括：以抵押为主的融资模式，它难以为新经济提供融资，银行业是典型的顺周期行业，当经济处于增长周期时，银行信贷会放大经济增长；反之则会放大收缩态势。因此选项 B 不正确。

15. 参考答案：C

考点：我国目前已形成了包括银行间同业拆借市场、短期债券市场、债券回购市场和票据贴现市场在内的统一的货币市场。其中，银行间债券市场在货币市场中发挥了主导作用。债券市场和货币市场同属于我国金融市场体系。

16. 参考答案：C

考点：宏观经济政策包括货币、财政和收入政策，货币政策对金融市场有着直接、主要的影响。收入政策具有更高一层次的调节功能，财政政策主要通过税收政策、公共支出政策以及国债发行等发挥作用。

17. 参考答案：C

考点：本案例属于其他因素的中人口因素对我国金融市场运行的影响。

18. 参考答案：D

考点：本题属于记忆类知识点，中央银行负责调控和监督。

19. 参考答案：C

考点：根据 2016 年原中国银监会发布的《商业银行表外业务风险管理指引（修订征求意见稿）》，表外业务是指商业银行从事的，按照现行的会计准则不计入资产负债表内，不形成现实资产负债，但能够引起当期损益变动的业务。负债业务、资产业务属于表内业务。

20. 参考答案：D

考点：考查证券投资基金的起源。

21. 参考答案：B

考点：考查募集基金后验资的时间限制。

22. 参考答案：D

考点：考查基金募集失败后还款时限。

23. 参考答案：B

考点：考查招募说明书等文件的公布时间。

24. 参考答案：A

考点：考查封闭式基金的估值频率。

25. 参考答案：B

考点：基金投资活动面临外部风险与内部风险，外部风险可划分为系统性风险与非系统性风险。

26. 参考答案：C

考点：考查政府和政府机构发行债券特点。通常情况下，中央政府债券不存在违约风险，因此，被视为无风险债券。

27. 参考答案：C

考点：考查合格境外机构投资者相关知识。证券公司：经营证券业务 5 年以上，净资产不少于 5 亿美元，最近一个会计年度管理的证券资产不少于 50 亿美元。

28. 参考答案：C

考点：考查合格境外机构投资者相关知识。商业银行：经营银行业务 10 年以上，一级资本不少于 3 亿美元，最近一个会计年度管理的证券资产不少于 50 亿美元。

29. 参考答案：C

考点：考查合格境内机构投资者相关知识。在 QDII 制度中，单只基金、集合管理计划持有同一家银行的存款不得超过基金、集合计划净值的 20%。

30. 参考答案：C

考点：考查社保基金相关知识。全国社保基金境外投资的比例，按成本计算，不得超过全国社保基金总资产的 20%。

31. 参考答案：B

考点：按照《证券公司私募投资基金子公司管理规范》的规定，证券公司设立私募基金子公司，最近6个月各项风险控制指标符合中国证监会及中国证券业协会的相关要求，且设立私募基金子公司后，各项风险控制指标仍持续符合规定。

32. 参考答案：B

考点：考查证券公司可开展的自营业务相关知识。证券公司开展自营业务，或者设立子公司开展自营业务，都需要取得证券监管部门的业务许可，证券公司不得为从事自营业务的子公司提供融资或者担保。故B选项错误。

33. 参考答案：B

考点：按照《证券公司融资融券业务管理办法》的规定，关于证券公司申请融资融券业务资格，应当具备公司最近两年内不存在因涉嫌违法违规正被中国证监会立案调查或者正处于整改期间的情形。

34. 参考答案：A

考点：证券公司未能做到突出主业、稳健经营、诚实守信、勤勉尽责、资本约束或内控有力，不得设立私募基金子公司。证券公司应当以自有资金全资设立私募基金子公司，不得采用股份代持等其他方式变相与其他投资者共同出资设立私募基金子公司。每家证券公司设立的私募基金子公司原则上不超过1家。

35. 参考答案：B

考点：考查会员大会的职能。会员大会可以行使的职能有：制定和修改证券交易所章程；选举和罢免会员理事、会员监事；审议和通过理事会、监事会和总经理的工作报告；审议和通过证券交易所的财务预算、决算报告；法律、行政法规、部门规章和证券交易所章程规定的其他重大事项。

36. 参考答案：C

考点：考查期货指数投机盈利的计算。隐含考点是沪深300股指期货合约的合约乘数为每点300元。实现盈利为（3718.8 - 3661.6）×300 = 17 160（元），投入资金为3718.8×300×10% = 111 564（元），日收益率为17 160÷111 564×100%≈15.38%。

37. 参考答案：C

考点：考查中国存托凭证相关知识。

38. 参考答案：B

考点：考查可交换债券与可转换债券区别。

39. 参考答案：A

考点：考查股票申请上市条件。

40. 参考答案：C

考点：考查增发的定义。

41. 参考答案：A

考点：创业板上市公司非公开发行股票的条件应当符合创业板上市公司发行股票的一般规定，上市公司非公开发行股票募集资金用于收购兼并，免于一般规定中要求的“最近二年盈利，净利润已扣除非经常性损益前后孰低为计算依据”。

42. 参考答案：C

考点：考查证券交易原则的理解运用。

43. 参考答案：A

考点：目前，投资者在我国证券市场上进行证券交易时采用实名制。

44. 参考答案：B

考点：考查集中竞价的概念。

45. 参考答案：C

考点：目前我国证券市场采用的结算模式是法人结算模式；证券公司在证券登记结算机构需开立证券交收账户和资金交收账户；证券公司与其客户之间的资金清算交收由证券公司自行负责完成；证券公司与客户之间的证券清算交收，是委托中国结算公司根据成交记录按照业务规则代为办理。

46. 参考答案：A

考点：上证综指代表中国资本市场发展历程，是中国资本市场的象征。

47. 参考答案：A

考点：考查股票发行价格与面值的关系。发行价格高于面值时，为溢价发行。

48. 参考答案：A

考点：考查先行性指标概念。先行性指标包括利率水平、货币供给、消费者预期、主要生产资料价格、企业投资规模等。

49. 参考答案：A

考点：考查压力测试采用的方法。

50. 参考答案：A

考点：考查期望损失模型。

51. 参考答案：A

考点：考查银行间同业拆借利率。

52. 参考答案：C

考点：考查二级市场的功能，主要有：为已发行的金融资产提供流动性，通过二级市场发现资产价格。

53. 参考答案：C

考点：考查货币市场范围。货币市场包括银行间同业拆借市场、商业票据市场、短期国库券市场、大额可转让存单市场等。

54. 参考答案：A

考点：考查股票市场融资的特点。股票市场融资无须退还本金、售出的股票只能转让，不能退股，也不保证收益，但如果企业盈利，股票持有人享受企业盈余的分配权。

55. 参考答案：A

考点：本题主要考查间接融资方式范围。间接融资方式包括银行信用融资、消费信用融资、租赁融资等。

56. 参考答案：D

考点：考查衍生工具的特点。一般是表现为一些合约，以相应的现货资产作为标的物，其价格由其基础资产的价格决定，成交时不需要立即交割，而可在未来时点交割。

57. 参考答案：A

考点：考查美国上市公司股票交易场所的分类。

58. 参考答案：A

考点：考查 IOB 系统的特点。

59. 参考答案：D

考点：考查国债竞争性招标时确定的发行价格和利率，见《财政部关于印发〈2018 年记账式国债招标发行规则〉》。

60. 参考答案：B

考点：考查债券贴现率的确定。

61. 参考答案：D

考点：考查债券收益率曲线类型。

62. 参考答案：A

考点：考查金融债券的分类。根据利息支付方式的不同，金融债券可分为附息金融债券和贴现金融债券；根据发行条件的不同，金融债券可分为普通金融债券和累进利息金融债券。

63. 参考答案：B

考点：考查我国非金融企业债务融资工具的特点。

64. 参考答案：C

考点：我国黄金市场具有四大特点：市场架构比较完整；参与主体类型多样；与实体经济和黄金产业密切关联；投资与风险分散功能进一步得到发挥。

65. 参考答案：D

考点：我国增强金融服务实体经济能力的障碍与挑战包括：中国金融体系虽已初具现代格局，但是引导市场得以有效配置资源的基准价格体系——利率、收益率曲线和汇率等，尚未完全市场化；以银行业为主导的间接融资导致风险过度集中在银行，企业融资渠道与方式相对单一，②表述不正确；国有企业与地方政府融资平台等预算软约束部门在一定程度上都受政府隐形担保，使得金融机构对其债务有刚性兑付预期。大型企业、基础设施建设、房地产行业和地方政府平台更易获得正规金融信贷支持，挤出了有效率的民营企业融资；金融监管与行业发展的关系始终没有得到理顺，监管始终倾向于本行业的发展；资本市场的投融资关系始终没有得到理顺。

66. 参考答案：D

考点：我国增强金融服务实体经济能力的障碍与挑战中始终没有理顺的两个关系是：金融监管和行业发展；资本市场的投融资关系。

67. 参考答案：B

考点：货币政策是中央银行利用其掌握的利率、汇率、借贷、货币发行、外汇管理及金融法规等工具，采用的各种控制、调节和货币供应量或信贷规模的方针、政策和措施的总称。收入属于财政政策。

68. 参考答案：A

考点：直接信用控制的手段包括利率最高限额、信用分配、流动性比率、直接干预及开办特种存款等。④流动性比率不是直接信用控制的说法不正确。

69. 参考答案：B

考点：场外市场的特征包括挂牌标准较低，通常不对企业规模和盈利能力等情况进行要求；信息披露要求较低，监管较为宽松；交易制度通常采用做市商制度。竞价交易制度是交易所市场采用的。

70. 参考答案：D

解析：考查关于封闭式基金的特点，封闭式基金的持有人只能在证券交易场所交易。

71. 参考答案：D

考点：考查证券投资基金的不同分类标准下的分类形式。

72. 参考答案：B

考点：考查证券基金运作的三大部分，信息披露包含在投资管理内容里。

73. 参考答案：A

考点：考查基金资产估值需考虑的因素。

74. 参考答案：D

考点：基金管理公司的投资管理部门主要包括投资部门、研究部门以及交易部门。

75. 参考答案：D

考点：考查基金合同的披露事项，还包括基金份额的价格、费用原则，基金份额持有人和基金托管人的权利和义务，基金份额发售、交易、申购、赎回的程序、时间、地点、费用计算方式以及给付赎回款项的时间和方式，基金收益分配原则，费用提取及支付方式，投资方向和投资限制，净值计算方式和公告方式等。

76. 参考答案：D

考点：考查定向增发相关知识。非公开发行股票，也称为定向增发，是股份公司向特定对象发行股票的增资方式。特定对象包括公司控股股东、实际控制人及其控制的企业；与公司业务有关的企业、往来银行；证券投资基金、证券公司等金融机构；公司董事、员工等。

77. 参考答案：C

考点：考查机构投资者的作用。发展机构投资者有助于促进直接融资。

78. 参考答案：D

考点：考查我国投资者适当性管理的相关制度。

79. 参考答案：B

考点：证券公司为期货公司介绍客户时，应当向客户明示其与期货公司的介绍业务委托关系，解释期货交易的方式、流程及风险，不得进行获利保证、共担风险等承诺，不得向客户虚假宣传、误导客户。

80. 参考答案：C

考点：按照《律师事务所从事证券法律业务管理办法》规定，律师事务所及其指派的律师从事证券法律业务，应当遵守法律、行政法规及其相关规定，遵循诚实、守信、独立、勤勉、尽责的原则，恪守律师职业道德和执业纪律，严格履行法定职责，保证其所出具文件的真实性、准确性、完整性。

81. 参考答案：D

考点：考查中国证券业协会的职责，按照行政法规、中国证监会有关要求，中国证券业协会行使以下职责：制定证券行业执业标准和业务规范，对会员及其从业人员进行自律管理；负责证券业从业人员的资格考试、执业注册；负责组织证券公司高级管理人员、保荐代表人及其他待定岗位专业人员的资质测试或胜任能力测试；负责对首次公开发行股票网下投资者进行注册和自律管理；负责非公开发行公司债券事后备案和自律管理；负责场外证券业务事后备案和自律管理；行政法规、中国证监会规范性文件规定的其他职责。

82. 参考答案：B

考点：从事证券评级业务的业务部门应当与其他业务部门保持独立。

83. 参考答案：A

考点：考查银行业金融机构相关知识。按照《商业银行法》的规定，银行业金融机构可用资金买卖政府债券和金融债券，除国家另有规定外，在中国境内不得从事信托投资和证券经营业务，不得向非自用不动产投资或者向非银行金融机构和企业投资。

84. 参考答案：A

考点：考查合格境外机构投资者制度（QFII）的概念。

85. 参考答案：D

考点：考查合格境外机构投资者相关知识。参照《合格境外机构投资者境内证券投资管理办法》的规定。

86. 参考答案：B

考点：考查参与美国存托凭证发行与交易的中介机构之一——托管银行的有关职责。托管银行主要负责保管 ADR 所代表的基础证券；根据存券银行的指令领取红利或利息，用于再投资或汇回发行国；向存券银行提供当地市场信息等。而选项②，向 ADR 持有者提供基础证券发行人及 ADR 的市场信息，解答投资者的询问，是存券银行的职责。

87. 参考答案：A

考点：考查可转换债券要素相关概念。转换期限是指可转换债券转换为普通股票的起始日至结束日的期间。有限期限是指债券从发行之日起至偿清本息之日的存续时间。

88. 参考答案：D

考点：考查可转换债券的发行条件。

89. 参考答案：B

考点：考查优先股的不同分类。

90. 参考答案：D

考点：不得公开发行证券的情形：上市公司最近 12 个月内受到证券交易所的公开谴责；上市公司或现任董事、高级管理人员因涉嫌犯罪被司法机关立案侦查或涉嫌违法违规被中国证监会立案调查。

91. 参考答案：C

考点：审批制、核准制、注册制这三种股票发行监管制度均有发行上市的要求。

92. 参考答案：B

考点：融资融券交易中，保证金可以是现金或者是可充抵保证金的证券。

93. 参考答案：D

考点：证券账户信息中的关键信息包括投资者姓名或名称和投资者有效身份证明文件及号码，其他信息为非关键信息。

94. 参考答案：D

考点：客户委托买卖证券，需缴纳的费用及税金包括佣金、过户费、印花税，无须缴纳个人所得税。

95. 参考答案：B

考点：转让应当通过交易过户。

96. 参考答案：B

考点：考查财政政策对股票价格的影响，选项①属于货币政策的影响。

97. 参考答案：B

考点：考查同步性指标的具体内容。同步性指标包括个人收入、企业工资支出、国内生产总值、社会商品销售额等。

98. 参考答案：C

考点：考查基本分析法的基本特征。

99. 参考答案：A

考点：考查金融风险管理的内涵与目标。

100. 参考答案：A

考点：考查信用风险评估方法。